《中国高等教育评论》系列由厦门大学高等教育发展研究中心资助

中国高等教育评论

★ ★ ★ 第9卷 ★ ★ ★

主编／潘懋元　史秋衡

科学出版社

北　京

图书在版编目（CIP）数据

中国高等教育评论. 第9卷 / 潘懋元，史秋衡主编. —北京：科学出版社，2018.2
　ISBN 978-7-03-030165-9

　Ⅰ. ①中… 　Ⅱ. ①潘… ②史… 　Ⅲ. ①高等教育-研究-中国
Ⅳ. ①G649. 2

　中国版本图书馆CIP数据核字（2018）第031832号

责任编辑：付　艳 / 责任校对：何艳萍
责任印制：张欣秀 / 封面设计：楠竹文化
联系电话：010-64033934
E-mail：fuyan@mail. sciencep. com

科 学 出 版 社 出版
北京东黄城根北街16号
邮政编码：100717
http://www. sciencep. com

北京京华虎彩印刷有限公司 印刷

科学出版社发行　各地新华书店经销

*

2018年2月第　一　版　开本：720×1000　B5
2018年2月第一次印刷　印张：14 1/2　插页：2
字数：201 000
定价：89. 00元

（如有印装质量问题，我社负责调换）

《中国高等教育评论》编委会

序

    《中国高等教育评论》是教育部人文社会科学重点研究基地厦门大学高等教育发展研究中心和厦门大学教育研究院主办的学术集刊。集刊依托厦门大学高教中心／教研院的高水准高等教育研究与交流平台，坚持"创新高等教育基本理论，探寻高等教育发展规律，研讨高等教育重大问题，深化高等教育体制改革"的基本原则，以高质量的中外高等教育理论研究为特色，探讨中外高等教育研究的前沿问题。

    本卷包括三个学术专栏。第一专栏为高等教育发展，内容涉及面向2030 年高等教育发展、人文学科教育、人文交流、新人文主义古典教育、两岸高等职业教育等。第二专栏为现代大学制度与高等教育治理，论文涉及专业教育改革、世界一流学科建设、应用型大学发展与建设、中国新型大学、大学内部治理等。第三专栏为高校教育教学，包括农村大学生的公益投入、高校翻转课堂教学、一流本科教学、研究型大学师资队伍建设等。

    衷心感谢诸位专家学者不吝赐稿，他们关于高等教育发展、现代大学制度与高校治理、教育教学等的深入探讨，将有力推进中国高等教育理论与实践的快速发展。

目　　录

——高校教育教学——

高等教育发展

面向 2030 的高等教育发展：
理念与行动

潘懋元　陈　斌

摘　要：2030，是世界教育发展愿景，也是中国高等教育发展前瞻。应当立足于中国高等教育即将进入普及化阶段和面临经济社会转型发展的现实，深入理解全纳、公平、有质量教育及终身教育这些共同理念，并将这些理念转化为 2030 中国高等教育可持续发展的行动方略。热点问题有：推进双一流建设，进入世界高科技行列；以新时代社会主义建设的精神，推进应用型高等教育的发展；通过"放、管、服"方略，推进高等教育制度建设，从管理机制进入治理机制。

关键词：2030　高等教育发展　教育理念　教育行动

联合国教科文组织于世界教育即将进入 21 世纪之际，在泰国宗迪恩发起并于 2000 年在达喀尔会议上强调了"全民教育理念"，提出"全民教育目标"。到 2015 年，许多国际组织纷纷开会总结 15 年间全民教育实施的成就，并展望下一个 15 年即 2030 年的愿景。其中最重要的有：2015 年 5 月，由联合国教科文组织发起的"2015 年世界教育论坛"在韩国仁川举行，论坛以"通过教育改变人生"为主题，发布了指引未来 15 年全球教育发展的《仁川宣言》。《仁川宣言》将全球教育 2030 年的发展愿景概括为"确保全纳、公平、有质量的教育，增进全民终身学习机会"。这既是面向2030 年的全球教育发展愿景，也是面向 2030 年的人类可持续发展愿景。

2015 年 9 月，在纪念联合国成立 70 周年之际，各国领导人聚集纽约联合国总部，讨论并通过了《2030 年可持续发展议程》，将可持续发展理念引进全球教育发展战略中，并提出"确保包容、公平的优质教育，促进全民享有终身学习机会"的教育目标（袁振国，2017）。

在广纳这些研究成果的基础上，2015 年 11 月，联合国教科文组织在第 38 次会议上正式发布了《教育 2030 行动框架》，并重申了"全纳、公平、有质量和终身学习"的发展目标。《教育 2030 行动框架》在《仁川宣言》基础上从多个领域阐述了高等教育发展议题，包括扩大高等教育入学机会、促进普通教育与职业教育合理衔接、提升高等教育质量标准、推进优质网络教育资源共享、加强国际合作与学历资格互认、构建终身教育学习理念等。

一、高等教育发展的背景与现实

展望愿景，必须立足现实。对于高等教育的发展来说，世界大多数国家，尤其是中国所处的现实是高等教育发展从大众化阶段陆续进入普及化阶段，经济社会处于转型发展中。

（一）高等教育陆续进入普及化阶段

高等教育现代化进程中一个重要的特征就是规模的不断扩大。全球大学生数量已从第二次世界大战后的 650 万人增长到 20 世纪末的 8820 万人，高等教育规模在半个世纪增长了近 13 倍。21 世纪以来，全球高等教育规模仍在持续快速增长，到 2030 年，全球大学生总规模预计达到 4 亿。据联合国教科文组织数据显示，2010 年全世界高等教育已步入普及化阶段的国家和地区有 48 个。其中，美国高等教育毛入学率已超过 95%，澳大利亚、新西兰、韩国、斯洛文尼亚等多国也在 80%以上，欧洲地区的多数国家已基本从大众化阶段过渡到普及化阶段，拉丁美洲的许多国家包括智利、墨西哥、巴西、委内瑞拉、阿根廷和乌拉圭等也相继步入普及化阶段，亚洲的新加坡、日本、马来西亚也在韩国之后陆续跨入普及化阶段。[①]

改革开放以来，尤其是 1999 年高校扩招以后，中国高等教育规模呈

---

① UNESCO. Global Education Digest（2010）［EB/OL］. http://www.uis.unesco.org/Education/Page s/ged-2012-press-release.aspx

现快速发展趋势。有学者预计，2030 年中国高等教育毛入学率将达到 60%。同时，从每 10 万人接受高等教育的比例来看，中国 1990 年仅有 326 人，1999 年增加到 594 人，2010 年已达到 2189 人[①]。但是，从 25—64 岁人口接受高等教育的比例来看，中国尚未达到 10%，而 OECD（经济合作与发展组织）国家的平均水平已超过 30%[②]。虽然这是历史形成的，但也说明中国劳动人口接受高等教育的比例还严重落后。而较低的受教育程度和技能水平不仅影响个人的就业和收入，还会影响社会的生产与生活水平的提高。

当前，中国高等教育正处于大众化向普及化过渡的后期，精英化教育仍然存在，而且要有所发展，但大量的是大众化教育。因此，在未来十几年，中国高等教育必将出现精英化、大众化与普及化三种发展阶段特征并存的特点。

（二）高等教育要适应并推动经济社会的转型发展

中国经济如何在新常态下实现转型发展，是当前经济部门和社会各界关注的焦点。经济转型的核心在于产业结构转型，"产业结构转型，即经济活动在不同产业间的再配置过程，是多数走上工业化道路国家的普遍特征"。因此，"无论用产出比重还是用就业比重衡量，产业结构转型都会呈现 Kuznets 事实：伴随着经济发展，第一产业经济比重下降、第三产业经济比重上升、第二产业经济比重先上升后缓慢下降"（郭凯明等，2017）[32-46]。

从全球范围看，经济社会正面临诸如工业革命 4.0、人工智能等巨大变革。中国目前正面临"中国制造 2025"、城市轨道交通、"互联网+"等大变革。凡此种种，无一不是为了适应经济社会的转型发展，也要求高等教育培养推动转型发展的多样化人才。经济社会的转型推动了人才培养模式的转型，人才类型应更加多样化，即从注重单一的学术型人才培养向少量学术型与大量应用型人才并育的结构性转变。

社会的高速发展带来繁荣的经济和优越的环境的同时，也伴随着潜在

---

① 2011 年全国教育事业发展统计公报［EB/OL］．http://old.moe.gov.cn/publicfiles/business/htmlfiles/moe/moe_633/201208/141305.html
② Education at A Glance 2016：OECD Indicators［EB/OL］．http://www.keepeek.com/Digital-Asset-Management/oecd/education/education-at-a-glance-2016_eag-2016-en

的利益博弈和价值冲突。人类社会本质上是一个充满了不确定性和非线性、风险性与脆弱性的复杂社会，地区战争持续不断，恐怖主义甚嚣尘上，核安全和网络安全风险并存，现代化发展及社会转型累积的矛盾将频繁地以地区战争和社会冲突的形式显现。然而，文明是多彩的，人类文明也正是因为多样化才为交流提供了可能。在转型时期，文明和价值观的多样性将愈加凸显，我们需要以一种包容的态度对待每一种文化样式，这是全球实现可持续发展和构建人类命运共同体的必然选择和现实需求。当前，中国倡导和推行的"一带一路"即是基于文化和地区差异的共同合作倡议。

二、迈向 2030 高等教育发展的理念及其表征

从《仁川宣言》《2030 年可持续发展议程》到《教育 2030 行动框架》，都以"全纳、公平、有质量和终身学习"四个理念作为 2030 的教育发展的愿景。对这四个理念的深入理解，是我们探讨 2030 高等教育发展的前提。

（一）全纳——让所有学生都能接受高等教育

通过教育实现全纳目标是使教育变革具有深远意义的基石。全纳教育（inclusive education）最早是指对残疾儿童的教育，其含义于 1994 年由联合国教科文组织在西班牙萨拉曼卡召开的世界特殊教育大会上确认。此次大会将其意义提升，包含以下三方面的含义：首先，全纳倡导面向所有学生，反对任何歧视和排斥学生的行为；其次，应兼顾不同学生的个性需求，为不同学生提供适合各自身心发展需要的教育；再次，为学生提供为成年和就业所需要的持续教育（杨梅，袁李兰，2017）[82-87]。英国作为最早将全纳教育理念付诸实践的国家之一，其早期的全纳教育实践更多是将其视为一种基本的人权。"全纳教育提出，学校要容纳和服务所有学生的思想是完全与人权观相一致的，也确实是人权观的一种体现。"（黄志成，王伟，2002）[13-16]

全纳教育作为一种新的教育理念和教育思想，象征着一种新的教育价值观的兴起。全纳教育理念有助于联合国教科文组织所推行的"全民教育

目标"和"千年发展目标"的实现。更关键的是，面向 2030，随着各国高等教育陆续从大众化向普及化阶段过渡，全纳教育思想将逐步为多数人所接受，也必然成为高等教育普及化阶段的基本理念。届时，所有适龄青年都应接受高等教育。而且，接受高等教育已不再是精英化阶段少数人的特权，或大众化阶段多数人的权利，而是所有适龄青年的义务。

全纳教育理念倡导包容，鼓励多元。包容是增进不同文明样态相互理解的基础，多元是繁荣人类文明财富的保障。每一种教育理念都是积极探索的成果，每一项教育行动都是推动教育发展的重要力量。全纳教育不仅在于让我们更好地理解教育世界，更是致力于有效地塑造教育世界。21 世纪的高等教育应具有可持续的普遍性，既要保障所有适龄青年接受高等教育，又要让更多的非传统学生有机会接受各种形式的高等教育；既要积极推动公立高等教育的发展，又要为民办等其他类型高校的发展提供必要的支持；既要继续支持精英教育模式的发展，更要全面推动多种类型的应用型高校的发展。

（二）公平——教育公平是社会公平的基础

在《教育 2030 行动框架》所勾勒的七大目标中，明确提出了到 2030 年，"确保所有人负担得起优质的职业技术教育和高等教育"，"确保所有学习者获得必要的知识和技能以促进可持续发展"。这些目标旨在努力推进教育，尤其是高等教育领域的公平。高等教育公平在于确保每个适龄青年均享有平等接受高等教育乃至优质高等教育的机会。当中国高等教育由大众化转向普及化阶段时，每个适龄青年以及超龄的成人都可以也应当享有接受高等教育的机会。但是，仍然存在不符合"公平"理念的问题。

当前，中国高等教育的公平问题主要表现在高等教育资源在城乡与区域之间分布不均衡。从城乡差异来看，出身于农村的高中毕业生享有优质高等教育资源的机会远低于出身于城市的学生。从区域差异来看，中国高等教育资源呈现从东到西逐步递减的趋势，并且此种趋势在市场经济的驱动下更加显著。人才流动出现"孔雀东南飞"现象，导致西部高校人才流失严重，其根源就在于不同区域间高等教育资源存在显著差异。从国际上看，中国、印度等许多发展中国家出现持续性的"人才外流"现象也客观上反映了高等教育发展在不同国家间存在显著不平衡。

　　一个和谐的社会必然是一个人人享有平等受教育权的社会，是一个能有效支持能力发展和社会流动的社会，也是一个教育资源得以合理配置的社会。从国际上看，个人收入分配将越来越受教育与技能水平的影响。这就是说，教育公平是社会公平的基础：每个人的收入分配与所产生的社会影响，将越来越多地受其所受的高等教育与职业教育的制约；每个人对社会发展所做的贡献，更是取决于所掌握的知识与技能。

（三）质量——多样化的有质量教育

　　无论在精英阶段，还是在大众化或普及化阶段，质量始终是高等教育的生命线，只是在不同阶段其发展定位和培养规格有所不同。当高等教育所面临的外部情境发生变化时，其质量标准理应有所改变。根据《教育大辞典》的解释，教育质量"所指的是教育水平和效果优劣的程度"，"最终体现在培养对象的质量上"；"衡量的标准是教育目的和各级各类学校的培养目标。前者规定受培养者的一般质量要求，亦是教育的根本质量要求；后者规定受培养者的具体质量要求，是衡量人才是否合格的质量规格"（顾明远，1999）[259]。联合国教科文组织于 1998 年在巴黎召开首届世界高等教育会议，并在通过的《21 世纪高等教育世界宣言：展望与行动》中声明，高等教育的质量标准"应鼓励多样化"。

　　我们认为，高等教育的质量标准可分为两个层次：一是一般性的基本质量要求，二是具体的人才培养规格。前者所针对的是所有类型的高等教育，也就是全面发展的专门人才；后者则是根据各级各类高等教育的具体培养目标确定的教育目标与规格。古典时代的高等教育倡导以"闲逸好奇"的精神追求高深学问，他们力求理解自己所生活的世界，忠实于永恒的真理，成为那个时代高等教育不证自明的目的和标准。古典时代的高等教育无疑是精英模式的教育，是一种为少数人所特有的权利。然而，当高等教育由精英化向大众化乃至普及化阶段过渡时，精英教育虽仍存在并有所发展，但多样化的应用型、职业型高等教育将大规模发展，因此，必须持多样化的质量观点。

　　构建多样化的高等教育质量观是适应生产力发展和经济社会转型的必然要求。转型社会既需要一定数量的研究高深学问的科学家，更需要大量的工程师、管理人员和高水平的具有创新能力的技术人才。在转型时期，高等教育所培养的人才需要"适销对路"，培养更多的"大国工匠"。而且，多样化的高等教育发展标准可有效改善目前中国高校趋同的现状，引导高校分类办学、合理定位和差异化发展，促进高等教育资源得以合理配置和有效利用。

（四）终身教育——促进全民享有终身学习机会

教育对个体成长和社会发展持续不断的作用，改变了人们只按年龄分期接受教育的观念。过去，我们习惯将人的一生大致分为儿童期、青年期、成年期和老年期四个阶段，接受正规学校教育的阶段基本限于儿童和青年期。成年期是从事职业的时期，而老年期则为退休时期。这种划分方式已难以适应现代社会的发展需求，更遑论以此适应未来社会。联合国教科文组织在其发布的《教育——财富蕴藏其中》的报告中曾言，"今天，谁都不能再希望在自己的青年时代就形成足够其一生享用的原始知识宝库，因为社会的迅速发展要求不断地更新知识"（联合国教科文组织，2016）[61]。终身教育超越了传统基础教育与继续教育之间的阻隔，它是 21世纪推动人类社会进步的基本动力，也是不断适应瞬息万变的职业需求和努力契合个人生活需求的必要条件。

在高等教育普及化阶段，终身教育不再是遥远的梦想，而是在不断适应社会发展所进行的系列教育变革中渐趋形成的一种现实。随着高等教育普及化的不断发展，高等教育必然融入终身教育体系，成为终身教育体系的重要组成部分。正如《21 世纪高等教育世界宣言：展望与行动》所指出的，"应致力于把高等教育纳入终身教育体系，并努力推动这一体系的完成"。高等教育不再是个人学习教育的终止，而是像初等教育和中等教育一样，作为终身教育过程的一个环节，一个阶段。终身教育是一个不断造就人、不断提升知识与才能，以及培养思维能力和行动能力的过程。

因此，为有效适应科技创新和社会进步所引发的生产过程的剧变，满足职业发展所需的知识与技能，以及满足人们"闲逸好奇"的心理，我们亟须将传统上各种被人为割裂的教学和学习形式加以整合，发挥各个教育阶段和各种教育环境的互补性，实现学历教育与非学历教育的有效融合，致力于构建一个学习型社会。当然，如何对各种形式的非学历教育进行有效认证，赋予其应有的"合法性"，以此打开教育理想的大门，需要高等教育理论研究者和实践工作者集思广益，群策群力。

三、推进2030高等教育发展的若干行动方略

将上述四个世界共识的理念作为可持续发展的教育价值观和2030年高等教育的愿景，适应不断变化的社会形势、劳动力市场影响，以及高等教育自身结构和学科的多样化，中国高等教育在发展过程中必将面临许多尚未解决或将要出现的难题，有必要集思广益，研究制定可行性的行动方略。下面只举若干高教界谈论较多的问题，谈谈我们的见解。

（一）推进"双一流"建设，进入世界高科技行列

2015年10月，国务院发布了《统筹推进世界一流大学和一流学科建设总体方案》。该方案明确提出，"坚持以一流为目标，以学科为基础、以绩效为杠杆、以改革为动力，推动一批高水平大学和学科进入世界一流行列或前列"。毋庸置疑，一流大学既是衡量一个国家高等教育发展水平的普遍标准，又是反映一个国家科学与文化发展实力的有效指标。关于什么是世界一流大学的标准尽管见仁见智，却不乏几个约定俗成的共性特征。概而言之，一是具有卓越的办学理念和办学实践，且能一以贯之，形成特色；二是教师水平高，并有一批大师级教师；三是学生整体素质高于一般大学，并培养出了一批有突出贡献的著名校友。

尽管世界一流大学存在共同的特性，但不同的世界一流大学却可能遵循不同的战略定位与发展路径。换言之，一流大学，既可以是具有卓越科研实力的研究型大学，也可以是特色鲜明的行业型院校；既可以是学科齐全的综合型大学，也可以是"小而精"而具有特色的学院；既可以是历史悠久、底蕴厚重的常春藤大学，也可以是锐意变革、勇于创新的后起之秀；既可以致力于培养世界领袖，也可以专注锻造工程巨匠（潘懋元，2017）。因此，一流大学既遵循普适性规律，又不断探寻个性化发展道路。当前，我国正处于"双一流"建设的初始阶段，当以"双一流"建设的精神，合理、有序地引导各种各类高等教育朝着多元化的目标发展，寻

求特色发展之路，构建一个多元、开放的高等教育生态系统。与此同时，我们还需审慎地防止"双一流"高校和学科成为天马行空的"独行侠"。

（二）以新时代社会主义建设的精神，推进应用型高等教育的发展

党的十九大以后，中国特色社会主义进入了新时代。新时代必将面临新的理论和实践问题，肩负新的责任和使命。同时，新时代也是一个经济社会逐步转型的时代。就高等教育而言，需要以新时代社会主义建设的精神为行动指南，在紧密对接社会需要、科技前沿和产业发展的过程中，大力推进应用型高等教育发展，为经济社会转型发展培养具有创新精神、创业能力的技术人才，推动经济社会转型发展。其实，许多地方高校在长期发展过程中，已在部分应用研究领域实现特色发展，具有重要的实践价值。他们或是解决了国民经济发展中重要技术和工程难题，或是以专业链服务产业链培养了大批应用型人才，抑或是在服务地方经济发展方面取得显著成效。当然，推动应用型高等教育发展需要多方面实现联动发展，包括开设应用型课程，开发实用性教学，落实产学研合作机制，以及培养、引进"双师型"的教师等（潘懋元，2017）[183-184]。

（三）通过"放、管、服"方略，推进高等教育制度建设，从管理机制进入治理机制

不久前，由教育部、中央编办等五部委联合发布的《关于深化高等教育领域简政放权放管结合优化服务改革的若干意见》（简称《意见》）在社会各界引起广泛关注。《意见》的出台，是为了转变和优化政府在高等教育领域的职能。长期以来，政府对高等教育重在管理，轻于服务，致使高等教育在发展过程中缺乏应有的自主能力和自治空间。当前，高等教育的内外部环境变了，但对应的政府管理职能却未能跟上。要解决这一问题，必须首先从政府着力，既要简政放权，又要有效管理，更要立足服务；既要提高政府的管理水平，又要尊重高校的自主办学；既要着眼现实，又要立足未来。就高校而言，应自觉履行应有责任，坚守自我规制意识，完善内部治理结构，提升自我管理水平，努力构建以大学章程为基准，依托利

益相关者的多元治理机制。同时，高校要最大限度地实现信息公开，适时接受政府和社会的问责与监督。推行政府简政放权的核心在于减少无效管理，扩大政策支持，精细制度设计，提高政府对高校管理的适切性。政府与高校应在平等对话、相互协商的基础上加强互信与互律。

　　面向 2030 年，我们毫不讳言，高等教育还将面临包括传统与现代、普遍性与个性化、短期利益与长期利益、高科技与低素质、必要的竞争与机会的均等、知识的无限与能力的有限等许多紧张关系和对立矛盾。我们需要基于公平的原则，以一种更加包容的心态建设多元化的高等教育质量新标准，将终身教育置于社会发展的中心，努力构建一个基于学习型社会的人类命运共同体。当前，中国正在制订的是更长远的 2035、2050 的发展战略。预计到 2035 年，中国将基本实现高等教育治理体系和治理能力现代化，国家文化软实力显著增强。到 2050 年，中国将成为综合国力和国际影响力领先的国家，进入高等教育强国行列。

参考文献

顾明远.1999. 教育大辞典 [Z]. 上海：上海教育出版社
郭凯明，杭静，颜色.2017. 中国改革开放以来产业结构转型的影响因素 [J]. 经济研
　　究，（3）：32-46
黄志成，王伟.2002. 英国全纳教育研究的现状 [J]. 外国教育研究，（3）：13-16
联合国教科文组织.2016. 教育——财富蕴藏其中 [M]. 北京：教育科学出版社
潘懋元.2017-11-19. "双一流"为高等教育强国建设注入强大动力 [N]. 人民日报，
　　第 5 版
潘懋元.2017. 大学的沉思 [M]. 北京：商务印书馆
杨梅，袁李兰.2017. "全纳"还是"特殊"：英国关于全纳教育的争议 [J]. 比较教育
　　研究，（3）：82-87
袁振国.2017-6-28. 2030，世界教育的首要话题 [N]. 中国教育报，第五版

作者简介　潘懋元，厦门大学文科资深教授，博士生导师，主要从事高等教育基本理论研究。
陈斌，厦门大学教育研究助理教授（厦门大学教育研究院与哥伦比亚大学师范学院联合培养博士），主要从事高等教育基本理论、大学教师发展研究。

Theory and Practice of Higher Education Development for 2030

Pan Maoyuan   Chen Bin

Abstract： 2030, is the vision of world education development as well as the foresight of China's higher education development. We should understand the concept of inclusion, equity, quality and lifelong learning based on China's education is about to enter universalization stage and facing the reality of social transformation and economic development. What's more, we need translate these ideas into action for the sustainable development of China's higher education. There are some hotspot issues such as advancing "Double World-class" construction, entering high-tech ranks, promoting the development of applied higher education under the spirit of socialist construction in the new era, promoting the construction of education system through the strategies of "Decentralization, Management and Service" as well as entering the governance mechanism from the management mechanism.

Keywords： 2030, higher education development, education concept, education action

高等学校亟须加强人文学科教育

顾明远

摘　要：高等学校肩负着传承文化、追求真理、创新知识、培养人才的重任。要实现"两个一百年"的中国梦和中华民族伟大复兴的历史使命，高等学校就亟须加强人文学科的教育。高等学校加强人文学科教育，不仅要加强和改革政治理论课程，还要开设一些人文学科课程，在哲学、历史、语言文学、艺术、科技发展史等领域中培养学生广阔的视野、丰富的情感、充实的精神生活。此外，要加强中华民族优秀文化传统教育，把社会主义核心价值观教育贯穿于教育的全过程，同时有意识地组织丰富的社团活动，锻炼和陶冶学生。

关键词：高等教育　大学　人文学科教育

高等教育是培养高级人才的活动。虽然高等教育已经进入大众化时代，但高等学校毕业生仍然是社会的知识群体。尤其是像我国还是一个发展中国家，据测算，我国劳动年龄人口（16—59岁）中受过高等教育的只占 10.3%。大学毕业生还是社会的精英。他们是社会的中坚，是影响社会文化，乃至整个社会发展的知识力量。因此大学生不仅要有扎实的专业知识，而且要有较高的文化素养，有正确的世界观和人生观，有高尚的思想情操和对社会的责任感。为此，高等学校要把立德树人作为主要任务。2016年，习近平总书记在全国高校思想政治工作会议上的讲话中指出："高校立身之本在于立德树人，只有培养出一流人才的高校，才能够成为世界一流大学。"（吴晶，胡浩，2016）这就为我国高等教育的发展指明了方向。

高等学校是实施高等教育的最高学府，肩负着传承文化、追求真理、创新知识、培养人才的重任。高等学校培养出来的人才要有奉献祖国的精神，有为社会主义现代化建设服务的本领，能够担当起实现"两个一百年"的中国梦和中华民族伟大复兴的历史使命。高等学校就亟须加强人文学科的教育。

人文学科教育之所以重要，是因为它从哲学、历史、语言、文学、艺术等多方面使大学生了解人类发展的历史，人类文明的起源和发展，世界发展的形势和矛盾，能够辨别善与恶、真与假、美与丑，从而树立起正确的世界观、人生观、价值观。人文者，以文化育人也，人文学科是大学文化的基石，不论什么性质的高等学校都应重视人文学科的教育。

高等学校加强人文学科教育是当今世界高等教育的共同要求。联合国教科文组织于 2015 年 11 月发布了一份新的研究报告《反思教育：向"全球共同利益"的理念转变》。该报告认为，面对世界新的挑战和种种矛盾，应该重新定义知识、学习和教育。报告说：教育应该以人文主义为基础，以尊重生命和人类尊严、权利平等、社会正义、文化多样性、国际团结和为可持续的未来承担共同责任。在教育和学习方面，要超越狭隘的功利主义和经济主义，将人类生存的多个方面融合起来，采取开放的灵活的全方位的学习方法，为所有人提供发挥自身潜能的机会，以实现可持续的未来，过上有尊严的生活（联合国教科文组织，2017）。教育要以人文主义为基础，就需要加强人文学科的教育。当今世界一流大学都十分重视通识教育课程。所谓通识教育，也就是以人文学科为主，不管是什么专业的学生都需要以此来提高学识、拓展视野、提升品位的教育。如哈佛大学自 1914 年以来就一直倡导通识教育，2007 年 5 月，哈佛文理学部教授委员会投票通过，废除自 1979 年以来实施的核心课程，实施通识教育，主要包括以下 8 个模块：美学（aesthetic and interpretive understanding）、文化和信仰（culture and belief）、实证与数学推理（empirical and mathematical reasoning）、道德推理（ethical reasoning）、生命系统科学（science of living systems）、物理宇宙科学（science of the physical universe）、世界他国（societies of the world）、美国与世界（United States in the world）[1]。

---

[1]　http://projects.iq.harvard.edu/files/gened/files/genedfinallegislation.pdf?m=1448033229

2016 年 1 月哈佛大学通识教育审查委员会在原本 8 大模块通识教育的基础上又进一步改革，改为了 4+3+1 模块。其中 4 代表合并后的通识教育，即将原有的"美学"和"文化和信仰"合并为"美学与文化"（aesthetics，culture，interpretation）；将原有的"世界他国"和"美国与世界"合并为"历史、社会与个人"（histories，societies，individuals）；将原有的"生命系统科学"和"物理宇宙科学"合并为"社会中的科学与技术"（science and technology in society）；将原有的"道德推理"改为"伦理与公民"（ethics and civics）。3 代表分布在各院系的课程，即每个学生必须在人文艺术、社会科学、科学与工程这三个领域分别选修 1 门课程，之所以这么设计是因为哈佛认为通识教育包括显性的通识课程（"front-of-the-book" courses）和隐性的通识课程（"back-of-the-book" courses），显性的通识课程就是前面列举的 4 大模块，这些课程必须和各院系的专业课程相结合，在院系专业课程中渗透通识教育的精神，才能培养真正的通识人才。① 麻省理工学院要求每个本科生必须选修人文、艺术和社会科学领域中的课程。美国卡内基教学促进基金会主席博伊在 20 世纪 90 年代就曾提出通识教育的内容包括七个主题，即语言（最基本的联系工具）、艺术（美学素养）、渊源（生活的历史）、制度（社会结构）、自然（行星状态）、工作（职业价值和认同）、发展（自身价值及其意义）。可见在大学开展人文学科教育是世界高等教育的共识。

我国高等学校也亟须加强人文学科教育。使我们的大学生了解国情，了解世界；坚定社会主义的理想信念，提高道路自信、理论自信、制度自信、文化自信；提高历史使命感和奉献祖国的精神，提高文化艺术修养和道德情操。

当前，我国高等学校的现状更提醒我们要加强人文学科教育。学校文化不尽如人意。功利主义、经济主义盛行，娱乐主义在学生中弥漫，学校行政化气氛越来越浓。学校去行政化的呼声已经喊了多年，但似乎成效甚微。办事手续烦琐、效率低下。例如一个报表，学校可以让你填几十回。其实每个老师的基本信息，都在学校的信息中心。但申报一个项目要填一

---

① http://projects.iq.harvard.edu/files/gened/files/genedfinallegislation.pdf?m=1448033229

大堆表、年终考核要填一大堆表、课题总结要填一大堆表。填表的时间浪费了许多教师本该搞科研的时间和精力。学校领导整天陷于文山会海之中，脱离课堂、脱离群众。现在很少有领导能静下心来听听课、和老师聊聊天。

商业文化渗透到学校每个角落。一些大学举办所谓高级研修班，收取高额学费，各种培训班泛滥成灾，都是为了经济利益。

功利主义思想严重，学习不是根据自己的特长爱好和国家的需要，不是为了实现自己的理想，而是为了找到一份优裕的工作。当然找到一份好工作，无可非议，但有些学生缺乏理想，缺乏长远眼光，只重视短期的利益。

娱乐文化在学校中泛滥。学生有一批"低头族"、游戏族，不是埋头读书，而是埋头玩手机。甚至有的学生说，因为在小学中学时代备考太紧张，丧失了幸福的童年，到了大学要好好轻松玩一下，补上幸福的童年。

教育的国际化也要求高等学校加强人文学科教育。当前教育国际交往越来越频繁，学校与国外学校的合作交流越来越多。当前我国在国际组织中的任职人员与我国的国际地位极不相称。以联合国为例，2015 年 7 月 1 日至 2016 年 6 月 30 日期间，在联合国秘书处就职的工作人员共有 40 131 人，其中中国人为 476 人，高级职位的人员仅为 9 人，不及非常任理事国印度。"一带一路"倡议的开展，更需要我们培养国际人才。我们的学生需要具有国际视野，具有懂得国际规则、了解世界形势、尊重别国文化的知识和能力。这就要求学校加强人文学科的教育。

因此，高等学校如果不加强人文学科教育，就难以适应当今时代发展的要求，难以完成党和人民交给我们的历史使命。

高等学校加强人文学科教育，首先要加强和改革政治理论课程。政治理论课是重要的人文学科教育，它培养学生正确的世界观、人生观、价值观，树立正确的政治方向。但政治理论课需要改革，使它针对现实、贴近生活，使学生愿意听、能听进去，提高认识，化为行动。现在许多学校积累了许多好经验，值得学习交流和推广。

高校人文学科教育光有政治理论课还不够，还需要从情感上、意志上培养和陶冶学生。因此，还要开设一些人文学科课程，让学生从哲学、历史、语言文学、艺术、科技发展史等领域中选学若干课程，使他们有广阔的视野、丰富的情感、充实的精神生活。

要加强中华民族优秀文化传统教育。中华民族是优秀的民族，中华文明绵延几千年而没有断裂，就是因为中华民族厚德载物、自强不息和爱国主义精神凝聚，全国人民才能冲破一切艰难险阻，战胜列强的侵略压迫，从胜利走向胜利。中华民族的优秀传统包括了我国古代传承下来的中华美德、近现代的革命传统和建设社会主义的优秀传统。我们要通过中华民族优秀文化传统教育，培养学生爱国主义精神和奉献祖国的精神，使之担当起实现中华民族伟大复兴的历史使命。

要把社会主义核心价值观教育贯穿于教育的全过程。在各科教育中都要渗透价值观教育。但不是贴标签，而是融化于自然而然的教学中。教学在重视知识的传授、能力培养的同时，重视学生价值观的形成。国外曾经出现过 STS 课程，即"科学、技术、社会"课程。即把三者联系起来，使学生了解三者的关系、形成正确的世界观、价值观。其实，任何一门课程，不论是理科还是工科，都蕴涵着人文精神，因为各种学科都是科学家创造出来的，体现了科学家的创新精神和对真理的不懈追求，同时他们的研究成果（学科内容）蕴涵对人类发展的意义和作用。人文知识是做人的道理，是提高人的精神世界的重要途径，是任何专业、任何学科的发展都不可或缺的。

高等学校的人文学科教育不仅体现在课堂上，还体现在大学生的各种活动中。如大学生的各种社团活动、读书会、学术沙龙、研学旅行、志愿者活动等。学校要有意识地组织这些活动。校园文化也是进行人文教育的重要因素。校风学风、校园环境的设计和氛围都是进行人文学科教育的无形的潜在课程，学校需要认真设计，精心培育。

参考文献

联合国教科文组织. 2017. 反思教育：向"全球共同利益"的理念转变？［M］. 联合国教科文组织总部中文科译. 北京：教育科学出版社

吴晶，胡浩. 2016-12-09. 把思想政治工作贯穿教育教学全过程 开创我国高等教育事业发展新局面［N］. 光明日报，第 1 版

作者简介｜顾明远，北京师范大学教育学部教授。

Urgent Need of Liberal Arts Education in Colleges and Universities

Gu Mingyuan

Abstract：Colleges and universities take the responsibility of inheriting culture，seeking truth，innovating knowledge and cultivating talents. In order to realize the dream of China great rejuvenation，higher education institutions are in urgent need to strengthen the liberal arts education，which is suggested to be taken by following approaches：1）to strengthen and reform the current political theory courses；2）to provide more humanities courses such as philosophy，history，language and literature，art，science and technology history for students'open horizons and rich emotional and spiritual life；3）to strengthen excellent Chinese traditional culture education and integrate the socialist core values in the whole process of education；4）to consciously organize various club activities for students' full development.

Keywords：higher education，college and university，liberal arts education

人文交流与和谐文明

阎凤桥

摘　要：人文关乎精神文明，是社会发展的一个重要组成部分，不可或缺。在历史发展过程中，文明呈现出多元共存的格局，不同文明之间虽然时有冲突，但待冲突化解后，彼此可以和平共处，相融且相得益彰，促进了文明的共同繁荣。从历史上看，佛教和基督教文明曾经深刻地影响了中国儒家文明的现代化进程；反之，中国文明对于欧洲、亚洲地区的其他文明也产生了同样不可低估的积极影响，甚至影响到欧洲启蒙运动乃至以后的现代化过程。在全球化时代，包容和和平的人文交流将会对社会进步发挥更积极的作用。

关键词：人文交流　文明　西学东渐　东学西渐

无论人文或曰文化①的制度化或非制度化形式，都是维系一个社会发展必不可少的黏合剂。历史学家余英时认为，出现在春秋时期的"中国人"这个名词，其本质是一个文化概念，而不是一个国家概念（余英时，2011）[57]。中国儒学政治制度化的表现形式是"以德治国"，这就充分说明文化在中国社会运行中的重要性，当然这并不排斥"以法治国"的必要性。另外一个典型的例子是犹太文化，犹太国在灭亡二千多年后得以复国，与其延绵不断文化意识的留存有着密切的关系（余英时，2011）[54]。从当今社会来看，没有任何一个现代化国家仅仅只是实现了经济的现代化，而可以置文化发展于不顾。现代化不仅表现为物质生产力的极大提高和社会财富的迅速积累，而且也反映在国家政治和社会制度建立方面。可

---

① 在本文中，"人文""文化"和"文明"三个词被当作同义语。

以说，文化具有比器物、制度更深刻的内涵，是现代化更难以完成的一个方面（金耀基，2016）[32]。自古至今，人文交流在世界文明发展过程中一直扮演着十分重要的角色。如果没有不同文明体系之间的交流，就不会形成今天这种多种宗教并存的局面，也不会有今天多元文化相互并存、相互融合、共同发展的格局。展望未来，在经济全球化趋势下，文化的和谐与共同繁荣，将会在世界和平发展过程中发挥更加重要的作用。

本文采用文献分析的方法，侧重于从历史和比较的角度出发，总结和归纳世界范围内人文交流的做法、问题和经验。

一、人文的含义及其交流的重要性

（一）中西方的 "人文" 含义

在我国，很早就出现了 "人文" 一词。在《易·贲卦·象辞》中有 "刚柔交错，天文也；文明以止，人文也。观乎天文，以察时变；观乎人文，以化成天下"。这段话至少包含下面两层含义：一是文明是通过礼乐教化实现的，而不是靠武力征服的；二是人文和天文同样重要，人与自然彼此相通（袁行霈，2008）[31]。

在欧洲，也很早就重视人文精神，在公元前 5 世纪左右所谓的 "轴心时代"，希腊的哲学家就将人文置于崇高的地位。公元前 332 年，马其顿的亚历山大大帝接管了埃及，开始了希腊、罗马与埃及文明交融的时期，开启了西方社会早期的人文交流。后来，宗教教主和专制君王采取了对人性压抑的做法。直到 15—18 世纪，经过文艺复兴、宗教改革和启蒙运动，人文精神得到了复兴。在西方世界里，人文的主要含义，是改变神学统治对于人性的压抑，以保证个人的自由发展（乐黛云，2008）[20]。

从历史上看，中西方对 "人文" 一词赋予的含义，既有相同之处，也存在着一定的差异。从相同方面看，它源于人类追求善的本性，比较发现，不同宗教和文明的戒律、原则存在着 "惊人的一致"，比如中国的 "己所不欲，勿施于人" 的思想，就可以在佛教、基督教、伊斯兰教的教义中找到相似的表述（何怀宏，2008）[619]。从差异方面看，中西方对于人文的定义至少有两点差别：一是西方的人文包含着不受约束的自由，个人的权利处于第一位，而中国的人文则包含着个人对于社会所承担的责任，个人要遵守一定的礼约；二是西方在处理人与自然关系时，将人置于主导地位，强调人对自然的征服和人从自然中进行获取，而在中国传统思想中，则包含着对天的敬畏和"天人合一"的思想。

中西人文不仅在理论体系上存在着不同，而且在实践方面也存在着差异。西方文化与西方社会的发达程度联系在一起，容易得到正面的评价。那么如何评价中国的儒家文化呢？在长期历史发展过程中，中国虽然曾经在某个阶段处于落后地位，但是不宜将此完全归咎于文化原因。学者们提出，应该将儒家文化与制度化的儒家文化区别开来。中国封建社会利用儒家学说统治社会，社会出现了停滞，如果将责任全部推究到儒家文化身上，是不公允的。独立于统治者的儒家学说，有很多内容值得保留和弘扬。儒家文化的作用旨在使人修身、齐家、治国、平天下。不应因为儒家学说在后两个方面可能产生的消极作用，就否定在前两个方面的积极作用。换句话说，儒家文化在个人修养方面的积极作用，不容抹杀。

（二）人文交流的重要性

历史造就了不同文明并存的多元格局。每一种文明都有自己的优势和局限性。任何一种文明都不可能在封闭状态下得以持续和发展。西方社会在经历了一系列变革后，率先实现了现代化，以工业化、城市化、民主体制的建立以及科学理性取代玄学为标志。但是，不幸的是，工业革命后，西方国家的物质生产力虽然有了极大的提高，但与此同时，物质的丰富并没有相应地带来人们精神生活的普遍充实，反而造成不少精神空虚和颓废、道德沦丧的问题，再加上人类对于自然的过度开发和索取，造成了环境和生态的严重破坏。因此，现代化的进程出现了波折，西方国家在发展路径上陷入了困境，急需其他文明的滋养和从中生发出新的发展思路。针对西方现代化过程中出现的问题，在 20 世纪后期，后现代思潮开始兴起，以利奥塔等人为代表的后现代主义者认为，对于 18 世纪启蒙运动以来现代主义者所遗留给我们的对道德与社会的进步、对个人自由与公众幸福的集体希望大加咒笑（金耀基，2016）[79]。1988 年 1 月，几十位诺贝尔奖获得者提出：人类要生存下去，就必须回到 25 个世纪以前，去汲取孔子的智慧。进入 21 世纪后，生态文明、环境意识、可持续发展等，成为人类社会新的主导性发展理念。

对于非西方国家而言，欧洲建立的世界上第一个现代化的典范，成为它们模仿和学习的对象。非西方国家遇到的问题与西方国家不尽相同，经济欠发达、科技落后、温饱、文盲、医疗不足等民生问题，仍然是首先需要予以解决的。另外，在经济发展的过程中，出现了所谓的"脱序"现象，即国家把主要精力和资源放在发展器物方面，造成了文化发展的相对滞后，特别是对于其文化传统和西方输入的文化采取什么态度和方式，是一个艰难的抉择。因此，发展中国家也面临着创造性地转化人文系统的困境。从另一方面看，传统文化仍然是一种可以发挥积极作用的资源，具有超越经济发展水平的属性（余英时，2011）[1-22]。例如，不丹是位于喜马拉雅山山麓下的一个小国家，经济并不发达，现代化程度也不高，但是传统文化得到了较好的保留，并且发挥了不小的积极作用，使得人们的幸福感很强。在南美，也有类似于不丹这样的低经济发展水平、高幸福感的国家。具有儒家文化传统的亚洲"四小龙"的快速崛起，意味着经济发展并不一定要放弃自己的文化传统而照搬西方文化，从而提出了"另类现代性"或"现代性的本土化"的可能性。这为东方国家在保留文化传统的同时追求经济增长提供了一个成功的范例。

无论是在西方发达国家中出现的问题，还是非西方国家的实践及发展需求，都将人文建设提到一个前所未有需要关注的高度，即如何对待东西方文化多样性的问题。虽然我们期望不同文化形态可以和平共处，但是并不排除西方文化与非西方文化之间可能会出现矛盾和摩擦（金耀基，2016）[77-79]。"冷战"结束后，美国学者亨廷顿曾经预言，文明的冲突将成为今后世界不稳定的新因素[①]。

在这样的国际社会背景下，如何将中国人文精神与西方的人文精神有机地结合起来，不仅对于走中国特色的现代化之路是必要的，而且对于人

---

① 美国学者亨廷顿在《文明的冲突与世界秩序的重建》一书写道，非西方社会吸收西方文化，走上了现代化的道路。但是，当现代化的步伐加快时，西方的比重将会减少，而本土文化复苏。现代化的进程改变了西方与非西方社会权利的平衡，并增强了对本土文化的承诺。这就是文明冲突的根源。

类摆脱困境、实现新的可持续发展，也是不得不考虑的问题。因此，国际人文交流就显得比以往更加重要和紧迫。

二、人文交流的历史

不同文明之间有很长的交流历史。在高级宗教起源时，不同文明之间的接触发挥了十分重要的作用。从地理位置上看，宗教发源地主要集中在乌浒河-药杀河流域和叙利亚（阿诺德·汤因比，2005）[351]。十字军东征，在阿拉伯世界发现了早期失落的希腊文明，这是文艺复兴运动兴起的一个原因。有关文艺复兴，恩格斯说过，"一种从阿拉伯人那里吸收过来并从新发现的希腊哲学那里得到营养的明快的自由思想，愈来愈根深蒂固，为十八世纪的唯物主义做了准备"（恩格斯，1971）[7]。1492 年，随着哥伦布发现美洲新大陆，开始了殖民侵略。在这个过程中，西方文明也通过贸易和侵略途径而影响到其他文明。在过去五个世纪，在文化影响方面，西方国家一直占据着文化输出的优势（阿诺德·汤因比，2005）[345]。从总体上看，在文化互动的几个世纪里，人类社会持续进步，表现在物质丰富、道德和精神的进步（王庚武，2016）[6]。

（一）西学东渐

在清朝之前，中国与世界其他文化还保持着一定的交流。到清朝之后，政府采取了闭关锁国的政策，与世界相脱节，盲目自信，在鸦片战争和甲午战争中处于落后挨打的局面。

在历史上，中国文化与国外文化有过两次大的交流和碰撞。第一次是汉朝之后佛教进入中国，第二次是 18 世纪之后基督教文明的进入；其中，第二次的影响至今尚未完成（金耀基，2016）[76]。异族文化的进入，在很大程度上改变了中国长期形成的以儒教和道教为主导的格局，形成了儒、道、释并立的局面，促进了中国文化的进步。

大约在两汉之际（公元元年前后），佛教由印度传入中国。随后，这种外来文化与中国本土文化相互融合，产生了一种新的文化形式——禅宗。公元 7 世纪时，本土的统治观念与佛教的统治观念相融合，带来了唐朝的繁荣（王庚武，2016）[34]。佛教的传入，影响到中国的哲学、文学、艺术等多个方面，甚至改变了中国人的思维方式，提高了在形而上层面思考问题的水平。因此，有中国学者指出，若没有佛教的传入，就不会有后来的宋明理学（楼宇烈，2008）[456-475]。

18世纪末，基督教文化是伴随着"船坚炮利"进入中国的。在鸦片战争中的失败，使中国朝野意识到西洋人的强大，从而被迫地对外开放。先是洋务运动，"师夷之长技以制夷"，"中学为体西学为用"，然后是全面学习西方的技术、制度和文化。在1898年维新变革过程中，建立了中国第一所现代国立大学——京师大学堂。1905年，清朝政府废科举，兴学堂。1919年爆发的"五四运动"开启了中国的新文化和启蒙运动，提出了"打倒孔家店"，请"德先生"和"赛先生"来改造中国。严复翻译的《社会通诠》对于启蒙运动产生了巨大的影响（沟口雄三，2011）[91]。自"五四"以来，中国人逐渐建立了这样一种观念，即中国文化传统是现代化的主要障碍（余英时，2011）[13]。可见，第二次外来文化进入中国，影响更加深刻，对于传统文化的冲击更大，是一个至今未完成的事业。

（二）中学西渐

中华文明是世界上唯一没有中断过的文明。中华文明是以人为中心的文明。"中和"是中华文明的精髓。何谓"中和"？《礼记·中庸》以中和为天地得以安置、万物得以发育的根本（袁行霈，2008）[34]。中华文化具有开放和包容的特点，为世界上其他民族文化的发展，做出了许多不可低估的贡献，却没有对它们形成威胁（袁行霈，2008）[1-7]。

1. 对印度的影响

虽然佛学典籍是中国从印度引入的，但是印度反倒是没有很好地保护好其中一些典籍，如印度僧人把智汗的著作翻译成梵文，传回到印度，造成佛教从中国向印度的倒流（季羡林，2004）[257-264]。这种现象并不罕见，一些在中国失传的古典文集，也是后来从日本再次传回中国的。

2. 对日本和朝鲜的影响

在唐代，大批日本、朝鲜留学生和僧侣来华求学问道，中国文化在这两个国家留下深刻的印记。江户时代的 250 年间，大量的中国文献典籍流入了日本，滋养了这一时期日本的文化。今天，日本国立公文书馆第一部保存着汉籍 185 000 余册，其中宋本 29 种，元本 75 种，明人写本 11 种，明刊本 4678 种，明刊中约有 1500 余种典籍在我国也找不到了（严绍璗，2004）[659-676]。

3. 对法国的影响

法国的神父们译介了大量的中国古典典籍，包括四书、部分五经及朱熹的《通鉴纲目》。伏尔泰是最重视中国历史文化价值的思想家，他提出欧洲应该尊称中国人为"先生"。孟德斯鸠、卢梭也都承认中国文化的悠久和独特性。哲学家拉莫特·勒瓦耶、彼也尔·贝尔以中国为例，说明道德与宗教的可分离性，提出由一个无神论者组成的好社会是可以存在的。

4. 对欧洲启蒙运动和文官制度的影响

在中欧文化交流过程中，传教士发挥了重要的作用。马可波罗在中国生活了 18 年，其学说对于欧洲的影响不可低估（朱谦之，2006）[40]。从 17 世纪后半叶到 18 世纪前半叶，一批传教士将他们在中国的传教经历和对中国的了解，通过出版物介绍给了西方世界，在他们眼里，中国是一个富裕、繁荣和有秩序的国家，超过了一些欧洲国家的发展水平。与欧洲国家不同，中国是一个世俗社会，儒家学说是从理性和经验中产生的自然宗教。

中国文化向西方的传播，对于欧洲文艺复兴运动的兴起发挥了一定的影响作用。法国前总理希拉克 1987 年曾说，法国启蒙思想家"在中国看到一个理性、和谐的世界，这个世界听命于自然法则且又体现了宇宙之大秩序，他们从这种对世界的看法中汲取了很多思想，通过启蒙运动的宣传，这些思想导致了法国大革命"（孟华，2004）[675-686]。一些像伏尔泰一样的西方思想家对于中国的认识，帮助他们确立欧洲启蒙运动的方向，因为启蒙运动的宗旨就是质疑传统和神权，崇尚理性、经验、实验，他们提出"自由、平等、博爱"口号，在一定程度上是因为受到中国的影响（格里高利·布鲁，2003）[321-335]。

1615 年，耶稣会士金尼阁根据利玛窦的日记和其他文献，编纂成《基督教远征中国史》一书，介绍了中国的科举考试制度。1855 年，英国建立文官制度，就受到中国的直接影响。孙中山在《五权宪法·民权初步》中写道，"现在各国的考试制度，差不多都是学英国的，穷其溯源，英国的考试制度，原来还是从我们中国学过去的"（张希清，2004）[191-203]。

5. 对于俄罗斯的影响

清朝康熙年间，即 1715 年，彼得大帝派东正教传教士团来华，前后持续 200 余年。19 世纪下半叶，俄国与中国的交流，以译介中国古代典籍为主，包括四书五经。俄国文豪托尔斯泰曾写道：许久以来，我就相当熟悉中国的宗教学说和哲学，更不用说孔子、老子和他们著作的注疏了。他说，中国的孔子和孟子对他影响很大，老子的影响则是巨大（李明滨，2004）[687-697]。1884—1910 年，他撰写和编辑过近 10 种有关中国哲学思想的著作或论文，亲自翻译了《道德经》。他甚至评价说：老子学说与基督教学说，其实质是相同的，二者的实质在于通过节制一切肉体的东西而显示构成人的生活之基础的灵和神的本质。

三、结束语

第一，文化是现代社会的重要组成部分，要进一步加强我国的文化建设。科学知识、社会知识和人文知识是人类文化的重要表现形式。赵汀阳这样评价知识的重要性："如果中国的知识体系不能参与世界知识体系的建构，并从而产生新的世界普遍知识体系，不能称为知识生产大国，那么，即使有了巨大的经济规模，即使是个物质生产大国，也还将仍然是个小国。"（赵汀阳，2008）[1]

第二，在经济发展水平和科技水平较低的状况下，我们往往高估西方文化的价值，而低估中国文化的价值。今后，我们应该改变过去的片面认识，以更加开放和公允的态度看待世界多元文化，积极地宣传中华文明的优秀成果，并从其他文化中学习和借鉴有益的东西。像费孝通先生说的那样，"各美其美，美人之美，美美与共，天下大同"（费孝通，2008）[7-12]。

第三，历史经验证明，没有任何文化和文明可以在封闭状况永恒。中

---

[1] 转引自：乐黛云. 2008. 21 世纪的新人文精神//杨河. 北大学者思想实录（人文卷）[M]. 北京：北京大学出版社

西文化交流具有悠久的历史和丰富的内容，文化交流是促进不同文明之间融合和进步的手段。可以通过官方和非官方途径，开展不同文明之间的对话和交流（余英时，2011）⁵⁸⁻⁵⁹。

参考文献

阿诺德·汤因比.2005. 历史研究 [M]. 刘北成，郭小凌译. 上海：上海世纪出版集团

恩格斯.1971. 自然辩证法 [M]. 中共中央马克思恩格斯列宁斯大林著作编译局译. 北京：人民出版社

格里高利·布鲁.2003. 中国对欧洲"启蒙运动"的影响//许美德，潘乃容. 东西方文化交流与高等教育 [M]. 南京：南京师范大学出版社

沟口雄三.2011. 中国的冲击 [M]. 王瑞根译. 北京：生活·读书·新知三联书店

何怀宏.2008. "全球伦理"的可能论据//杨河. 北大学者思想实录（人文卷）[M]. 北京：北京大学出版社

季羡林.2004. 中国文化在印度//袁行霈. 中华文明之光（下卷）[M]. 北京：北京大学出版社

金耀基.2016. 中国文明的现代转型 [M]. 广州：广东人民出版社

乐黛云.2008. 21世纪的新人文精神//杨河. 北大学者思想实录（人文卷）[M]. 北京：北京大学出版社

李明滨.2004. 中国文化在公路上的传播//袁行霈. 中华文明之光（下卷）[M]. 北京：北京大学出版社

楼宇烈.2008. 中国的佛教与儒教//杨河. 北大学者思想实录（人文卷）[M]. 北京：北京大学出版社

孟华.2004. 中国文化在18世纪的法国//袁行霈. 中华文明之光（下卷）[M]. 北京：北京大学出版社

王庚武.2016. 更新中国：国家与新全球史 [M]. 黄涛译. 杭州：浙江人民出版社

严绍璗.2004. 中国文化在日本//袁行霈. 中华文明之光（下卷）[M]. 北京：北京大学出版社

余英时.2011. 中国文化的重建 [M]. 北京：中信出版社

袁行霈.2004. 中华文化精神//袁行霈. 中华文明之光（下卷）[M]. 北京：北京大学出版社

袁行霈.2008. 关于中华文明史的理论思考//杨河. 北大学者思想实录（人文卷）[M]. 北京：北京大学出版社

张希清.2004. 科学//袁行霈. 中华文明之光（下卷）[M]. 北京：北京大学出版社

朱谦之.2006. 中国哲学对欧洲的影响 [M]. 上海：上海世纪出版集团

作者简介｜阎凤桥，北京大学教育学院/教育经济研究所教授。

Humane Exchange and Harmonious Civilization

Yan Fengqiao

Abstract: Humane is closely related to spiritual civilization, and it is a crucial part of human development. In the world's history, there appeared multiple civilizations. In retrospect, different civilizations coexist peacefully and benefit mutually after a period of confrontations. Buddhism and Christianity civilizations have had great impacts on Chinese civilization which is represented by Confucianism. In return, Chinese civilization has influenced other civilizations in Europe and Asia. In a global age, tolerant and peaceful humane exchange will have beneficial impact on human progress.

Keywords: humane exchange, civilizations, Western learning spreads to the East, Eastern learning spreads to the West

潘懋元学位与研究生教育
思想研究

覃红霞　徐露维

摘　要：潘懋元研究生教育思想与培养模式的形成与其早期研究生教育经历和研究生管理实践密切相关。在他的筹划与指导下，厦门大学高等教育科学研究所培养了高等教育学的第一批硕士与博士研究生。以此为基础，他总结了个人高等教育研究与实践的基本经验，结合当前中国研究生教育与发展的重要问题，理论联系实践，与时俱进地提出了研究生教育与培养的基本思想。

关键词：潘懋元　研究生　高等教育学

潘懋元先生与中国的研究生教育有着不解之缘，他是中国早期研究生教育的亲历者，更是新中国研究生教育的亲历者、管理者与践行者。从教80载，他为中国高等教育研究与实践做出了卓越贡献；以身为范，他影响与教育了一批又一批高等教育研究的学者和研究生们。他所设计的研究生培养制度与模式《学习—研究—教学实践三结合的研究生课程教学方法》获得了福建省教学成果奖一等奖，坚持数十年的高等教育学科建设与人才培养的成就《高等教育学学科建设人才培养与教学改革研究》于2001年获国家级教学成果奖一等奖，《学术沙龙：情理交融中的人才培养实践》于2009年荣获国家级教学成果奖二等奖。为表彰其躬耕教学、终身为师的精神与成就，他在94岁高龄时被授予"全国教书育人楷模"称号，其研究生教育思想值得我们研读与推广。2017年，97岁高龄的潘懋元先生仍奋战在研究生教育与教学的最前沿，并获评"当代教育名家"称号。

一、早期研究生教育经历与管理实践

潘懋元研究生教育思想与培养模式的形成与其早期研究生教育经历和研究生管理实践密切相关。早在潘懋元大学毕业后，就有报考研究生的想法，"一直想考研究生，解放前后中山大学教育系招收研究生，每年有两三个名额。我当时本想去报考中山大学教育系的研究生，但因经济条件和家庭负担不能如愿"。1951年暑假，中国人民大学招收教育系研究生，只要学校推荐，不必考试。当时厦门大学教务长章振乾得到王亚南校长的同意，推荐潘懋元去中国人民大学学习。（潘懋元，2007）[112-113] 一年的研究生教育中，通过上课、自学与实习，潘懋元先生在此期间系统学习了苏联的教育理论，为后来研究生培养思想提供了基础。在其研究生培养思想中所强调的系统知识的学习就与此经历相关。

研究生教育结束后，潘懋元长期从事教育管理工作。正是在这一时期，潘懋元先生开始了高等教育研究的早期探索与实践，并深受王亚南校长的影响。在潘懋元先生的口述史中多次提到王亚南先生的影响，"特别是王亚南和林砺儒，关系比较密切，来往比较多。他们对我的影响也比较大"（潘懋元，2007）[99]，"王亚南为厦门大学做出了杰出的贡献，对我的影响也很大"（潘懋元，2007）[105]。事实上王亚南校长也是中华人民共和国成立后第一位招收研究生的导师。王亚南重视学术研究的思想成为潘懋元研究生教育与培养思想的重要来源。王亚南认为，大学科学研究是引导大学的根本，要将一所大学办出高水平，必须搞好科学研究。因而，他非常注重学术活动，为了促进科研，厦门大学创办了《厦门大学学报》，这是全国最早创办的三家大学学报之一。他还创办了《学术论坛》，为青年教师和研究生发表"尚不成熟"的研究成果。当时学校的学术气氛非常浓厚，学校每年都要举行一次全校性的学术讨论会，一开就是三天。各个院系也都搞起了各种形式的学术活动，文科就不用说了，连理科也搞起来了（潘懋元，2007）[106]。王亚南把研究的思想也直接应用到学生培养的过程中，因此也非常鼓励学生参与学术研究。他经常邀请学生到他家讨论学术问题，这一模式也成为高等教育学人才培养模式学术沙龙的重要原型，

"我一直喜欢这种既有家庭温馨又有学术氛围的活动形式，所以现在坚持每星期在单位要开一次学术报告会、在家里搞一次周末学术沙龙，就是为了形成良好的学术氛围。说实话，这些都是从王亚南那里学来的"（潘懋元，2007）[108]。

事实上，王亚南对潘懋元的影响不仅仅是思想的启发，还在于对其工作上的直接指导。1954 年厦门大学教育系迁往福州，并入福建师范学院，潘懋元先生因王亚南校长挽留而继续留在厦门大学。一番谈话开启了潘懋元先生的高等教育重要实践，从某种程度上说，中国高等教育学的产生与发展正是源于此。"他帮我分析了如何做到三者兼顾，并建议我结合行政工作，研究高等学校的教育"，对此，潘懋元先生有很深刻的感悟，"同王亚南的一番谈话，无形中还启发了我后来努力的方向——如何将行政、教学、研究三者统一，驾好'三套车'。几十年的实践证明，三者相得益彰。搞行政，既可以利用理论，又可以丰富理论，也是一种理论与实践相结合。实践经验的积累，有助于在研究教育理论时心中有个'实际'，写文章或做报告时心中有读者或听众；力求使抽象的理论成为简单明白、可接受可操作的知识；更重要的是，有助于形成从教育实践中发现理论问题、以教育实践检验教育理论的习惯，而不满足于单纯引用别人的观点和理论"（潘懋元，2007）[117-118]。"三套车"理论不仅成为潘懋元高等教育思想的基础，也成为潘懋元高等教育人才培养模式的重要理论，实践、教学、研究正是潘懋元研究生人才培养模式中的核心。

研究社会科学，理论准备重要，实践准备也重要（殷小平，2006）[1-5]。1964 年潘懋元临时借调中央教科所工作，大量的调研工作让他体会深刻，"这段实践生活比较丰富，视野比较开阔，结识了不少朋友，对当时整个中国的教育情况也有了大致的了解，这是我以前在大学所无法经历的"，"那些年我虽没能读万卷书，却是行万里路，这行万里路的另外一种收获也是书斋生活所不能得到的"（潘懋元，2007）[133-145]。或许正是深刻地体察到实践与调研的重要性，在高等教育学研究生培养中，潘懋元先生所发展出的人才培养模式不乏实践与调研的专门论述与践行。

1978 年潘懋元先生担任厦门大学副校长兼教务处处长，主管研究生工作（当时厦门大学设研究生科，隶属于教务处，后改为研究生处）。当时的研究生管理可以用"重视质量,灵活机动"来概括。第一,招生方式机动灵活,导师有较大的自主权,学校专业既可以定期招生,也可在其他时间段招收研究生,主要取决于导师是否要录取以及学生的质量。第二,研究生所选专业也没有专门的规范,并没有形成一级学科与二级学科等体系,主要取决于导师的研究兴趣与方向。例如,当时厦门大学中文系一位教授招生的专业方向是《管锥编》研究。当然,也有按专业招收研究生的。当时厦大历史系的傅衣凌教授,是明清资本主义萌芽史专家,韩国磐教授是隋唐经济史专家,他们招收的都是中国经济史专业研究生,入学后各按自己的专长培养。第三,在少数情况下,可以采取学校合作培养的方式。如潘懋元在主持研究生工作期间,有一位学生报考厦门大学中文系,成绩非常好而且能力突出,希望研究戏剧理论,但当时厦门大学既没有戏剧专业也没有从事戏剧研究的导师,为此潘懋元先生帮助他联系了中文系的导师录取他,入学后则发函给上海戏剧学院商请合作,由上海戏剧学院主要培养。第四,在研究生导师的选拔上没有专门的规范,主要取决于教授的声望与研究水平。丰富的研究生招生与管理工作为潘懋元招收高等教育学研究生提供了重要的范本,也为潘懋元深入思考与设计高等教育学研究生制度与变革提供了基础。

二、潘懋元与高等教育学研究生教育与培养

早在厦门大学高教研究室创立不久,潘懋元先生就开始考虑和筹划高等教育学研究生的培养问题。其原因在于两方面:一是高等教育实践的需求。早在 20 世纪 50 年代,中国的大学按照苏联综合大学的模式一方面培养科学研究人才,另一方面也培养部分学术水平较高的高中教师。当厦门大学教育系并入福建师范学院时,仍有部分教育系教师留在厦大,成立了教育学教研组,其中就包括潘懋元先生。他们为当时的数学系、中文系、历史系和生物系开设教育学、教育心理学及学科教学法等课程。考虑到学生毕业后有一部分留在大学担任助教工作,而不都是去当高中教师,潘懋元先生开始有意识地为学生开设高等教育理论课程,满足其"知道如何当大学教师"的需求,从而促进了《高等学校教育学讲义》的诞生,对后来

高等教育学科产生了重要影响。随着高等学校培养的人才层次逐渐提高，帮助未来可能在大学工作的学生成为高等教育的管理人才和专门教师就显得越来越重要，需要更多更高层次和水平的高等教育理论研究者承担这一任务，而培养高等教育学研究生就成为一个必然选择。二是从高等教育研究的全局看，必须大力发展高层次的研究生教育，以推动高等教育学学科的发展，推进高等教育研究的繁荣。1978 年成立高等教育研究室后，潘懋元先生考虑到高等教育学作为一门新学科，无法简单借鉴其他学校的模式与发展路径，必须先做好理论研究与学科建设，因此提出下列基本策略：第一阶段先与华东师范大学合作培养研究生，高等教育研究室则大力做研究与学科建设的工作；第二阶段则以培养硕士研究生为主要任务。

1979 年，上海师范大学高等教育研究会来厦门大学高等教育研究室参观访问时，潘懋元首次提出了由上海师范大学为厦门大学高等教育研究室代培研究生或进修教师的建议。1980 年《中华人民共和国学位条例》获得通过，教育部为了发展研究生教育，规定高校先招收硕士研究生，有三年培养经验之后，才可以申请硕士学位授予权（李均，2005）[177]。同年 9 月，厦门大学高教研究室初步确定了 1981 年招收高等教育学研究生的计划，鉴于高等教育研究室无法开设相关的基础理论课程，拟定与华东师范大学合作培养高等教育学研究生，并得到时任华东师范大学校长刘佛年教授的大力支持。经与华东师范大学教务处反复沟通与协商，根据两校的实际情况，确定了首批高等教育学研究生培养的合作方案，即厦门大学招收高等教育学专业硕士研究生，前一年半由华东师范大学培养，学习教育理论与心理学相关课程，后一年半回厦门大学学习高等教育专业一般课程，并完成硕士学位论文。

潘懋元先生至今仍能清晰地忆起第一届高等教育学硕士研究生培养的具体情况，"第一个研究生是魏贻通。当时考试还没有规范化，也没有统一考试，我们就要求他当场写一篇作文，也没有考外语。当时的考试非常机动灵活，时间也不固定，但也能不拘一格地选拔人才"。魏贻通于 1982 年 2 月正式入学，考虑到他并非教育学专业毕业，1 月高等教育研究室为他专门制定了培养计划。潘懋元亲自指导了魏贻通的学习，"主要念中国教育史，着重读《高等教育学》，那时候《高等教育学》还没有出版，就主要研读当时的手稿，每隔一两个星期就谈谈他的看法与研究的心得"。1982 年 9 月，魏贻通与 9 月入学的 3 名研究生胡建华、张国才、陈列按照合作培养协议进入华东师范大学学习，"除了学习公共政治课、公共英语、专业外语外，还学习了《马列教育论著选读》（陈桂生主讲）、《现代外国教育思想流派》（赵祥麟、杜殿坤主讲）、《教育问题研究》（张家祥主讲）、《教育经济学》（邱渊主讲）、《教育心理学》（邵瑞珍主讲）等研究生专业课程"（李均，2005）[178]。1983 年年底，国务院学位委员会审议通过了《第二批硕士学位授予单位及其学科、专业名单》，1984 年 1 月，国务院正式批准和公布了这一名单，厦门大学的高等教育学专业被评为硕士学位授予点，这也成为中国第一个高等教育学专业硕士点。

1984 年年初，与华东师范大学合作培养的 4 名研究生回到厦门大学，按照高教研究室研究生培养方案进行培养。在这一方案中，潘懋元先生首先将高等教育学研究生的培养目标确定为"能从事高等教育的教学、科学研究和高等教育行政管理工作的高级专门人才"。这一目标的提出，不仅是潘懋元个人行政、研究、教学"三套车"的总结，也是对研究生教育反思的结果。正如后来他在《高层次专门人才的培养与研究生制度的改革》一文指出的，早期研究生教育以培养高等学校师资和科研人员为主，但从国际研究生教育的发展及当时我国研究生教育的实际出发，高层次的应用型、实践型专门人才应成为研究生教育发展的目标之一。高等教育管理专门人才的提出正是这一逻辑的体现。而为了实现这一目标，潘懋元提出了非研究生教育途径，并设置硕士课程班这一形式培养应用性专门人才（潘懋元，1986）[19-22]。除了确定对研究生培养目标的要求之外，方案明确了培养年限从两年改为三年以及培养的基本方式：第一，研究生学习以自学为主，指导教师根据研究生具体情况及培养方案，确定研究生的研究计划和学习计划。第二，坚持理论联系实际的原则，明确了研究生课程必须联系国内外高等教育发展的趋势与问题，反映高等教育领域科学发展的新成就。同时详细规定了教学实践的具体形式与要求，即研究生在第二学年的第一、二学期，应以 180 学时左右的时间参与教学和行政管理的实践。第三，确定研究生培养的课程体系、政治思想品德教育、体育锻炼以及学位论文等工作的基本制度。1985 年，4 名硕士研究生通过了论文答辩，成为中国第一批高等教育学专业的硕士。1986 年，经国务院学位委员会批准，厦门大学高等教育研究所（当时"室"已经改"所"）（简称"高教所"）获得博士学位授予权，潘懋元先生获得博士生指导教师资格，开始招收高等教育学博士生，王伟廉教授、邬大光教授先后考入该所学习，并于 1990 年顺利答辩，成为中国第一批高等教育学博士。截至 2017 年，潘懋元先生已经指导与培养了近 200 名硕博士研究生，毕业生大多数在高校、科研机构或教育管理部门从事教学、研究与管理工作。

根据全国高等教育科学发展的客观形势，结合高教所的主观条件与人力，高教所确定从 1984 年至 1990 年或稍后一两年以培养人才为主要任务。对此，潘懋元在 1988 年《厦门大学高等教育科学研究所建所十年工作报告》中，专门分析了厦门大学高教所把培养人才摆在第一位的原因：第一，从长远的观点看，只有有一批专业思想明确、专业理论深厚的人才来从事高等教育理论研究与教学工作，高等教育学学科才能扎下深根，才能持久、深入与提高。否则，即使一时搞得很热闹，也可能成为一阵热风。第二，从现实情况来看，厦门大学高教所的优势是高等教育分支学科比较齐全，又设在重点综合大学中，并有硕士学位与博士学位的授予权，可以多招一些研究生，培养高等教育理论研究力量。这些研究生留下来，高教所后继有人；分配出去，可以在全国各地生根开花，促进高等教育科学的繁荣发展。

按照这样的战略部署，1992 年 4 月 18—20 日，厦门大学高教所和北京大学高教所联合召开第一次研究生培养工作研讨会。此次会议上两校确定了研究生培养的基本原则与方向：第一，研究生培养应在学术研究过程中，加强世界观、价值观、人生观、教育观、事业心与责任感。第二，以规范的学位课程为主，但应赋予一般必修课与选修课一定空间。学位课程是专业的主干课程，除外语、政治外，应有 4—5 门专业基础课与专业课。各校应以各个学科专业点为基础，发挥自己的优势，形成特色。例如师范大学、综合大学、理工科大学所开课程，可以有所不同。第三，重视基础理论的功底，注重教学、科研、管理能力的培养；要尽可能让研究生做些实证性的研究工作，避免只在书本上搞研究。会议特别强调高等教育管理方面的人才培养不宜以研究课题为专业方向。第四，加强各学科专业点的交流与协作。例如交换资料、互派进修教师和访问学者、接待访学的研究生以及互聘指导教师等。此次会议确定的高等教育学研究生培养模式的基本原则与思想后来被许多高等教育学研究生培养单位所接受与学习。（潘懋元，1997）[21-25]

随着高等教育学研究生教育的进一步扩大，1997 年第二次研究生培养工作研讨会由厦门大学、北京大学、华东师范大学、华中理工大学 4 所大学的高等教育科学研究所共同发起召开。此次会议上，潘懋元先生评价了不同高等教育学和高等教育管理研究生培养单位的培养特色，"厦大高教所这个点，就受师范院校教育系科的影响较多，重视高等教育基本理论研究，对于适应科技革命与市场经济带来的变革较差，需要借鉴理工科大学的思路与模式。这几年来，我深深地感到理工科大学的高等教育学科研究生培养思路较活，善于运用自然科学的理论与方法来培养研究生"。结合高等教育学科质量与数量大发展的大背景，会议将讨论的主题定位在高等教育学研究生教育数量增长、质量提高的同时，如何适应经济的变革和科技的发展。具体包括以下主要问题：高等教育学科硕士越来越多，原来以培养理论研究与教学为主的培养目标要不要有所改变，以适应人才市场的需要？要不要对研究生进行素质教育，如何进行？如何看待研究生的专业思想问题？应当着重培养研究生哪些能力？培养单位与用人单位的关系如何协调？如何防止社会上不正之风对研究生培养工作的负面影响？等等。潘懋元建议会议围绕培养目标的制订，课程设置与教学计划、培养方案的制订，学习年限与学分分配，素质教育的经验，培养方式方法，毕业研究生的就业指导问题进行经验总结与交流。毫无疑问，第二次研究生培养工作研讨会所提出的问题与总结对于高等教育学研究生培养、转型及如何适应社会发展提供了重要的理论基础与经验。（潘懋元，1997）[21-25]

三、研究生教育与培养思想的总结与反思

本科教育大众化之后，大众化研究生教育跟着就来（伯顿·克拉克，2000）[280]。如何适应大众化阶段研究生教育的基本需要，满足中国经济与社会现代化建设与转型对人才的需求一直是潘懋元先生最为关心的问题。

为此他总结了个人高等教育研究与实践的基本经验，结合当前中国研究生教育与发展的重要问题，理论联系实践，与时俱进地提出了研究生教育与培养的基本思想。

（一）研究生人才培养的目标是多样化的创新型人才，国际化是创新性人才培养的重要手段

对于研究生教育的定位问题，潘懋元先生一直有非常清晰的界定。他将研究生定位于"高层次专门人才"，并将高层次专门人才分为"培养高等学校师资和研究机构的科研人员"和"技术、管理等应用型高层次专门人才"。在研究生教育大众化时代，培养创新性的科学人才和专业性的应用人才仍是研究生教育的主要目标。同时，潘懋元先生在区分本科生和研究生的基础上，提出了研究生教育的基本特点，"一般说，本科生的培养是以学习为主，通过课程学习和初步的科研训练，以培养某一专业的专门人才；硕士生的培养是课程学习与科研并重，通过自主学习和有指导的科研活动，使之具有从事科学研究或独立负担技术工作的能力，以培养某一学科的高层次专门人才；博士生的培养则是以科研为主，通过自主的科研活动，表明其具有独立从事科研的能力并能够做出创造性的成果，以培养某一学科的学术带头人"（潘懋元，2006）[893-896]。与本科生、专科生比较，潘懋元先生指出，研究生教育有以下特点：一是研究生教育是培养各个学科领域高级专门人才的骨干，要达到硕士或博士的学术水平。二是研究生所学习的知识是较为高深的专门化科学理论知识，研究生的学习方法主要是通过导师指导下的自学与科学研究来掌握科学理论知识与提高科学研究能力。三是研究生的年龄较大，年龄跨度也大（潘懋元，2009）[445]。

基于研究生教育的基本特点，潘懋元先生提出了研究生教育的多样化培养模式。其中，潘懋元先生特别重视国际化的培养途径。在厦大教育研究院第四个阶段的主要战略任务中，潘懋元先生明确指出"应当进一步推进中国高等教育学科建设和人才培养的国际化"。但值得指出的是，潘先生所强调的国际化并不是简单的美国化或者复制，相反他更强调双向交流与沟通，"国际化的意义在学术交流，既要有所接纳，也应有所贡献。中国的高等教育研究，以其'学科建制'为特色，这一特色已为国外一些同

行专家所认识。因此，进一步国际化的着重点，应当是将中国高等教育学科建设及其研究成果推向国际，在高等教育理论研究的平台上，有中国的话语权，扩大和提高国际影响的力度"（余斌，2009）[133-136]。就此而言，将中国的研究生教育与制度，包括潘懋元先生关于研究生教育的思想与培养模式推向国际也是研究生教育国际化的重要内容。

（二）对研究生选拔制度的反思

选好才是成功的一半，潘懋元先生非常重视从实践出发，反思与倡导研究生选拔制度的改革。首先，他认为研究生选拔制度应该是适应性考试，反对将研究生考试制度高考化。作为一种适应性考试，潘懋元先生坚持研究生招生考试是为选拔人才服务的，因此如何适应研究生教育的功能与目标是研究生招生考试改革的基本方向，反对将研究生招生考试简单高考化的倾向与逻辑，"我最不满意的是研究生专业课程的考题，也要像高考考题那样随附标准答案，作为评分依据。如果考生的答案完全符合标准答案，充其量只能考出他们的记忆能力与求同思维，恰恰不能考察对他们来说最为重要的求异思维。为此，我把标准答案'擅自'改为'基本要求'。只要思想政治观点正确；基础知识基本正确但不要求罗列无遗；有所发挥，虽不一定正确但能言之成理，持之有故"（潘懋元，2006）[893-896]。

其次，在研究生招生考试制度改革中，应当赋予研究生导师招生自主权。在潘懋元先生看来，研究生招生与高考的区别之一，就是导师的权利问题，"博士生的选择，给予导师的自主权应当多些，导师才能做出综合的判断"，反对"得外语者得录取"的研究生招生模式，"我的研究生是来自各种学科、专业的，历年来被录取最多的，除了教育系毕业生之外，就是外语系毕业生。我并不是认为外语不重要，而是觉得有些很好的苗子尤其是思想上比较成熟，又已有相当实践经验的在职申请者，往往由于外语成绩差一点而只好忍痛割爱。其实录取之后，抓紧抓好一年的公共英语学习，或集中强化训练，大多数是能够达到合格要求的"（潘懋元，2006）[893-896]。

最后，在选拔标准上，学生的潜能更加重要。潘懋元先生根据个人长期的管理与培养经验，认为兴趣与学术能力比考试分数更加重要，这也从另一个方面指出了研究生招生考试改革的方向，即招生考试制度应为选拔具有学术兴趣与学术能力的人才服务。"我所说的选拔博士生应当重视其发展的潜质，综合考核其学术水平与思维能力"，"在选拔过程中，不能光看笔试的成绩，高分未必代表较高的学术能力和学术兴趣。笔试成绩好的博士生中研究兴趣不大、创新意识缺乏、学术潜质不足的大有人在"（潘懋元，2006）[893-896]，因而，潘懋元先生提出了系统评价研究生的基本设想，"人才选拔中最关键的是要能准确判断考生的报考动机，看其是文凭取向还是兴趣取向，是为学位而来还是为学问而来。所以，选拔的考生必须对本门学科有浓厚的兴趣，对科学研究要有强烈的探求欲望和献身精神，愿意终生为这一学科的发展做出贡献"。对此，潘懋元从高等教育学的学科特性出发，指出"如果只是把学习、科研作为猎取学位的手段，就很可能碰到困难就动摇。尤其是高等教育学是一门新的学科，有很多的难题有待探索，人们的看法也不一致，各种责难，时有所闻。如果认识不足，信心不定，很可能半途转行。即使勉强留下，也可能急于自炫，则其所学必定不牢靠，而将来的成就也定然有限"（潘懋元，2006）[893-896]。所以，他反复强调，"我对博士生的选拔，并不太注重考试成绩，更为重视的是在根本问题上的政治方向，以及理论与实际密切结合的论文、专著和学术报告"。为此潘懋元先生坚持在考试成绩与论文、专著审查合格之后，复试时要求申请者作一次学术报告。报告会邀请教师和研究生一起听讲、提问，然后参考大家的评价，做出最后的决定。

（三）研究生立体人才培养模式

潘懋元先生曾深情地说，"我一生最为欣慰的是，我的名字排在教师的行列里"，"如果再让我选择一次，我还会选择教师这个职业"。潘懋元先生在多年的高等教育理论和实践的基础上，逐步探索了一套适合研究生教育的培养模式，即一种全方位的、包含了自学、课程、研究、沙龙等在内的立体人才培养模式。

1. 自学与导师指导

潘懋元先生一生致力于人才培养。大学期间他从大学二年级时担任教育学会的干事，大三开始当选为教育学会的会长，并加入卢梭组。对此，先生评论说"啰嗦组（卢梭组）和卢梭的自然注意教育主张对我影响比较大，以后的教学生涯中我始终相信，要尊重学生的个性和学生的主动发展。在研究教学理论时，关于教学原则体系我提出了十条原则，其中一条就是在教师主导下发挥学生自觉性、创造性与独立性原则"（潘懋元，2007）[81]。而自学也就成为潘懋元研究生教育培养中最核心的组成部分。"研究生阶段应当更加注重学生的自学能力，导师的指导固然是一个方面，但更重要的是自己钻研。导师更多地起着一种督促前进的作用，而不是牵着学生前进。导师对学生的指导不能以在学生身上花了多少时间为唯一评价指标，而应该重在如何指导。同时我的经验是组织、引导学生之间的互相启发，互相切磋非常重要，这种切磋、讨论可能比导师的单向指导带来的进步更大"（潘懋元，2006）；自我成才对于博士生的培养意义重大，研究所和导师只能提供必要条件，成才靠自己。

对于导师的作用，潘懋元先生特别强调导师对研究生们学风和学术道德、思想修养的培育。潘懋元先生认为培养高层次的专门人才和学术带头人，必须具有较好的思想修养。思想教育应当围绕成才教育这一中心任务来进行。他总结了研究生思想修养要求的三个层次：第一层次是国务院学位委员会相关文件规定中的政治标准。第二个层次是任何科学家都必须具有的事业心、责任感和科学态度、科学道德，在今天应该特别重视这一层次的修养。第三个层次是对本学科发展的理想、信心、意志和热情。同时，潘懋元先生注重倡导朴实的学术风格，反对理论研究中的"大""空""洋"倾向。他认为最高深的学问，可以用最简明的语言来表达，也应该用简明的语言来表达，寻找简明的表达方式的过程往往也是深入研究的过程。所以，只有端正了思想，才能进一步把学问做得深透。先生反对研究者把简单的东西讲得深奥难懂，并以此作为"学问高深"，或者用晦涩的语言来表达，旁征博引许多无关宏旨的理论，他认为这种故作高深往往是自己并没有完全弄懂，没有消化。因此，他提出研究生治学上要追求"深入浅出"和"由博返约"。"深要深在思想上，深在理论上。要深入到事物的本质特征和基本规律。而真正能揭示本质和基本规律的理论总是具有简明的表达形式。"（乔连全，2008）[23-28]

2. 课程学习与研究

课程学习是研究生培养过程中的重要内容。潘懋元先生通过摸索与实践，创立了"学习—研究—教学实践"相结合的研究生课程教学法。具体来说就是：导师通过精心的设计与组织，引导研究生在课堂学习中，把学习任务、科研训练和教学实习三者有机地结合起来。这一方法使研究生不仅系统地学好一门课程，而且深入研究一个或几个课题，通过课题研究，培养其科研能力与科研方法，为论文工作打下基础；同时，研究生的课题研究成果，不仅要写出书面报告或论文，而且要在课堂上按课堂讲授要求，做课堂报告，然后主持课堂讨论，以获得课堂教学的经验。教师的任务是课前指导，课堂引导，最后总结，包括对研究成果和课堂实习的评论。这个教学方法的目的在于既要从知识上让他们"博"，也要让他们自己"研究"，并且这个研究成果要用文字和口头两种方式表达，既要能写又要能说。

3. 课程实践与调研

帮助研究生接触实践，重视他们的实践经验积累是高等教育学这门学科的实践性和应用性很强的学科特性所决定的。潘懋元结合自己的亲身经历，总是告诫博士生们：我的理论研究很得益于长期积累的实践经验。最初，为了培养博士生们的能力，潘懋元先生要求他的弟子们开出一门有一定质量的课程，"教而后知困"，"知困然后能自强也"。为教而学，学习的广度和深度大不相同，既系统深入地学习一门课程，又可以从中考查他们的教学态度和教学能力。后来，考虑到"现在博士生多了，没有这么多的课程让他们开"，潘懋元先生系统设计与组织了厦门大学博士生去汕头、宁波、上海、成都、西安等地实地调研，从某一重大高等教育问题出发，选择合适的调研地，由博士生确定相应的研究问题与调研方案，深入高校进行专门的访谈、调查，解决问题。

4. 学术沙龙等学术活动

潘懋元先生认为，对于研究生培养而言，学术活动比课程学习更为重要。学术例会、学术沙龙已经成为潘懋元研究生培养制度中重要的一环。他强调要创造一个有优良学术气氛的环境，让研究生们在学术环境中受到陶冶，激励竞争。为此，他设立了制度化的学术例会，每周请专家、教师或者博士生们进行学术报告与学术交流，他还鼓励研究生们参加校外的学术会议。同时，潘懋元先生同研究生建立了一种家庭访谈制度，后来被称作"周末学术沙龙"。每逢周六晚上，研究生们自由参加，没有课堂上的正襟危坐与刻板拘谨，清茶一杯，糖果数碟，可以畅所欲言，往往无所不谈。如果说课堂是严肃的学术讨论与反思，那么学术沙龙更代表了一种平等与民主精神的对话。从讨论内容看，从天下事到个人生活，从学术论争到工作方法，既谈学问中的人生，也谈人生中的学问，话题有时事先确定，有时即兴而谈，可以是学术思想上的理性探讨，也可以是生活情感上的轻松交流，大家"各言尔志"，相互切磋琢磨；从交流形式来看，每个人的言论与观点都可以畅所欲言，没有权威，更没有等级差别，潘懋元先生经常鼓励硕士研究生们发表自己的看法，并鼓励他们说"你们的想法很有见地，博士生们值得好好反思"。沙龙，越来越成为研究生们与外界学者、领导、企业家以及社会知名人士沟通的窗口，一些外国学者，如日本著名高等教育研究专家有本章教授、大塚丰教授，加拿大著名比较教育学家许美德教授，挪威学者阿里·谢沃教授，德国学者罗兰德·舍恩教授等国际友人来厦门大学高教所访问时，都曾来沙龙上与学生们见面。其中，许美德教授和阿里·谢沃教授还在著作中提到他们参加沙龙的感受和看法。（潘懋元，2006）[901]

参考文献

伯顿·克拉克. 2000. 探究的场所：现代大学的科研和研究生教育 [M]. 王承绪译. 杭州：浙江教育出版社

李均. 2005. 中国高等教育研究史 [M]. 广州：广东高等教育出版社

潘懋元. 1986. 高层次专门人才培养与研究生制度的改革 [J]. 高等教育学报，（3）：19-22

潘懋元. 1997. 总结交流经验，加强高等教育学科研究生培养工作 [J]. 高等教育研究，（3）：21-25

潘懋元. 2006. 得天下英才而教育之 [J]. 医学教育探索，（10）：893-896，901

潘懋元. 2006-08-17. 研究生教育如何看 [N]. 人民日报，第13版

潘懋元. 2009. 新编高等教育学 [M]. 北京：北京师范大学出版社

潘懋元口述，肖海涛，殷小平整理. 2007. 潘懋元教育口述史 [M]. 北京：北京师范大学出版社

乔连全. 2008. 以学术为志业"得天下英才而教育之"——访著名教育家潘懋元教授 [J]. 中国大学教学，（5）：23-28

殷小平. 2006. 开风气育人才——访厦门大学潘懋元教授 [J]. 理工高教研究，（5）：1-4

余斌. 2009. 潘懋元教授谈我国三十年研究生教育 [J]. 高教探索，（1）：133-136

作者简介 覃红霞，厦门大学高等教育发展研究中心教授，教育学博士，主要从事高等教育历史与理论研究。

徐露维，厦门大学教育研究院硕士研究生。

Pan Maoyuan and His Thought of Chinese Postgraduate Education

Qin Hongxia　　Xu Luwei

Abstract： The formation of Pan Maoyuan's postgraduate education thought and training mode is closely related to his early postgraduate education and management experience. Under his planning and guidance，the first batch of master and doctoral graduate students in higher education have been trained by the Institute of higher education in Xiamen University. On this basis，he summarizes his personal higher education research and practice，combines with the problems of China's postgraduate education and development，to put forward the basic ideas of graduate education and training with the times.

Keywords： Pan Maoyuan，postgraduate，higher education

新人文主义古典教育在近代中国
——以东南大学西洋文学系为中心的考察

黄君艳　　刘正伟

摘　要： 20 世纪 20 年代，梅光迪、吴宓等接受了白璧德新人文主义理念的留美学者在东南大学首创西洋文学系，在课程设置、教材编译、教学活动等方面践行新人文主义的古典理念和精神。虽然其办学理念在当时环境下遭受挫折，但其所张扬的大学古典价值与精神却具有超越时代的意义。

关键词： 古典　白璧德　新人文主义　东南大学　西洋文学系

一、梅光迪、吴宓与东南大学西洋文学系

1902 年和 1904 年，清政府先后颁布《钦定学堂章程》和《奏定学堂章程》，开始引进西方教育制度，设立各种现代学科。在《钦定京师大学堂章程》中，外国语文课程的设置仅是笼统的"外国语言文字学"，至 1904 年公布的《奏定大学堂章程》中已经分设英、法、俄、德、日等国文学门（张国有，2011）。随着现代学术研究领域日益分化、明晰，"泰西之学""西学"这类晚清以来含义模糊的字眼逐渐淡出视野，大学纷纷以明确的学科名目设立科系、建立制度，学科分类日益专业化。

1921 年 5 月中旬，时在哈佛大学研究院的吴宓收到挚友梅光迪的一封信，信中告知南京高等师范学校将改为东南大学。副校长兼文理科主任刘伯明"贤明温雅"，自己兼英语及英国文学教授，"甚为得意"。梅光迪邀请吴宓立即回来，一起创办全国第一个西洋文学系，同时希望吴宓担任

与中华书局约定创办的《学衡》杂志总编辑。吴宓接受了梅光迪的邀请，决定辞去北京高等师范学校英语系主任三年之聘约，启程东南大学。9月底东南大学开学，因学校正处于更迭之交，筹谋创办的西洋文学系尚未成立，吴宓暂处英语系，担任该系英语兼英国文学教授，开设四门课程，分别是英国文学史、英诗选读、英国小说、修辞原理。新文化运动兴起后，国内人士竞谈"新文学"，但能确实讲授西洋文学内容与课程的甚少，据吴宓所言，仅有周作人的《欧洲文学史》（上册）与谢六逸的《日本文学史》庶几近之（吴宓，1995）[222]。吴宓学识渊博、备课充分，英语又讲得极为流畅，一上课就深受学生欢迎，声誉鹊起。

1922年暑假，西洋文学系由英语系分出独立设置，梅光迪任系主任，吴宓为教授，专注于文学，依共同的文学理念教学。翌年，李思纯留法归来，吴宓将之引介给梅光迪，梅光迪"喜为同志、同道，即荐于学校"（吴宓，1995）[248]，李思纯被聘为西洋文学系法文及法国文学教授。9月，东南大学开学，西洋文学系又新聘楼光来为教授，楼光来是吴宓在清华与哈佛的同学，亦师从白璧德（吴宓，1995）[252]。

当时，尽管国内各大学的英语系多以实用型的语言教学为主，梅光迪、吴宓等仍主张创办西洋文学系而不是外语系，更不是单一的英语系。西洋文学系不仅包括众多国别及语种，还涵盖了西洋语言的各种文体形式，其教学的重点在于研习传布整体的西洋文学。英语系不仅限定了语种范围，而且以学习语言为重，对西洋文学和文化不甚关注，与梅光迪、吴宓等主张的不受国别文学限制，兼收并蓄、中西融通的理念背道而驰。其时，梅光迪、吴宓和东南大学英文系主任张士一之间的龃龉除了性格差异外，各自对外文系的办学功能看法也有很大不同。参照1923年东南大学英文系和西洋文学系的课程设置来看，英文系开设的是偏重专门语言文字学、语言学和英语教学法等相对实用的课程，如口演术、作文及修辞学、实用英文格式、语音学、语言学通论、英语教学法等，这样的课程设置与西洋文学系注重文学涵养和人格熏陶的课程设置意趣迥然。1924年梅光迪、吴宓等离开东南大学，就是由于东南大学宣布将西洋文学系并入英语系，梅光迪、吴宓等的教学理念和教育思想无从施展。从后来清华外文系的课程设置也可以看出吴宓等一以贯之塑造真确理想及精美赏鉴能力的人文教育追求。

吴宓留学日记记载了其研修的哈佛大学文学课程（表1），其所修文学课程大致按照作家、文体、国别的分类来设置。东南大学西洋文学系的课程设置（表2）显然参照了哈佛大学的文学课程。其课程分为四部分：第一部分为文体及其通论，第二部分是按国别和时代划分的文学史，第三部分按作家分类，第四部分是海外汉学研究概况、文学翻译和特别研究。

表1　吴宓选修哈佛大学文学课程（吴宓，1998a）

课程	教师
卢梭及其影响	白璧德教授
抒情诗	勃里斯·帕瑞教授
英国小说，从理查生到司各特	G. H. 梅那迪博士
英国浪漫诗人研究	J. L. 罗斯教授
法国散文与诗歌	郝金博士
近世文学批评	白璧德教授
十九世纪浪漫主义运动	白璧德教授
十八、十九世纪小说类型	勃里斯·帕瑞教授
法国文学概述	查尔斯·霍尔·葛兰坚教授
法国文学批评	白璧德教授
德国文学史大纲	威廉·格尔德·霍华德教授

表2　1923年东南大学西洋文学系课程表（国立东南大学，1923）

学程名	每周教授或讨论时数	教学年限	学分数
第一类			
文学总论	三	半	三
文学选读	三	一	六
抒情诗通论	三	半	三
纪事诗通论	三	半	三
戏剧通论	三	一	六
小说通论	三	一	六
短篇小说通论	二	半	二
散文通论	三	一	六
传记通论	三	半	三
文学评论	三	一	六

续表

学程名	每周教授或讨论时数	教学年限	学分数
修辞原理	三	半	三
文学研究法	三	半	三
第二类			
欧洲文学大纲	三	一	六
欧洲文学名著	三	一	六
希腊文学史	三	一	六
罗马文学史	三	一	六
英国文学史	三	一	六
法国文学史	三	一	六
德国文学史	三	半	三
意大利文学史	三	半	三
西班牙文学史	三	半	三
美国文学史	三	半	三
欧洲中世纪文学史	三	半	三
文艺复兴时代文学史	三	一	六
古学派文学史	三	一	六
浪漫派文学史	三	一	六
欧洲现世文学史	三	一	六
英国十六、十七世纪文学史	三	一	六
英国十八世纪文学史	三	一	六
英国十九世纪文学史	三	一	六
第三类			
荷马	三	半	三
桓吉尔	三	半	三
新旧约全书	三	一	六
但丁	三	一	六
莎士比亚	三	一	六
弥尔顿	三	一	六
约翰生及其游从	三	半	三
福禄特尔	三	一	六
卢梭	三	一	六

续表

学程名	每周教授或讨论时数	教学年限	学分数
葛特	三	一	六
卡莱尔	三	半	三
爱玛生	三	半	三
丁尼生	三	半	三
安诺德	三	半	三
易卜生	三	半	三
托尔斯泰	三	半	三
第四类			
欧人论述中国之文	三	半	三
西洋人研究中国文学之情形	三	半	三
文学翻译	无定	无定	无定
特别研究	无定	无定	无定

由课表可知，吴宓、梅光迪等对西洋文学的介绍均追本溯源，在对课程知识的分层与分类中偏重古典。文学史和作家研究方面注重希腊和罗马文学，被列入国别时代研究的课程不仅包括新人文主义所支持的派别古学派（即古典派），也包括其所反对的派别浪漫派；有关"文学史"的课程多达 16 门，但对近代以来 19 至 20 世纪的文学讲授甚少，只有《英国十九世纪文学史》一门课。相较但丁、莎士比亚、弥尔顿等古典作家，作家研究中的 19 世纪作家（卡莱尔、爱玛生、丁尼生、安诺德、易卜生、托尔斯泰）在课程设置中课时相对较少，学分也较低。对卢梭、易卜生和托尔斯泰这些作家则以专题讲座的形式批判评析。小说由注重长篇转向注重短篇，是当时世界文学的一个趋势。吴宓却认为，短篇小说盛行是西洋今世文学衰象之一（吴宓，1923a）。在东南大学西洋文学系的课程设置中，相比其他文学体裁，短篇小说这一当时流行的文学体裁被赋予最轻权重：《短篇小说通论》讲授和讨论时数最少，授课年限最短、学分也最少。1922 年教育部颁布学校系统改革案，规定"大学采用选科制"，各大学多自行设计课程。与差不多同时期国立北京大学英文学系的课程设置（1924—1925 年）相比，差异是显而易见的。在北京大学英文学系 19 世

纪文学占据了绝对的主导，如小说课选用简·奥斯汀、乔治·艾略特、康拉德、本涅特等近代作家作品。三、四年级必修课《英国现代文学》分三期讲授哈第、萧伯纳、威尔思。《欧洲古代文学》虽然规定"读希腊罗马之有名作品"，但仅供三年级与四年级学生选修，并没有荷马、桓吉尔等人的专门选修课程，诗歌课则要求"读 19 世纪大家专集"（李良佑等，2004）[228-234]。

教育在本质上是对"筛选"的构建，看似简单的课表不仅是知识传授的组成部分，实际上是吴宓、梅光迪等人对西洋文学知识进行筛选从而建构出西方文学经典的序列。这些"课程是有效知识的体现"，是按照知识地位的高低对科目的领域进行"分类"和对知识进行"分层"（麦克·F. D. 杨，2002），关涉深层的文化理念和价值取向。吴宓、梅光迪等崇尚新人文主义古典教育的尊重经典的人文传统，信仰真理的普遍性和超越性，强调理性和节制的德性等理念。其教学理想并不仅仅停留在语言层次上，而是整体的"西洋文学"。相较于外语的工具型知识，他们更关注的是文学的本质——教养型知识。

不仅是课程的编制，教材的编撰使用也负载着参与其中的知识群体的学术背景、文化立场和价值取向。以《文学评论之原理》和《小说法程》为例，温彻斯特的《文学评论之原理》至迟于 1920 年梅光迪在南京高等师范暑期学校开设文学理论课程时，就被作为教材使用，修习了该课程的学生景昌极、钱堃新将其翻译为文言，并于 1923 年在商务印书馆出版。《文学评论之原理》重视文学的永恒价值和人格蕴涵，推崇健全、道德的文学，"有极显著之道德性者，其情必最上"（温彻斯特，1923）。其中和周致的评论风格，不赞同文学形式上缺少法度，随意尚新的主张，都与学衡派的新人文主义相契合。《小说法程》为美国小说戏剧批评家哈米顿所著，是哈佛大学文科专业的教科书，吴宓在《小说法程》译本序中盛赞其"简明精当，理论实用"，书中多次引用吴宓在哈佛的小说课老师勃里斯·帕瑞教授的观点，学缘上颇为亲近。虽然如《小说法程》这类书并不为鲁迅所欣赏，但哈米顿的《小说法程》与另一部作品《戏剧原理》皆成为东南大学西洋文学系的教材。

《学衡》第 6、7、11 期与第 22 期还分别刊载了吴宓精心撰写的西洋文学书目：《西洋文学精要书目》与《西洋文学入门必读书目》。书目的编撰，并非简单的书籍目录的汇编与分类，而是包含了编撰者的价值取向与文化理想，是实质性的"知识再创造"，也是有效建构经典的形式之一。书目指引下的"阅读"，蕴含了编者的文化观念和思维习惯。编写《西洋文学精要书目》是吴宓在哈佛大学即有的意向，吴宓希望通过编写书目的方式"为国内购书者、读书者指示途径"，向国内读者展示不同于新文化运动所倡导的西洋文学经典，以正视听（吴宓，1998a）[156]。《西洋文学精要书目》共编成三部，"总部"之外，其他两部皆为希腊罗马文学。在《西洋文学入门必读书目》中，吴宓将"希腊文学艺术"单列，专门予以介绍；"各国文学名著"类介绍的图书近四十种，古希腊罗马文学名著所占比重最大，有十种之多；其余各国仅介绍四五种或一两种。可见，与课程设置一样，对于书目的选择，吴宓并非一概而论，而是突出古希腊罗马文化。在吴宓看来，古希腊罗马文化是西方文明之源泉，"西洋文化，以希腊罗马文章、哲理与耶教融合孕育而成"，因而"首当着重研究"（吴宓，1922）。

虽然东南大学西洋文学系设置历史短暂，但它对东南学人的教学、学术生涯影响深远。吴宓在《吴宓自编年谱》中回忆记载了这段"教学相长"的经历。吴宓称1921—1924年这三年是其一生最精勤时期，不但每月定期编撰出版《学衡》杂志，其备课也很是充分，上课甚为精彩，而且每年有新课程增加开设（吴宓，1995）[224]。1923年3月，清华学校高等科四年级学生梁实秋等二三人路过南京，在东南大学游览参观，巧遇吴宓讲授《欧洲文学史》中的"卢梭之生活及其著作"。梁实秋旁听了吴宓的授课后，对吴宓知识的丰富扎实和用娴熟英语有条不紊授课叹为观止。回去后撰文《南游杂感》，倍加称赞（梁实秋，1923）。后来梁实秋留美入哈佛大学，受教于白璧德，回国后也积极宣扬白璧德新人文主义学说。梅光迪在学生中也颇有影响，他自称"深得所教之学生之尊崇信服"，"南京师校学生，鲜有附从'新文化'者"（吴宓，1998a）[227]。西洋文学系学生在译述、教学等方面也颇有建树。如陈汝衡在《学衡》中就曾发表蓝姆、伏尔泰小说系列译作，华桂馨翻译了《小说法程》，其中的理论如小说三分法、小说视角理论、短篇小说特点等都对中国小说理论产生深远影响（陈平原，1997）[227]。浦江清从东南大学毕业后，受吴宓推荐，任清华学校研究院助教，为陈寅恪先生助手，后为吴宓主办的《大公报·文学副刊》的编辑成员之一，发表书刊评论并译介外国文学及海外汉学研究作品多篇。

二、白璧德新人文主义与吴宓、梅光迪对文学进化观的批判

　　一种教育观的提出及教育实践总是建立在一定的哲学文化观基础上，以梅光迪、吴宓等为代表的东南学人，其思想理论资源主要源自哈佛大学教授欧文·白璧德的新人文主义。白璧德批评培根的科学功利主义和卢梭的浪漫主义，认为这二者是近代西方社会道德颓败的渊薮。他注重理性和节制，崇尚文学正统的古典主义，强调取法希腊罗马文学的典范，以道德和文化的力量来补救社会弊端。白璧德认为，"坚持维系人文的标准"是大学的主导精神，"大学的目的就是……在这个量化时代中造就有'质'的人"（白璧德，2004）[56]。有"质"的人尊崇经典，具备"纯粹的古典精神"，感到自己为更高的、非个人的理性服务，产生克制含蓄、讲究分寸与处处谨严的感觉（白璧德，2004）[112]，从而克制人性的放诞和情感的泛滥而保持内心的自省与自律，并通过自省和自律达到道德完善。在白璧德看来，人具有两种自我，一种为普通或自然自我（an ordinary or natural self），另一种是人性自我（a human self）；人之所以为人，在于其以适度的法则对抗普通自我中种种过度的倾向，这种对于克制（restraint）及均衡（pro-portion）的强调，便是古典精神（the classical spirit）之本质（Babbitt，1919）[16]。

　　白璧德的文化观念与其教育观可以通过一系列相关联的术语与表述关联起来：人文教育（humanistic education）、人文学科（the humanities）、文学（literature），古典（the classics）。要加强　"人文教育"，就必须明了研究"文学"的真义，并恢复"古典"在文学中应有之地位。白璧德认为，并非所有的"文学"都享有崇高的地位，事实上，在他看来，只有古典文学才会发挥实在的"教化作用"，提升个体，并帮助其超越自身。古典的精神贯穿人之为人、即人之获得"文化"的过程。白璧德批判和反思

美国大学教育中放任和缺乏标准的流弊，强调蕴含永恒普遍价值传统经典的重要性，提倡规范、古典主义的人文训练，认为应尊重被历史证实和时间检验的人类整体经验的良好判断：人需要对典范（model）存有敬仰之心，而不是一开始就追求原创性；在对典范模仿的过程中，对个人扩张性的内在冲动加诸一种形式与均衡感，这正是文化真义所在。在他看来，肤浅的现代主义思想（modernism）使许多人完全疏离了古典。相对于古典文学作品，很多现代文学作品没有诉诸更高的理性与想象，仅仅刺激起多愁善感、罗曼蒂克的奇思异想。总之，白璧德推崇的文学教育，并非是没有任何标准核心的文学教育，也不是他所批评的现代文学思潮所鼓吹的文学教育，而是古代文学经典文本所承载的以传达古典文学精髓与精神为中心的教育。白璧德所心仪并捍卫的时代，不是一个以自由主义、扩张主义为主的现代，而是一个强调核心价值、中心和选择的古典时代，这个古典时代并非完全等同于历史意义上的古代，而是符合上述古典标准的时代。

吴宓、梅光迪等受业于白璧德，服膺新人文主义，并在教育与治学中践行。梅光迪师从白璧德，两人思想"最为深契"（郭斌和，2001）[242]。据Rosen 的研究，梅光迪视哈佛和白璧德为他的"庇荫和营养"（Rosen，1969）[107]，对白璧德的崇拜，可谓五体投地、始终不渝。1918 年吴宓初进哈佛，经梅光迪介绍，敬慕白璧德的学问人格，投师白璧德，修习了白璧德开设的《卢梭及其影响》《近世文学批评》等比较文学的重要课程，白璧德的著作《文学与美国的大学》《法国现代批评大师》《卢梭与浪漫主义》《新拉奥孔》等，都是吴宓案头必备之书。吴宓接受白璧德的言传身教，耳濡目染。白璧德的新人文主义可谓深入骨髓。吴宓视白璧德为"今世之苏格拉底、孔子、耶稣、释迦"，感怀其"最幸之遭遇"是在精神和学术方面受白璧德教诲，其"略具价值"也是由于白璧德所赐（吴宓，1998b）。

五四时期，进化论成为普遍的思想观念，新文化运动的倡导者致力于以新旧二元对立的思维方式来实现对旧文化的反叛和对新文化的追求，新旧文学观念则是在线性时间观和文学进化论的影响下所产生的特定历史意识表征。根据文学现代性结构，古典主义、浪漫主义、现实主义、自然主义和新浪漫主义（现代主义）被视作文学进化的不同阶段及价值。胡适曾在《白话文学史》一书中提出了"不肖子"的不断进化的文学史观。吴宓、梅光迪等人深受白璧德的影响，反对唯新是尚的风气，崇尚文学正统的古典主义。梅光迪指出西方各家多批评文学进化论是流俗的错误，但是本国人却迷信这种论调（梅光迪，1922）。吴宓则直接质疑胡适等所推崇的文学新旧更替的历史进化论。吴宓指出，文学上的新旧很难判定，所谓的新，多半是旧者改头换面，平常人认为是新，"识者不以为新也"（吴宓，1922）。吴宓强调，文学并非按现代性的标准直线进化，对文学优劣的判定不能以文学出现的先后为据；传统与现代是相容共存的，而非彼此对立和否定；文学是积聚发展的，今日文学财产是各时代各国各派文学作品总和，而非仅仅为现今时代或者本国所取得的成就（吴宓，1928）。吴宓认为，新文化运动者缺乏正确的历史透视，唯新是尚，不知细绎西方文化真正价值。对西方两大文化传统希腊与基督教一无所知，只知将易卜生、莫泊桑、托尔斯泰颂为西方智慧精华（吴宓，1921）。在他看来，对代表着西方文化发源精神的古希腊哲学文学论著进行强调，可以有效地开阔国内学者的眼界，使之认识到西方文化的"源流所溯，菁华所在"（吴宓，1923b），从而汲取西学中具有普遍意义和永久价值的精华，纠正新文化运动者在选择吸收西洋文化时"取材则惟选西洋晚近一家之思想，一派之文章"（吴宓，1922）。从东南大学西洋文学系的课程设置以及对于教材的选择等来看，吴宓、梅光迪等东南学人对西方文化和文学采用了历史的、纵深和整体的认识，以古代希腊和近代文艺复兴为中心，讲授古希腊以降西方各种思想文化和文学流派，在方法上体现了白璧德历史透视的观点，在精神上归依于其新人文主义和古典主义标准，以此表达对当时具有优势地位的新文化阵营激进主义现代性单维体认方式的批评和对抗。

三、余论

1923 年下半年，东南大学出现人事纷争，一些教员联合组成一派攻击刘伯明、吴宓等（吴宓，1998a）[252]。9 月，英语系主任张士一首先对西洋文学系发难；校务会认为，英语系和西洋文学系分设，不成事体，议决裁并两系，两系原系主任皆不得出任新系主任。虽然校务会议决全部课程和教师均予以保留，但是吴宓认为，自己来东南大学，是为西洋文学系

"招牌与名称而来"，如果取消西洋文学系名称，那么不管合并的方法与待遇怎样，他将决定离开，决不留在此地（吴宓，1998a）[253]。11 月，支持学衡派工作的刘伯明去世。1924 年 4、5 月间东南大学宣布裁并西洋文学系。楼光来随后到了清华学校，任西语系教授，7 月梅光迪远赴美国哈佛任教，李思纯于夏回到成都，不久后担任四川省立外国语专门学校校长，同年 8 月吴宓也离开南京，去东北大学任教，之后受聘于清华大学国学研究院。

东南大学西洋文学系虽然只存在了两年左右，却体现了西方近代知识——西洋文学在中国建制的过程。梅光迪和吴宓等推崇白璧德新人文主义理念，依照哈佛大学文学教育知识体系模式设置课程，创立近代中国首个西洋文学系，建立了西洋文学知识专门化的制度性模板。虽然在变革与革命的信仰俨然成为强势话语的新文化运动激进主义浪潮中，承接古典的倾向因背负复古退化、精英主义、缺乏民主性的名声而备受挑战和质疑。但是，在梅光迪和吴宓等东南学人的教育理想中，真理的踪迹清晰可循：人类可以从长辈和祖先的经验、理解以及经过时间检验的观念中学习，已发现的智慧应作为遗产传承下去而不应随意丢弃。同时，教育必须为学生提供必不可少的理智和精神教育，功利主义、职业主义的逻辑不能抹杀教育应该造就出按照道德准则行事的谦恭而又独立自主个人的真挚愿望。

参考文献

白璧德. 2004. 文学与美国的大学 [M]. 张沛等译. 北京：北京大学出版社

陈平原. 1997. 陈平原小说史论集（上）[M]. 石家庄：河北人民出版社

郭斌和. 2001. 梅迪生先生传略//罗岗，陈春艳. 梅光迪文录 [M]. 沈阳：辽宁教育出版社

国立东南大学. 1923. 国立东南大学一览 [Z]. 南京：国立东南大学出版社

李良佑，张日升，刘犁. 2004. 中国英语教学史 [M]. 上海：上海外语教育出版社

梁实秋. 1923. 南游杂感 [J]. 清华周刊：280

麦克·F. D. 杨. 2002. 知识与控制：教育社会学新探 [C]. 谢维和，朱旭东译. 上海：华东师范大学出版社，（2）

梅光迪. 1922. 评提倡新文化者 [J]. 学衡，（1）

温彻斯特. 1923. 文学评论之原理 [M]. 景昌极，钱塑新译. 上海：商务印书馆

吴宓. 1921. 中国的新与旧 [J]. 中国留学生月刊，16（2）

吴宓. 1922. 论新文化运动［J］. 学衡，（4）

吴宓. 1923a. 论今日文学创造之正法［J］. 学衡，（15）

吴宓. 1923b. 希腊对于世界将来之价值［J］. 学衡，（23）

吴宓. 1928. 文学与人生（二）［J］. 大公报·文学副刊，（4）

吴宓. 1995. 吴宓自编年谱［M］. 北京：生活·读书·新知三联书店

吴宓. 1998a. 吴宓日记（II）［M］. 北京：生活·读书·新知三联书店

吴宓. 1998b. 吴宓日记（VI）［M］. 北京：生活·读书·新知三联书店

张国有. 2011. 大学章程（第1卷）［M］. 北京：北京大学出版社

Babbitt I. 1919. Rousseau and Romanticism［M］. Boston and New York：Houghton Mifflin Company

Rosen R B. 1969. The national heritage opposition to the new culture and literary movements of China in the 1920's［D］. UC Berkeley

作者简介 黄君艳，浙江大学教育学院博士生，威斯康星大学麦迪逊分校联合培养博士生，从事现代课程史研究。

刘正伟，浙江大学教育学院教授，博士生导师，主要研究领域为教师教育、20世纪中国教育史。

The Classical Ideal of New Humanism： Focusing on Department of Western Literature in Southeast University

Huang Junyan   Liu Zhengwei

Abstract：In the 1920's, Mei Guangdi, Wu Mi and other scholars who studied in U. S. A. accepted Irving Babbitt's New Humanism concept and initiated Department of Western Literature in Southeast University, practicing classical philosophy and spirit of New Humanism in the curriculum design, textbooks compilation and teaching activities. Although their ideal was encountered with inevitable historical and cultural plight, the significance of classical university value and spirit they advocated is beyond the era.

Keywords：classical, Irving Babbitt's New Humanism, Southeast University, Department of Western Literature

两岸高等职业教育合作现状与前瞻

武毅英　童顺平

摘　要：高等职业教育是两岸高等教育合作中最具互补性和发展潜力的领域，持续开展合作将有助于双方的互利共赢。"520"以来，由于两岸政治关系逐渐趋冷，双方合作的政治基础面临考验，如何巩固已取得的合作成果并拓展新的合作项目？这将成为两岸学者必须认真思考的重大课题。研究表明：两岸关系对文教领域的合作具有"政治导向性"；两岸高等职业教育合作仍具延展性；两岸的"学历互认"条例仍具法律效应；两岸高职的"双向招生"仍属有名无实；两岸高职的"校-校-企"合作与"2+1"联合培养项目仍具发展潜力；台面向大陆高职院校的"专升本"招生仍具"比较优势"；台对陆生的"三限六不"政策暂时没有松绑迹象。展望未来，两岸高等职业教育的深度合作仍是大势所趋、人心所向；为减少不确定因素干扰，两岸高等职业教育可在 WTO 规则内加固已有的合作，并在"一带一路"框架内拓展新的合作项目。

关键词：高等职业教育　学历互认　相互招生　联合培养　一带一路

一、引言

高等职业教育是以培养高素质技术技能型人才为目标的教育类型，在大陆称为"高等职业技术教育"，在台湾称为"高等技职教育"。两岸高等职业教育具有相同的制度、文化基因。清政府 1902 年颁布的《钦定学堂章程》（也称"壬寅学制"）、1904 年公布的《奏定学堂章程》（也称"癸卯学制"），国民政府 1932 年颁布的《职业学校法》、1935 年公布的《职业学校规程》等，是两岸高等职业教育最早的制度雏形。早期蔡元培的实利主义教育思想，黄炎培的职业教育思想，都对两岸高等职业教育有着深刻的影响，是两岸高等职业教育共同秉承的教育理念与思想基础。

1949 年之后，由于两岸长期分治，发展道路和模式不同，双方的高等职业教育体系存在明显差异。台湾高等技职教育由专科学校、技术学院和科技大学所构成，与普通高等教育并存，形成特色鲜明的"双轨制"，在办学类型上分为公立和私立，在学历层次上分为专科、本科与研究生。而大陆的高等职业教育由专科院校和职业技术院校构成"高职高专"，在办学类型上也分公办与民办，在学历层次上虽然也分专科和本科，但仍是以专科为主体。

高等职业教育是两岸高等教育合作中最具互补性和发展潜力的领域，已取得多项成果。多年两岸高等职业教育的交流合作实践表明，加强双方合作对彼此都极为有利。对台湾而言，吸收大陆生源有助于解决自身因"少子化"时代而产生的高等职业教育资源过剩以及此类教育的永续发展问题；对大陆而言，合理利用台湾优质的高等职业教育资源，则有助于弥补自身在管理、课程、师资及人才培养等方面的不足，还可降低办学成本。合作共赢理念已成为两岸高等职业教育合作办学与育人的共识与基础。

近两年以来，由于两岸政治关系的变化，诸多领域的制度化、常态化交流合作受到波及和影响，最明显的是两岸政治沟通渠道关闭，赴台旅游人数急剧减少，赴台求学人数和意愿较 2016 年同期明显下降。人们关心的是，不确定的两岸关系是否会影响到双方高等教育的合作？如何才能巩固双方已取得的合作成果？这些问题将是目前和今后两岸学者必须认真思考的重大现实课题。

二、当前两岸高等职业教育合作之必要性

海峡两岸文化一脉相承、教育同声相应，在维系和推进两岸关系和平发展中发挥着重要而独特的作用。"两岸关系发展需要来自文教交流的动力"，"开展两岸文化教育交流合作，对推动两岸关系发展具有基础

性、全局性、长远性的重要作用"（贾庆林，2009）。在两岸文教交流合作发展过程中，高等教育因其"正走向社会中心"和处于教育层次高端而在两岸文化教育交流合作中备受重视和关注。然而，"由于两岸关系的相对特殊性，高等教育交流合作进程难免受到政治因素的干扰，尤其是受制于两岸关系的起伏跌宕，缺乏相对的独立性和自主性"（张宝蓉，邹莎，2013）[69]。

"520"之后，民进党主席蔡英文拒不承认"九二共识"核心意涵，对两岸政治关系产生了重大影响，也对两岸文化教育交流合作产生了消极影响。但两岸高等职业教育的合作仍要坚持、已取得的前期合作成果仍要维护，这么做的重要性与必要性体现在以下几方面。

其一，对巩固两岸高等职业教育合作关系的长期与稳定十分必要。由于两岸文教认同度高、意识形态争议少、政治敏感度低，因此，长期以来在两岸关系中扮演着"和平通道"和"润滑剂"的重要角色。"时至今日，两岸文教关系发展已逐渐步入深水区，经贸领域的开放与交流在正常化和制度化的轨道上一时难有更大进展，政治领域的对话与协商也仍无明确前景，唯有文教交流可望继续深耕，并谋求朝向制度化的方向不断推进。"（王华，2015）进入 21 世纪之后，两岸参照 WTO 规则进行高等职业教育服务贸易往来，在交流合作中逐渐建立了组织化、常态化、制度化的高等职业教育合作关系。在当前两岸政治关系不确定因素和风险增加的形势下，坚持高等职业教育合作、维护已取得的前期成果，将有助于巩固两岸高等职业教育合作关系的长期与稳定。

其二，对加强两岸高等职业教育合作机制的制度化建设十分必要。"两岸高等教育的合作形式多样、涉及面广、内容丰富、问题复杂，只有建立起共同遵守的行为规范，才能确保合作中出现的各种问题能在制度化框架内解决。"（武毅英，郑海兵，2015）随着对峙状态的结束，两岸民间文教交流活动变得活跃。2009 年，两岸文教主管部门就深化文教交流达成共识，初步建立两岸文教对话机制。同年，福建省闽台联合培养人才项目正式启动，为两岸文教合作机制建设进行了有益探索。2010 年，台湾地区立法机构通过"陆生三法"修正草案，标志着两岸文教互动机制取得进展。在当前两岸政治关系不确定因素增加的情况下，坚持高等职业教育合作、维护已取得的前期成果，对加强两岸高等职业教育合作机制的制度化建设十分必要。

其三，对维护两岸高等职业教育合作法规政策的严肃性十分必要。在文教交流合作中，两岸出台一系列的法律法规。1987 年大陆出台《关于对台湾进行教育交流的若干规定》，明确提出要与台湾进行教育交流。1988 年台湾当局颁布《大陆杰出人士、海外学人及留学生来台参观访问审查原则》，为两岸文教互动交流提供了通道。2010 年台湾"陆生三法"修正草案获通过，首次承认大陆高校学历，并有限制地接受陆生赴台求学，这是两岸高等职业教育合作上一个重大突破。2015 年《福建省促进闽台职业教育合作条例》实施，作为大陆首部规范两岸职业教育合作的地方性法规，对深化闽台职业教育合作、带动区域开展两岸文教交流合作立法具有重要意义。坚持高等职业教育合作、维护已取得的前期成果，对维护两岸高等职业教育合作法规政策的严肃性十分必要。

其四，对增进两岸高等职业教育合作成果的互利与共赢十分必要。在两岸同胞和有识之士的努力下，过去的 30 多年间，两岸教育交流合作历经了单一到多元、由民间到官方、由少浅到多深的发展历程，呈现出多类型（基础教育、高等教育、职业教育、成人教育等）、多层面（个人、社会团体、政府等）、多形式（参会、互访、互招、互聘、联办、联合培养等）交流合作格局。作为文教交流合作的重要内容，两岸高等职业教育交流合作取得了较为显著的成果，为深化两岸民众相互了解，增加两岸民众间亲近感，润滑、维系和促进两岸关系和平发展发挥了重要作用。为增进两岸高等职业教育合作成果的互利与共赢，坚持和维护高等职业教育已取得的前期合作成果十分必要。

其五，对拓展和深化两岸高等职业教育相关领域的合作十分必要。过去的 8 年间，两岸为高等职业教育搭建了一些高规格、高层次的交流平台，推动了两岸高等职业教育交流合作的组织化。2009 年，"闽台高校联合培养人才项目"正式启动，福建省教育厅确定厦门华天涉外职业技术学院、厦门城市职业学院等 12 所高职校与台职校开展"校-校-企"合作。截至 2016 年 4 月，闽台"校-校-企"项目共遴选闽高校 32 所与台高校 53 所、台企业 185 家，共同开设机械设计、光电技术、园林设计等专业 70 个，培养人才近万人。①但是应该说，两岸高等职业教育合作领域还有很大的拓展和深化空间，如闽台联合培养人才项目亟须拓展到其他省份，两岸合作办学亟须推进等。坚持高等职业教育合作、维护已取得的前期成果，对拓展和深化两岸高等职业教育相关领域的合作十分必要。

三、两岸高等职业教育合作现状与问题之检视

台湾高等技职教育起步早、发展快，有着相对完备的体系、先进的办学理念与卓有成效的育人方法，在台湾经济起飞阶段曾发挥积极作用，在两岸文教交流合作中更是倍受瞩目。以下将从几个方面来梳理和检视两岸高等职业教育交流合作的现状及问题。

（一）两岸高等职业教育的学术交流

学术交流是两岸开展深度合作的前提与基础。马英九"主政"台湾期间，两岸高等职业教育共同搭建了一些高规格、高层次的交流平台。譬如，2009 年 5 月"海峡两岸职业教育交流合作中心"在福州揭牌成立。2013 年 10 月，首届"海峡两岸高等职业教育校长联席会议"在江苏经贸职业技术学院举行。截至目前，共举办联席会议 3 届，两岸参会高职校累计达 224 所，参会专家达 430 多人次，签订协议 100 多份。

此外，在全国各地举办高等职业教育论坛，也是深化交流、扩大影响的另一个管道。2008 年首届"海峡两岸职业教育论坛"在厦门召开，至今已举办了 9 届；2014 年首届"海峡两岸暨香港职业教育论坛"在上海举办；2015 年，首届"两岸现代职业教育论坛"在武汉举办。

两岸新的政治生态，似乎对两岸高职论坛的举办没有显著影响。譬如2016 年 6 月，第八届"海峡两岸职业教育论坛"在厦门举行，有 40 余位台湾嘉宾、150 余位大陆职教专家和校长参与讨论交流；2017 年 6 月，第九届"海峡论坛·海峡两岸职业教育论坛"在厦门召开，51 位台湾职教界

---

① 闽台联合办学培养人才数万人［EB/OL］. http://news.xinhuanet.com/tw/2016-04-02/c_128859241.htm

代表，150 余位大陆职业院校、中华职业教育社代表参加了会议，这是自"520"之后两岸少见的高规格职教论坛。

梳理发现：两岸高等职业教育交流合作正朝着组织化、常态化方向发展，即便是"520"之后，两岸的常态化学术交流仍在继续；双方都强调各自的文教政策不变，但实际上两岸交流的次数仍有明显减少；在大陆举办的论坛多于在台湾举办的论坛。这不能不说与当前两岸不融洽的政治生态有一定的关联性。

（二）两岸高等职业教育的学历互认

1992 年台湾出台的"台湾地区与大陆人民关系条例"，首次提及"采认"大陆学历问题，该条例也是台方最早关于"学历采认"问题的法缘依据，但之后因李登辉的"戒急用忍"政策干预，使得"采认"问题被无限期搁置。2006 年，大陆在"首届两岸经贸论坛"上，积极回应两岸学历采认问题，单方面承认台湾"教育部"核准的所有高校学历。可见，两岸学历采认问题，虽是台湾最先提出，但却是大陆方面最先采认，彼此还不是"双向采认"。（张宝蓉，2011）

直到 2010 年，台立法机构审议通过"陆生三法"修正案，两岸学历互认才正式启航。2011 年起，台湾教育当局正式采认大陆 41 所本科以上学历高校，目前采认院校数已增至 155 所，基本覆盖了大陆"985"和"211"院校；2013 年，台教育当局又首度采认大陆 191 所高职学历院校，使采认的大陆高校类型从本科扩至高职。截至 2016 年 12 月，台方采认的大陆本、专科学历高校数已达 346 所。

梳理发现：①尽管两岸学历采认的进程不一、范围不同，但双方建立的制度化学历互认机制，为两岸后续的"相互招生"奠定了制度基础，其意义不可小觑。②台湾方面的学历采认政策是逐渐放开的，先从"985"院校到"211"院校，再从本科院校到高职院校，显示其对质量衔接的重视。③台湾教育当局对大陆高职院校学历的采认，既表明其对大陆高等职业教育质量的认可，也表明台方的比较优势和双方的差距正在逐渐缩小。

（三）两岸高等职业教育的相互招生

1. 从"单向招生"过渡到"双向对招"

早在 1987 年，大陆就开始了对台"单向招生"，但当时大陆学历不被台方认可。2010 年台湾"陆生三法"通过后的第二年，即 2011 年，两岸才正式开启了本科层次的"双向对招"。台湾对大陆招收的学历生分为：博士班、硕士班、学士班和二年制学士班（专升本）。大陆对台的招生包括了以上各个层次，同时招考方式也更为灵活多样，有联合招考、自主招生和免试入学等。

2. 台湾方面允许大陆高职毕业生赴台"专升本"

2013 年，台湾在首批采认的大陆 191 所高职院校中，选取广东和福建两省的 18 所高职院校为试点机构，同意其毕业生报考台湾二年制学士班（即"专升本"），获本科学位后还可继续报考台硕士班。2014 年和 2015 年试点地区和学校维持不变。2016 年，试点地区新增了北京、上海、江苏、浙江、辽宁和湖北六个省（直辖市），可报考台二年制学士班的大陆高职院校数增至 81 所。

3. "三限六不"政策与"陆生三法"配套实施

所谓"三限"，即指限制承认大陆高校数量、限制来台大陆学生数量、限制承认大陆医学学历；所谓"六不"，即指不对陆生加分、不影响岛内招生名额、不对陆生编列奖学金、不允许陆生学习期间兼职、不允许陆生在台就业或报公职。该政策与"陆生三法"配套实施，对陆生有诸多限制，实则是一种歧视性政策，短期内不会松绑。

4. 赴台就读人数明显下降

2016 年 9 月，台湾教育部门负责人潘文忠在所谓"立法院"做报告时证实，2016 学年度陆生录取人数同比减少 203 人（张盼，2016）。2013—2016 年台湾"陆生联招会"（全称为"大学校院招收大陆地区学生联合招生委员会"）公布的二年制学士班对大陆高职毕业生招生的情况（表 1）来看，多数院校的实际注册人数远远低于计划招生人数[①]。

---

① 陆生联招会：《招生回顾二年制学士班》［EB/OL］．http://rusen.stust.edu.tw/spf/member.html/2017-10-22

表1　2013—2016年台湾"陆生联招会"公布的对大陆招收二年制学士班数据

项目	2013 年	2014 年	2015 年	2016 年
招生名额	955	1000	1000	1500
报名人数	95	95	137	329
录取人数	93	88	125	313
报到人数	93	81	119	285
注册人数	75	67	105	245

注：根据台湾"陆生联招会"历年公布的数据整理而成。

梳理发现：①"双向互招"机制仅在本科阶段能够较好实施，但在高职阶段基本仍是台湾对大陆的"单向招生"。②台湾的"专升本"二年制学士班对大陆高职院校有明显的比较优势，故台方仍继续扩增可招生的大陆高职院校数，但由于陆生受两岸不确定因素影响，赴台求学意愿不高，注册人数远低于计划招生人数。③台湾对陆生的歧视性政策仍没有松绑迹象。

（四）两岸高等职业教育的联合培养

两岸高等职业教育的联合培养大致经历了三个阶段。

第一阶段为松散型合作。2008 年之前，两岸高等职业教育的联合培养基本上浮在面上，多以观摩、互访和考察等形式为主，是一种尝试性的松散型合作。2008 年之后，这一状况才得到较大改观。

第二阶段为紧密型合作。2009 年，"闽台高校联合培养人才项目"率先启动，厦门华天涉外职业技术学院、厦门城市职业学院等 12 所高职校与台湾技职院校开展"校-校-企"联合培养人才（即由闽高职校、台技职校、台资企业联合制定培养方案、建设教学资源库和实训基地等，通过"订单式"培养，为制造业、现代农业等领域输送高素质技能型人才）。首批招收的 3600 名学生，先在闽高职校学习，期间有 1 个学期须赴台学习并到台企实训。

第三阶段为多样化合作。从 2010 年开始，闽台高校联合培养人才项目由"校-校-企"联合培养进一步推进到针对本、专科生的"分段对接"联合培养。即本科采取"3+1"、专科采取"2+1"的方式进行，由闽方高校选派学生赴台方高校学习 1 年，毕业时台高校出具课程学习成绩证明或结业证书，闽高校再颁发学历学位证书。

梳理发现：两岸联合培养人才，经历了"松散-紧密-多样"的三个渐进阶段，采取了"校-校-企"合作及"分段对接"的方式，在制订方案、整合资源、分工协作等方面各方紧密配合，是一种比学历互认、相互招生更为深入的合作模式，具有推广应用之前景和潜力。

（五）两岸关系的变化及其影响

一直以来，两岸各领域的关系都以政治为风向标。两岸关系涵盖了政治、经济、民间往来、文教交流、国际场合等多个领域。其中，两岸政治关系对其他领域（包括文教领域）的关系发展起着风向标、压舱石和"政治导向"（张宝蓉，2011）的作用。

较为确定的两岸政治关系对两岸文教交流合作产生正面影响。如2008 年 5 月，台湾蓝营执政，两岸政治关系进入良性发展期。2009 年 7 月，在湖南长沙举办的"第五届两岸经贸文化论坛"上，两岸文教高层首次进行了面对面沟通，建立了双边对话机制。此后，两岸学历互认、双向招生、高校论坛、"校-校-企"合作、"3+1"和"2+1"联合培养等组织化、常态化教育机制也相继建立。两岸高等教育迎来了"大交流、大合作、大发展"的新时期。

不确定的关系则对两岸文教交流合作产生负面影响。2016 年 5 月，台湾政党轮替后，两岸政治关系进入紧张和不确定期，两岸文教交流合作受到波及。一是两岸文教高层对话交流机制中断；二是陆生赴台就读高职意愿下降（高杨，2016），赴台求学本科人数较去年同期下降 21%。[①]

（六）两岸高等职业教育合作中的问题

两岸高等职业教育合作除了受政治因素干扰大之外，在实践中还存在一些较突出的问题。一是台湾方面政策的摇摆。受少子化和经济低迷的冲击，台湾高等职业教育发展较为艰难。台湾高等职业教育在制度安排、培

---

① 张程. 大陆学生看台大学上课——能吃东西，回答问题无需起立［EB/OL］. http://www.cankaoxiaoxi. com/tw/20160822/1274668.shtml

养目标、师资力量、课程体系、专业设置和实践环节等方面具有优势，职教界希望当局能推进其与大陆合作，依托比较优势缓解生源、经费等问题。但由于民进党执政理念的偏离，"去中国化"仍是其教育政策的主轴，这导致台湾方面政策上的摇摆，对两岸高等职业教育合作造成了负面影响。二是合作"不对等性"较为突出。两岸高等职业教育合作在学历认定、入境签注、招生就业、扶助医保、生活待遇等方面存在较为突出的不对等性，对两岸高职教育交流合作造成了很大困难。三是缺乏两岸层面的政策支持。由于两岸文化教育交流合作协议至今仍未出台，对两岸高等职业教育合作造成困难。四是碰到问题不容易解决。由于两岸处于分治状态，在高等职业教育合作中很多本来很简单的事情变得较为复杂；加之"520"之后两岸官方沟通机制停歇，合作实践中碰到的问题常常不容易解决，对两岸高等职业教育合作发展形成了现实困难。

四、两岸高等职业教育合作走向之前瞻

（一）新形势下两岸高等职业教育合作走向分析

其一，两岸高等职业教育的深度合作乃是大势所趋人心所向。双方的交流合作从无到有、从松散到紧密、从单向到双向、从单一性到多样性、从无序到有序、从无规章可循到有法规可依，这一切的变化绝非偶然，也绝非一日之功，而是多方因素合力与博弈的结果，不会因一时一事的变化而中止。两岸政治关系的影响也是如此，这是大势所趋。双方在合作培养、合作教学、合作创新等方面的制度建设、资源投入、教学整合和人员配备等方面，已是难分彼此且取得较好成效。如果台胞在大陆享有"居民待遇"成为现实①，两岸高等职业教育的深度合作将更加速发展。

其二，两岸的"校-校-企"与"2+1"合作项目仍具延展性。譬如"闽台高校联合培养人才项目"，从动议、实施发展到现在，时间虽不算长，但已取得良好的实际效果和社会效应。该项目因特色显著（包括针对性和实用性较强，培养的学生竞争力高、就业前景好，项目获政策支持力

---

① 陈德铭. 今年基本实现台胞接近大陆居民待遇［EB/OL］. http://news.takungpao.com/taiwan/liangan/2017-05/3455576.html

度大，项目生源及资金有保障等），2011 年该项目被大陆方面列为"国家体制改革试点项目"，2013 年又入选"第三届全国教育改革创新典型案例"并获创新奖，该项目的成功实施，为两岸高等职业教育的深化合作与拓展树立了良好典范。

再从已经开展的"校-校-企"与"2+1"合作项目的其他方面看：由于各方紧扣高等职业教育"跨界"合作的本质属性，先从学校跨入企业进行合作，再从校企合作拓展至产教深度融合；在专业课程教学以及实训环节方面，双方既有合作又有分工（台方负责 1/3 的专业课程，台方教师承担的专业课程不得少于 1/4，按台企要求改革培养方案，聘请台企专业技术人员授课，组织学生赴台企实践和实训等），较好地弥补了大陆高职院校实践环节相对薄弱的缺点。以上诸多方面的合作，均显示出此项目具有良好的发展前景与延展性。

其三，两岸学历互认的法律效应仍在发挥作用且短期不会中止。尽管两岸高等职业教育的学历互认，仍存在不对等、不公平的关系，实施过程也非一帆风顺，但毕竟正在朝着正确的"轨道"上前行。根据新制度经济学及"路径依赖"理论，任何一项制度变迁，都具有与"惯性"相似的特点，即一旦进入某一路径，就会产生路径依赖，难以走出来。两岸"学历互认"作为一项有法律保障的新的制度存在，同样具有"惯性"与"路径依赖"的类似问题。尤其是学历互认涉及双方对学位制度、学位评定、课程设置、学术水平、学术交流、人员互访、学生互派以及合作办学等学术权限和行为的认可，而其认可的过程与程序就相当复杂。换言之，两岸学历互认的实质，是全球高等教育一体化进程的一部分，是合作方理念、课程、专业、师资、质量、层次、规格和水平的无缝对接。因此，该制度即使受政治因素的影响，也会在法律保护范围内得以持续推进，短期内不易改变。

其四，两岸高校"相互招生"政策短期内不会转向。从大陆的现实状况与需求来看，近年来大陆经济社会发展迅速，但由于高等教育自身发展的不平衡，能提供给社会的优质教育资源和机会不多，难以满足社会日益增长的对优质高等教育的巨大需求，这种状况直接引发了求学潮，许多大陆学生基于地缘、文化、语言、成本和比较优势原则，更愿意选择到台湾高校求学。从台湾的现实状况与需求来看，尽管和"三限六不"政策对陆招生有诸多限制，但基于自身"少子化"带来的生源不足、优质高等教育资源过剩以及急于提振岛内经济的多种考量，立法通过的"陆生三法"政策明显不可能中止。再则，由于大陆高等教育整体水平与台湾的差距日益缩小，对台招考政策与形式进一步完善，许多台生赴大陆求学的愿望与日俱增，仅 2015 年来大陆读书的台生人数已过万（张盼，2015），2018 年大陆有 307 所普通高校免试招收台湾考生[①]，台生人数将进一步增加。

总的来看，两岸关系在一定程度上确实影响到部分陆生的赴台求学意愿，但由于两岸现实需求和政策路径的依赖，双方"相互招生"政策短期内不会发生重大改变。还有，为了解决台生进一步流失的问题，台方或许会在政策导向上，将台湾高等技职教育的比较优势引向绝对优势，进而对大陆高职院校开放二年制学士班（专升本）和研究生学历，以使更多的大陆高职生源和资金流向台方。

（二）新形势下深化两岸高职合作的新思路

其一，在 WTO 框架内巩固和深化已有的合作项目。作为 WTO 的共同成员方，两岸高等职业教育的合作各方须共同遵守开放、对等、共识、无歧视、无贸易保护和壁垒的原则。在 WTO 架构内加固或推进两岸高等职业教育的合作，优点之一是可绕开人为因素的干扰进行合作，优点之二是双方有共识就能开展合作，优点之三是按服务贸易中规定的市场规则而不是按行政逻辑或政治正确行事。

两岸应继续深化和巩固的合作项目有：①应继续维护两岸高等职业教育学术交流的组织化、常态化，使之稳定发展。②随着大陆高职院校质量水平的进一步提高，台方应继续扩大对大陆高职院校学历采认的范围。③可进一步放宽对陆生招生和就业政策的不平等限制。④两岸建立的"相互招生"机制，应从本科院校进一步拓展至高职院校。⑤两岸"校-校-企"与"2+1"合作培养模式，可进一步推广，使陆生、台生、陆企和台企都可以从中受益，要从互补转向共赢。

---

① 大陆高校免试招台生，符合求学台生资格翻一倍［EB/OL］. http：//news.ubetween.com/2017/hotnews_1019/371178.html

其二，在"一带一路"框架内构筑高等职业教育圈。如果说已有的合作项目，之所以能规避不确定因素的干扰，是因为受到 WTO 规则的保护的话，那么，要拓展新的合作项目就应该寻求新的思路，"一带一路"是一个不错的选择。因为"一路一带"与 WTO 一样，都是全球性的经济组织，是一个关乎各方利益、命运和责任的同共体。各方只需遵守既定规则，就可减少不确定因素干扰。

首先，可在"一带一路"框架内共筑高等职业教育圈。台湾与大陆"一衣带水"，是新丝绸之路的共同起点，双方秉持"互学互鉴、互利共赢"的丝路精神，就可将两岸高等职业教育合作的范围拓展至海峡两岸暨香港、澳门。在高等职业教育圈内，各方合力塑造高等职业教育品牌，提升高等职业教育区域竞争力。

其次，可在高等职业教育圈打造利益、命运和责任共同体。各方应秉承"共商、共享、共建"的原则，通过整合优势资源、创新方式方法、完善机制体制、强化组织保障等，共同遵守各方认可的合作原则、政策、规程与秩序。

最后，可在高等职业教育圈逐步实现高等职业教育体系的"互联互通"。①共商高等职业教育的等级、专业建设标准、课程设置标准。②共同实施校长互派，教师互聘，学生互招，学分学历互认、师资培养和专业职业认证制度。③共同推进教育理念、培养模式的互融，课程教学、实习实训与设备设施的互联，理论研究、社会服务、国际合作与交流平台的互推，学术、资讯、信息和统计数据的互换等。

五、结语

研究显示，两岸高等职业教育有共同的文化基因，但由于两岸长期分治，发展历程和路径不同，双方的高等职业教育制度体系呈现出明显的差异性，台湾高等技职教育对大陆有明显的比较优势。"520"之后，两岸关系虽然出现波动，不确定因素增多，但两岸高等职业教育的合作仍具延展性；两岸"学历互认"的条例仍具法律效应；两岸高校"相互招生"机制暂时不会有大的变化，两岸高职的"双向招生"仍有发展空间；两岸高职合作培养模式效果显著，推广前景看好。研究还显示，台方对陆生的限制性与歧视性政策仍没有松绑迹象；台二年制学士班（专升本）及后续研究生学历的"比较优势"明显，对大陆高职院校毕业生的招生有一定吸引力，台方可能进一步将其引向"绝对优势"，此做法一方面可吸纳更多的大陆高职生源，另一方面也可抵消台生向大陆或国外的生源流失人数。展望未来，两岸高等职业教育的深度合作仍是大势所趋，人心所向。为避免政治因素的过多干扰，两岸可在 WTO 架构内加固已有合作项目，并在"一带一路"框架内拓展新的合作项目。

参考文献

高杨. 2016-06-04. 受两岸制度化协商机制中断影响今年陆生赴台将大幅下降［N/OL］. 人民政协报，第 7 版

贾庆林. 2009-7-11. 大力加强两岸文化教育交流建设两岸同胞共同精神家园——在第五届两岸经贸文化论坛开幕式上的演讲. http://cpc. people. com. cn/GB/64093/64094/ 9637448. html

王华. 2015. 两岸文教交流的台湾民众满意度调查研究［J］. 台湾研究集刊，3（2）：1-4

武毅英，郑海兵. 2015. 两岸高等教育合作机制的形成与演进. 中国高等教育［J］， 22（47）：45-47

张宝蓉. 2011. 新时期闽台高等教育交流合作问题探究［J］. 台湾研究集刊，2（89）： 86-95

张宝蓉，邹莎. 2013.《两岸文教交流合作协议》的生成与建构——基于对《两岸高等教育交流合作协议》的思考［J］. 台湾研究集刊，3（69）：64-72

张盼. 2015-08-27. 上万台生大陆求学自称"羊"遇上"狼"两岸高校"学霸"谁更拼？［N/OL］. 人民日报海外版，第 3 版

张盼. 2016-09-07. 两岸关系趋冷"三限六不"不改大陆赴台学生人数锐减［N/OL］. 人民日报海外版，第 3 版

作者简介 武毅英，厦门大学高教发展研究中心教授、博士生导师，教育经济与管理研究所所长，两岸关系和平发展协创中心专家委员。研究方向为教育经济与管理。

童顺平，厦门大学教育研究院、两岸关系和平发展协创中心博士研究生。研究方向为教育经济与管理、台湾高等教育。

On Present Situation and Prospects of Cross–strait Cooperation in the Higher Vocational Education

Wu Yiying　Tong Shunping

Abstract: The higher vocational education is the most complementary and potential field of cross-strait cooperation in higher education, and continued cooperation will contribute to the mutual benefit and win-win situation. As the cross-strait political relations have become cold over the past year, the political foundation of bilateral cooperation has been tested. How to consolidate the achievements of cooperation and expand new cooperation projects? This will become a major issue about which the cross-strait scholars must think seriously. Research shows that the cross-strait culture and education cooperation have the "political orientation"; the cross-strait cooperation in higher vocational education is still malleable; the regulations of "cross-strait qualifications mutual recognition" has still legal effect; the "two-way enrollment" of the cross-strait vocational education is still nominally; the "school-school-enterprise" cooperation and "2+1" joint training project of cross-strait Vocational education is still promising; Taiwan's vocational colleges students upgraded enrollment facing to mainland still have the comparative advantages; the Taiwan's policy of "three limit six no" is no signs of release. In the future, the deeper cooperation in cross-strait higher vocational education is the general trend of development and the common aspiration of the people; the cooperation of cross-strait higher vocational education can be strengthened within the WTO rules, and new cooperation projects can be expanded in the framework of "The Belt and Road" in order to reduce the uncertainty factors.

Keywords: the higher vocational education, cross-strait qualifications mutual recognition, two-way enrollment, joint training, The Belt and Road

现代大学制度与高等教育治理

面向未来职场语境的专业教育改革研究

查建中

摘　要： 在中国新常态经济发展战略中，供给侧结构性改革成为主导模式。人力资源市场的供给侧结构性改革首当其冲。首先要全面深入调查研究社会、产业、家庭和政府等关键利益相关者对专业教育的真实需求。分析表明，这些需求不约而同地指向未来职场的人才需求，所以教育机构必须大力研究这种需求，然后根据自身条件和资源确定人才培养定位和培养目标，再设计实施课程体系和教学计划，落实教学大纲的逐项要求，并接受职场的评价和考核以提高教育质量和效率，满足关键利益相关者的需要。社会经济发展、民生的广大需求及专业教育本身的性质，决定了各个层次专业教育主要是培养"应用型"人才，因此政府政策和资源应当向"应用型"专业教育倾斜。专业教育改革的关键是彻底改变人力资源市场供给侧对职场需求的盲目、轻视甚至无视、主观想象现状，切实把未来职场人才需求作为专业教育的最重要语境（context）来精准研究、策划、设计、实施和运行，才能办好利益相关者满意的专业教育。国家应当建立跨部委的权威机构和国家资格框架，统领面向职场的专业教育，以建设强大的创新创业人力资源，满足社会经济发展和民生的需要。为方便说明问题，文中常以工程教育为例，但所得到的一般结论和原则也适用于其他专业教育。

关键词： 人力资源供给侧结构性改革　"应用型"专业教育　面向未来职场语境的专业教育

中国经过 30 余年的持续高速发展，现在进入了一个经济和社会发展的新常态时期。由于低成本人力资源红利逐渐消失，过去以加工业为主的制造业已经不能保持经济的高速健康发展，而以万众创新创业为特征的产业转型和升级，将成为新常态经济发展的主流。在此战略转变中，人力资源建设发展和保障，成为关键的关键。作为人力资源建设供给侧的专业教育，如何根据经济、社会发展的转型和升级对专业人才的培养进行改革，以满足高质量专业人才的巨大需求，成为不可回避的首要问题。

一、人力资源市场供给侧结构性改革的必要性

（一）供需隔离，需求不明

人力资源市场供给侧结构性改革与需求侧密切相关，因此首先要明确社会和产业对专业人才的需求。长期以来，专业教育决策者、规划者、研究者、管理者、从业者不甚了解人力资源市场的需求，凭主观想象培养人才。以工程人才为例，我国的产业需要多少初级（技术工人）、中级（技术员）和高级（工程师）的工程人才？需要什么专业领域（机、电、土木、化工、信息、生物工程……）的？什么质量？地域分布？企业性质和规模？专业人才对产业发展的影响？社会发展需要什么类型、层次和质量的工程人才提供与人民生活相关的技术服务（脱贫、环保、流行病防治、雾霾治理……）？人才流动和流失情况如何？（目前、5 年、10 年及以后）人才缺口是多少？……这些数据都没有完整、权威的来源，因此也无法准确回答上述问题。没有这些宏观、中观和微观的数据，我们如何来决定专业教育的结构、规模、质量要求、布局、内容和方法？多年以来我们就是在需求不明的情况下每年招收高达两三百万的针对中、高层工程人才培养的大专（高职）以上学生和更多的针对初级工程人才培养的中职学生，盲目培养的结果是一方面毕业生求职难，另一方面企业招人难。

这种缺乏工程人才数据的现象是全球性的。2010 年联合国教科文组织总部出版的人类国际组织首部关于工程学（engineering）的报告（UNESCO，2010）指出了关于工程职场和工程教育数据缺乏的尖锐问题，"越来越多

的国家的更多人群急切强烈质问这样的问题（如前所述），但得到的回应是：这些问题加上事实上更为复杂的相关问题无法被简单直接回答！令人吃惊的是，无法回答的原因之一是缺乏国家和国际层面的工程数据指标和统计数据，而这些指标和数据对于回答这些问题是必需的"。

2016 年联合国教科文组织总部专门设立重大项目来做这件事，把工程职场人力资源能力建设作为第二部工程学报告的主题。该报告计划每两年发表一期，连续 10 年完成总报告。该重大项目要研究何种数据指标能反映工程专业人才的需求和培养，并根据这些指标收集工程职场和工程教育的数据，然后在此数据统计的基础上进行分析，提出建设工程人力资源能力和改革工程教育的政策建议。这是建设工程专业人才能力和改革工程教育的基础性工作，具有战略意义。

中国工程院作为中国工程职场的最高学术代表对此项目非常重视。这样一个全局性的系统工程，必须有中央政府和社会各界全力支持才能奏效。特别是要充分反映产业界和职场的声音，绝不能像往常一样封闭在大学和学术界的圈子里来做指标体系、数据统计和分析。正如联合国教科文组织 2010 年的工程学报告指出的，一些国家会夸大工程人才的数据，以提高国家地位、吸引投资、宣传政绩；另外一些国家会低估工程人才数量，以争取更多的政府对工程教育和研发的关注及投入。这些自私的个人和部门利益主导思想，都会将数据采集统计工作导入歧途，这种情况在国内外屡见不鲜。总而言之，工程数据的收集分析对于国家经济和产业发展是至关重要和必要的基础性工作，需要巨大财政和人力资源的支持，特别是在当代中国民营企业占绝大多数和大多各层工程教育机构归属教育行政部门而脱离产业部门管理的情况下，应当充分估计工程数据收集和统计工作的长期性、艰巨性和复杂性。

（二）供需错位，产能过剩

人力资源市场的供给侧结构性改革必要性特征之一为"产能过剩"。确切地表达这一概念应是"低质产能过剩"，而"优质产能不足"，在职场上表现为"毕业生就业难，企业招聘难"的悖论现象。

联合国教科文组织在 1972 年发布了一个题为《学习做人》的长达

300 多页的报告（Faure，1972），首席科学家为法国前总理兼教育部长 Edgar Faure 博士。这个报告从多元文化和政治的角度审视了教育作为人类社会分工独立存在以来的发展和变化，深刻地指出，到 20 世纪 70 年代，"社会的一部分正在开始拒绝系统化教育所产生的成果，这在（人类）历史上还是第一次……当这种教育体系所授予的资格和技术不能满足社会的要求时，社会便拒绝接受这些毕业生"。这个报告在 40 年前就从人才供需角度指出了教育与产业脱节的危险性，的确具有远见和智慧。

全球最大的人力资源公司 Manpower 自 2006 年开始连续 10 余年发表人力资源缺口年度调查报告，指出全球面临"专业人才荒"[①]。该公司每年抽样调查约 40 个国家和地区的 4 万家公司，结果表明，10 余年来平均有 30%—41% 的企业完不成招聘任务（图 1）。

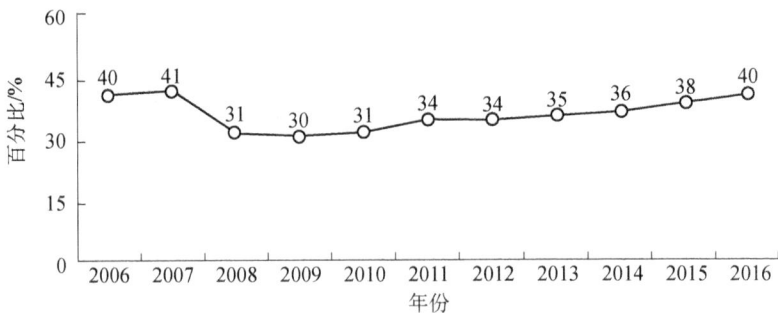

图 1　2006—2016 年全球产业人才短缺的企业平均百分比

2016 年被调查的 43 个国家和地区的 4 万多家企业的人才平均缺口约为 40%（图 2）。2016 年人才缺口最严重的前 10 个岗位见图 3。而 2006—2016 年人才缺口最严重的前 4 个岗位大多都包含了初级、中级、高级工程人才（技术工匠、技术人员、工程师）（图 4），说明工程人才始终匮乏。

专业人才缺口的原因很复杂，但专业教育的结构和质量无疑是重要的原因。对 2016 年人才缺口排序数据做粗浅的专业教育相关性分析，结果表明相关由强到弱的排序为本科、高职、中职（查建中，2017）。

① 美国万宝盛华公司. 2006—2015. 人才短缺调查报告. www.manpower.com.cn

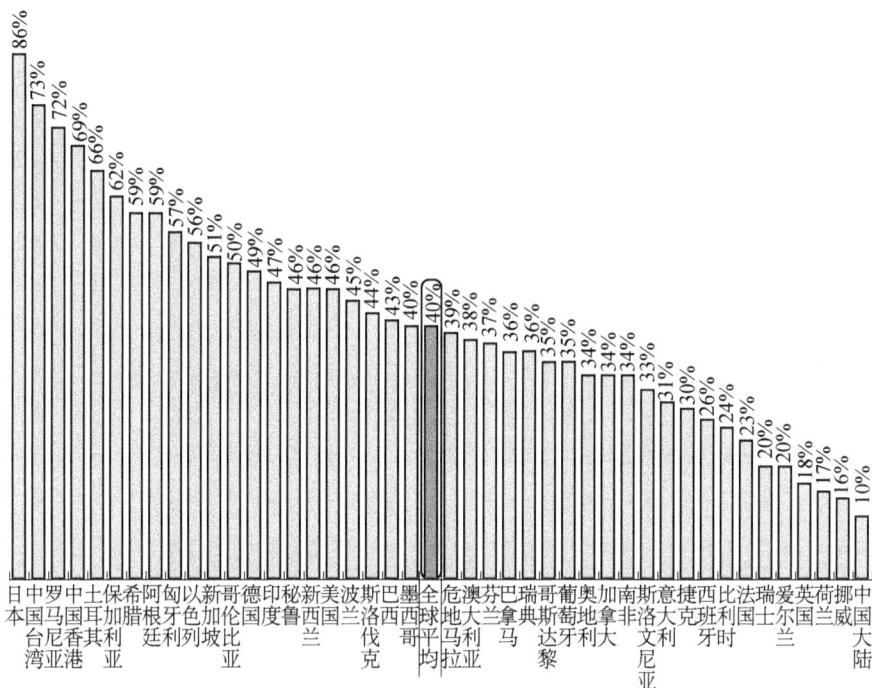

图 2 2016 年全球各国（地区）人才短缺的企业平均百分比

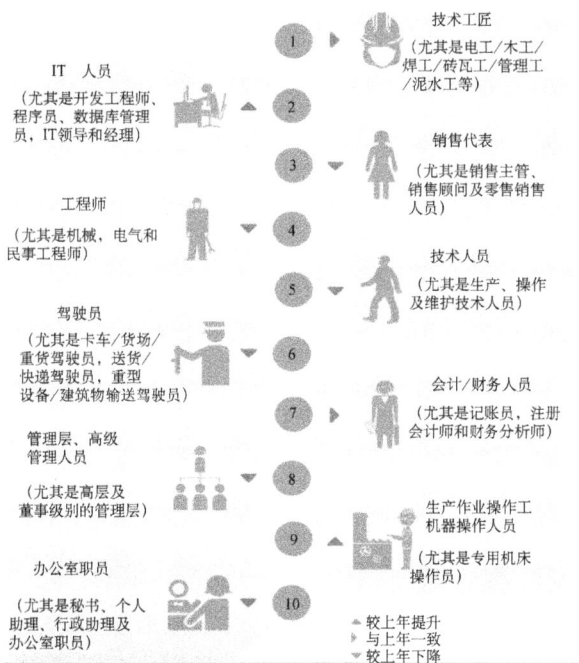

图 3 2016 年全球企业人才缺口最严重的十个岗位

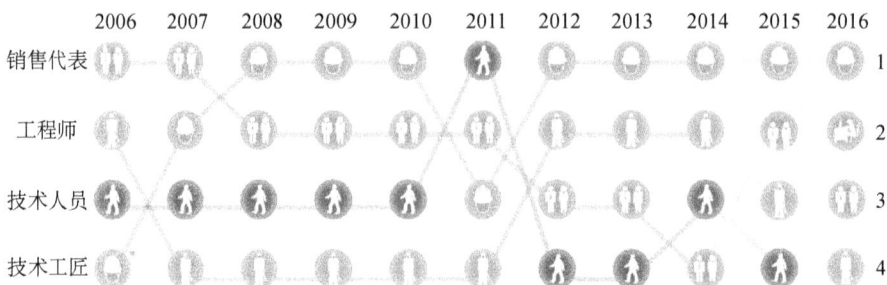

图4　全球2006—2016年企业人才缺口最严重四个岗位（包括高中初等工程人才）

而就中国企业抽样调查的数据表明：2013—2016年中国十大缺口人才除了初等和中等工程专业人才外，也包括研发工程师、设计师等高等工程人才（图5）；专业教育各层次与人才缺口的相关性排序由强到弱为本科、高职、研究生、中职。人才缺口首要原因是“缺乏职场经验”（占52%）。这与全球的调查结果很不一样，反映了中国现阶段发展对高端人才需求旺盛、专业教育与产业需求脱节严重的情况。

1 | 销售代表
2 | 技术人员
3 | 管理层/高级管理人员
4 | 工程师
5 | 技术工匠
6 | IT人员
7 | 销售经理
8 | 生产作业操作工/机器操作人员
9 | 会计/财务人员
10 | 研发人员

图5　中国2013—2016年企业人才缺口最严重的十个岗位

世界著名的战略咨询公司麦肯锡在一份基于83个跨国公司人力资源部的调查报告中给出的统计数据表明，跨国公司所需的人才和具有相应大学文凭的求职者质量之间具有巨大差距。如工程师类人才，中国具有合适学位求职者只有10%可被跨国公司录用，印度为25%，马来西亚为35%，发达国家在60%以上（表1）。另一份调查报告表明，现岗的工程师，中国只有 10%可达到跨国公司的用人标准，被调查的发展中国家平均为 16%，而发达国家为 66%（图 6）。这些数据说明"求职难和求才难"的悖论产生的原因是：求职者达不到企业的人力资源标准。

麦肯锡全球研究院对许多公司人事主管的调查显示，1/3 的被调查者抱怨找不到合适的新人。这与 Manpower 最近 11 年的调查结论是一致的。

表 1　跨国公司根据人才标准在各国录取求职者的比例　　　单位：%

地区	国家	工程师	金融/会计	通才
欧洲	匈牙利	50	50	30
	捷克	50	40	20
	波兰	50	30	15
	俄罗斯	10	20	10
亚洲	马来西亚	35	25	20
	印度	25	15	10
	菲律宾	20	30	25
	中国	10	15	3
拉丁美洲	墨西哥	20	25	11
	巴西	13	13	8

注：①适用度基于 83 个工作于所在国家的跨国公司人力资源专家的调查：适合聘用的人才占申请者百分比（如果贵公司需要 100 人，在 100 位具有适当学位的申请者中你们能聘用到多少称职的人）；② 墨西哥是唯一将数据进行了调整的国家（工程师从 42%调到 20%，会计师从 35%调到 25%），以避免小样本产生的误差风险；③数据来自麦肯锡公司网站

适合为跨国公司工作的职业工程师人数/千人

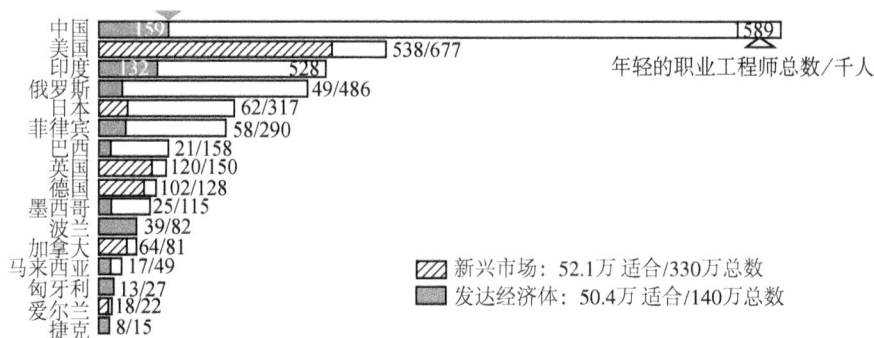

中国	159 ... 589
美国	538/677
印度	132 ... 528
俄罗斯	49/486
日本	62/317
菲律宾	58/290
巴西	21/158
英国	120/150
德国	102/128
墨西哥	25/115
波兰	39/82
加拿大	64/81
马来西亚	17/49
匈牙利	13/27
爱尔兰	18/22
捷克	8/15

年轻的职业工程师总数/千人

新兴市场：52.1万 适合/330万总数
发达经济体：50.4万 适合/140万总数

图 6　2003 年各国现岗工程师达到跨国公司用人标准的比例

注：图中职业工程师总数为各国被抽样调查的工程师总数；中国的职业工程师总人数是美国的两倍多，但只有 10%是合适的

中国现在每年有 700 多万新生进入高校学习，高等教育规模全球最大。但经过大学教育后，很多人面临"就业难"。大学生毕业即失业，或就业质量低，给贫困家庭造成巨大问题，也带来社会不稳定因素，成了社会关注的热点。与此相对，产业转型升级缺乏新鲜血液，企业面临"招人难"，成为国家经济和社会发展的瓶颈。人力资源市场的这一悖论是全球性的，引起国内外高度关注。2010 年诺贝尔经济学奖就授予了研究这一悖论的三位学者[①]，说明这一问题的全球普遍性和严重性。大量数据表明其主要原因是专业教育与职场人才需求脱节。

二、面向职场语境的专业教育

由前所述，中国人力资源市场供需关系面临着不可忽视的结构性失衡。"供需隔绝、供需错位、供需脱节"产生大量低质和无效的人力资源供给，严重影响国家高质创新人力资源战略建设，危及产业的转型升级战略实施，损害专业学生终身职业生涯发展及其家庭改善生活条件的民生目标需求，也浪费大量的有限宝贵教育资源。专业教育存在着结构性问题，主要是教育体制行政化严重，学校习惯于听命上级指示，产学脱节，没有下大力气研究社会、产业、职场、学生的需求，没有根据这样的需求和自身条件资源准确定位；教学过程低效、粗放、僵化、封闭，各级教育评价体系和资源分配以学术导向为主，向学术型高校倾斜，轻视面向职场的专业教育机构，忽视职场需求。这样的指挥棒驱使学校盲目追求"高大上"学术目标，严重偏离专业教育的目标原点。为解决这样的问题，必须开展深刻的持续改革，强调专业教育回归原点，以职场需求为目标，提高效率，增强专业人才供给侧对需求变化的适应性和灵活性，使供给体系更好地适应需求结构变化。

根据对专业教育利益相关者分析，可以确定，国家、产业和学生及其家庭对于各层各类专业教育的期望和诉求一致指向职场人才需求。家庭投资、学生投入青春时光到学校学习专业，是为了成为对社会有用之才，为

---

① 三人分享 2010 年诺贝尔经济学奖，2010-10-11. http://news.xinhuanet.com/fortune/2010/10/11/c_1 2648020.htm

自己终身的职业生涯发展打下坚实基础。不言而喻，职业生涯发展一定要符合社会职场当前和未来的需求；产业聘用人才一定要按照自己的发展需求和人才标准，这也就是职场的人才需求和标准；国家建设专业人力资源以满足社会、经济和产业的发展需求，也一定要符合职场的人才需求和标准。因此，职场人才需求就是专业教育的原点，它集中代表了关键利益相关者对于专业教育的需求。这就是必须大力发展面向职场的专业教育的原因。

不同层次和内容的专业教育针对职场不同层次和类型专业人才的培养，他们存在的必要性、相对比例、数量、质量是一个国家社会和经济产业发展客观需要决定的，不是人为的产物，更不是教育服务供给者主观想象或推测的结果。薛晓萍等（2016）的研究表明，发达国家的高等专业人才中，科学研究人员约占 5%，研发设计人员占 30%，从事生产管理服务的专业人员占 65%。如果考虑到中等初等专业人才的数量应为高等专业人才的 2—3 倍，高等专业人才在专业人才总数中的占比还要低得多，例如科学研究人员只占 1.3%—1.7%。美国麻省理工学院是国际顶尖的研究型大学，在高等工程教育方面全球名列前茅。该校的本科毕业生，无论他们的最终学历是什么（大多数攻读硕士、博士学位），80%进入职场后在产业担任工程师（Crawley，2012），所以仍然是"工程师摇篮"。当然，他们多数在工程师职业岗位的高端，如研发工程师、领军型工程师、企业家型工程师。麻省理工学院的本科毕业生最终进入职场后成为学术型人才的只有 10%—15%，这其中多数仍属于应用导向的基础研究人才。

根据以上分析，我们应对专业教育特别是高等专业教育的人才培养定位有个清醒的认识。就中国每年 750 万进入大学学习的大学生而言，他们其中大约不足 1% 的毕业生最终会成为职场上的学术型人才。学术型人才之中的多数人，也是属于应用科学领域的基础研究人员，从事的是应用导向的基础研究，是面向应用的研究（如机械工程科学研究），而非不以应用为目的的纯科学研究（如纯数学和理论物理的研究）。学术型人才以学术研究为主业，以学术成果为业绩。但是学术成果应当是能指导实践的共性和普遍性原则、机理的总结，必须能够对人类的经济、政治、生产、技术、文化实践产生影响，绝不是只以论文的发表为终结。论文是学术成果的表现形式之一，绝不是全部。应用型人才不以学术研究为主业，但不等于没有"研究"和"学术"。以解决问题为目的的应用，也需要作研究；把实践、案例、个性和特殊性上升为理论、共性和普遍性，就是"学术"活动。因此，就国家的专业教育政策和资源分配来说，应当进行结构性改革。绝大多数专业教育，从中职层次到研究生层次，涵盖理、工、农、医、商、管、法、文、艺、军各个专业内容，都要面向职场需求。而其中，学术型人才培养只占不到 1% 的比例，99% 以上都是应用型人才培养。所以，专业教育政策和资源应当要大力向应用型教育、应用型人才培养倾斜。

以工程专业职场各层人才和各层次工程专业教育对应关系为例（图 7），我们来看一下面向职场专业教育和职场各个层次岗位的关系。

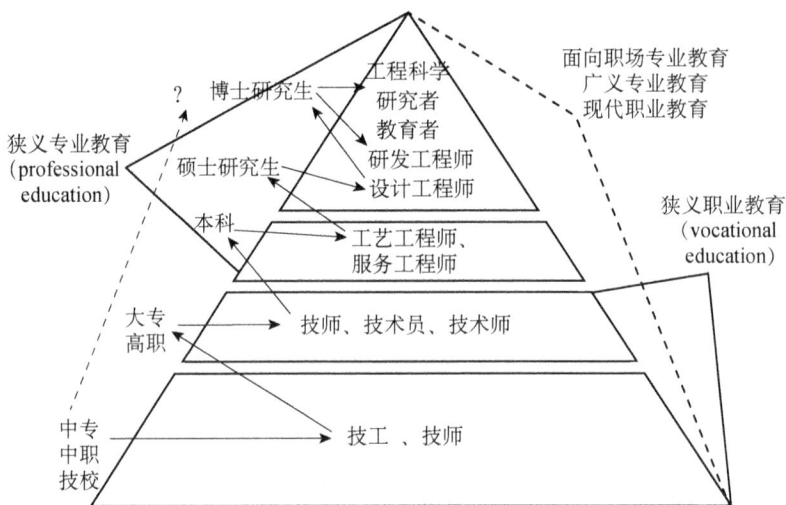

图 7 工程专业职场各层人才和各层次工程专业教育对应关系

初等和中等工程人才，也即技术工人（工匠）、技师、技术员、技术师，是工程产业数量最大、最为基础的人才，他们也要经过专业训练和教育才能取得专业工作资格。相对于这两个层次的专业教育，历史上称为"职业教育"，也就是狭义、传统的职业教育，对应的英文为"vocational education"。在中国，职业教育包括中职和高职两个层次。高等工程人才，主要是指工程师职业的人才，是个很宽的概念，包括工艺工程师、服务工程师、设计工程师、系统工程师、研发工程师和工程科学的研究者、教育者。职业工程师的培养通常对应着工程教育的本科层次和研究生教育，即为"高等工程教育"（higher engineering education）。本文所说的"面向职场专业教育"，在工程领域，应泛指"工程教育"，包括初等、中等和高等工程教育，它们也属于"现代职业教育"的范畴。2014 年中国政府提出发展"现代职业教育"的新战略，首次把工程师这一高等工程人才的培养纳入了"现代职业教育"的范畴，从内涵和目标上区别于狭义的、传统的"职业教育"。图 7 把工程科学研究者和教育者也纳入工程师职业范畴，是因为其也具有工程师的基本属性。中国工程科学研究者的代表就是钱学森博士，他是工程科学家；而在工科专业教育任教的专业教师应当属于工程科学教育者范畴。联合国教科文组织的人才分类中把他们叫作"engineers in education sector"，就是在教育部门工作的工程师，应当具有工程师的属性。

图 7 指出，各层次工程专业教育应当锁定职场对相应层次的工程人才（技工、技师、技术员、工程师、工程科学研究者等）的需求培养，满足这层人才所需的素质、能力、知识和技能的要求。学生合格毕业后在职场工作一段时间，如果有深造的需求和可能，再进入高一层的专业学习。应当建立这样的"立交桥"，把各层次专业教育打通，在政策上保证每一层专业人才有向上发展的机会，为青年人的终身职业生涯发展打开通道，这是现代职业教育的重要原则。而过去限制低学历人才向高学历发展的政策是错误的，它使专业教育成为"断头路"。

但社会上现在对建立中职、高职、本科、研究生学历教育通道的认识和做法有误区。一些地方鼓吹建立"学历教育直通车"，例如中职不是为职场培养技工、技师，而是为大专或本科学历教育提供生源；本科不以职场工程师为培养目标，而是三年级以后专门"吃小灶"准备研究生考试课程，削弱或取消本科工程实训、实习环节。这样的本科学生进入研究生学历教育，缺乏必要的工程基础训练，甚或不是满足本科教学大纲的合格毕业生。这些人学历越高，脱离职场越远。这种"拔苗助长"的做法是造成中国职场高端人才缺乏的重要原因之一。培养毕业生读研成为本科教育的目标之一源于中国高校毕业生就业率的统计方法。按照国际惯例，本科毕业生攻读研究生不在就业统计的范畴内。中国职教先驱黄炎培先生 100 年前说过：初中毕业后入分科高中，毕业后就业或实习一年有条件再入所习同科的大专院校，毕业后任职；如有进一步发展可能，再入所习同科之研究院，谓之专科一贯，学习互进。这样培养出的人，才具有真才实学，与恃资格名位者完全不同。

三、面向职场专业教育的共性

专业人才和专业教育有不同层次和内容，各有特殊性和个性。但是所有事物的特殊性应当包含普遍性，个性应当包含共性。我们要研究所有专业教育的科学、合理的共性和普遍性，也就是共同的规律性。这种规律是不能被违反的，需要在各个具体的专业层次及内容中根据所处的语境（context）和自身的条件、资源落实，表现为个性和特殊性。显然，不能因为个性和特殊性否定和无视必要的共性和普遍性；也不能空谈共性和普遍性，不将它们落地，形成特色。

什么是"面向职场专业教育"的共性呢？下面梳理出比较重要的八条，但不限于此。

（一）面向职场需求

各层各类专业教育的人才培养层次定位应根据职场的人才需求和教育机构的资源条件来确定。所培养人才的类型和数量、所要达到的素质、能力、知识和技能、人才的质量标准等要满足职场要求。每一个具体的学校和专业的培养目标定位要明确具体，针对适合自己服务范围（本地、市、省、地区、国家、国际）职场的某类岗位，例如技术员、工艺工程师、研发工程师，而不能笼统提"应用型人才"，否则无法得到明确、具体的培养方案和教学大纲中所确定的素质、能力、知识和技能。

（二）产学合作

专业教育必须和产业紧密合作，把产业的人才需求作为自己的办学目标，把职场文化环境特征引入学校作为教育的文化环境，充分利用职场资源（专家、项目、设备）并将其融于教学过程之中，接受产业职场对教育教学质量的评估和检验。这种产学合作办学机制对于所有专业教育都是必要的。目前，中国的专业教育产学合作薄弱，特别是本科以上的"普通高校"大多产学脱节严重，自娱自乐式办学。原因很多，主要是学术性导向指挥棒造成培养目标脱离社会和产业人才需求，学校文化和物理环境远离社会及产业，甚至不以职场人才需求为己任，不必接受职场评价检验；学校的领导和教师大部分缺乏产业职场经历，他们从学校门到学校门，与产业缺乏共同语言，交流沟通困难，自我封闭。产业作为人才需求方，一面抱怨人才匮乏，一面又"坐等其成"。面对学校实习的要求，产业常以一种狭隘的思想应对，就是"我们给学生实习机会、好的学生必须留下就业"。成功的产学合作教育应当尊重双向选择的原则，以开放的态度支持专业教育的产业实践需求，以利于整个产业和行业的人力资源建设，最终企业也会受益。产学合作必须以市场利益为纽带，要有可持续发展机制，不能只靠政府一纸命令。"产学融合"是产学合作的最高形式和境界，企业和学校要在目标、机制、制度、组织、资源、过程、成果方面高度融合一致协调，是非常不容易实现的，应当积极尝试和开展适合校企双方特点的多种形式、机制的产学合作教育。

（三）职业性和专业性的统一

专业教育目标要通过课程体系和教学计划来实现，学科是基础；同时又要满足职场对职业人的要求，要培养学生的职业性（professionalism）。在面向职场的专业教育中职业性应该起主导作用，职场需求驱动和牵引专业教育。专业技术是职业性中的重要组成部分，但绝不是全部。学科的系统性、完整性是由教师作为学科的专家来做引领的，要在整个教学过程中有适度的体现，这对学生的终身职业生涯发展有重要作用。但过分强调学科的作用，片面强调专业教育中各个学科知识的完备性和系统性，不符合面向职场人才培养的总体目标，在有限的学制和教学资源中无法实现，亦无必要。不考虑职场的需求、不考虑职场对专业人才的职业性要求是完全不对的。很多本科学校特别是高端大学忽视职场对专业人才的职业性要求，势必造成毕业生难以适应职场要求。美国卡耐基金会的研究报告指出，专业教育（如工程、法律、医疗、护理、神学）常常受到学术传统的影响，而学术传统并不总是支持专业职场需求的（如职业工程师、律师、医师、护士、牧师的培养）（Sheri et al，2008）。职业性教育对于学生养成职业素养和习惯至关重要，也是使毕业生具有职场能力和竞争力的重要内容。职业性的养成不能靠说教和理论学习，而要靠职场文化的熏陶、实践、体验。面向职场的专业教育要使学生有能力就业及发展，职业性培养是专业教育当然的目标。

专业教育的目的之一是使学生在校期间打下职业生涯发展的坚实基础，毕业后能够找到适合自己的满意工作，同时满足国家和产业发展的人力资源需要。这一目标无论对于哪个层次的专业教育都是适用的，包括高端的研究型大学。所有国际一流学校都非常关注毕业生的就业力（employability）培养，例如英国剑桥大学、美国麻省理工学院、法国巴黎综合理工大学、澳大利亚墨尔本皇家理工大学等。国内有些研究型大学领导公开否认研究职场需求的必要性，轻视对学生就业力的培养，把就业和高端专业教育目标对立起来，把职业生涯发展与理想、事业心、高尚情操、学术研究等"高大上"目标对立起来，鼓吹高才生不必研究和面向社会职场需求，认为就业只是"经济"考虑，把职场对于职业人的全面要求贬低为"挣钱养家糊口"……这些都是完全无视以优秀企业为代表的先进生产力的发展要求德才兼备专业人才的事实。还有的高端大学领导甚至要取消工科的工程能力基础训练，认为是浪费学生的时间，耽误理论学习。这就完全违反了专业教育的基本规律，脱离了专业教育的原点。美国波士顿东北大学（Northeast University）的副校长 Stokes（2015）特别提出，在"学习经济"（learning economy）时代中，区别于"工业经济"（industrial economy）时代的职业教育特点，即大学的就业力培养应成为高等教育的目标和战略，并且认为研究型大学的学习工作一体化将是美国在全球新一轮教育和技术竞赛中取胜的关键。他特别以佐治亚理工学院和纽约大学两所研究型大学为典型案例来说明这一点。Stoke 所在的东北大学由于坚持产学合作教育（co-op education）和学习工作一体化模式，在短短的 20 年中从一所技术学院发展成研究型大学。

大学毕业生就业力可用许多指标说明。其中，就业平均工资是一个关键性指标。《商务周刊》（Business Week）2010 年发表的一篇文章讨论了美国大学教育的投资回报（ROI，return on investment）（Louis L，2010）。以麻省理工学院为例，学生在校本科学习期间学费和生活费平均为189 300 美元，而毕业生就业 30 年内的薪酬总和扣除这一成本后，比高中毕业生直接就业的 30 年工资总和要多 1 688 000 美元。这是就读麻省理工学院的投资回报。文中给出了 10 所投资回报最高的大学（其中大多数为常青藤大学）和基于美国 500 所大学 30 年数据的投资回报统计结果。常青藤大学毕业生投资回报平均是 1 400 000 美元，非常青藤大学为 384 400 美元，其中公立学校为 322 500 美元，私立大学为 559 200 美元。虽然学校办学质量不能只用毕业生工资多少来衡量，但无疑其是重要的指标之一。

（四）素质教育和专业教育的统一

中国大多专业教育只集中于学生专业知识和技能的培养，认为这样就能使毕业生在职场从事专业工作，他们忽视素质教育，认为不是专业教育的份内工作；还有的学校认为自己是高大上的，超脱于职场教育，不需要结合专业技术内容培养学生做事的能力，只要培养素质就好。这两种观点和实践都是不正确的，因为职场需要的人才必须兼有素质和专业能力。表 2列出了波音公司对聘用入职工程师的十项要求，其中三项和专业知识/技能相关，七项是各专业都需要的通用素质能力，也叫软技能，如职业道德和社会责任、批判思维、终身学习、创新创业、团队合作、交流沟通、适应社会等。产业界特别是代表最先进生产力的跨国公司，需要的是兼有素质和专业能力的人才，因此把素质教育跟专业教育隔离、对立起来的理论和实践都是错误的。

在现代社会的发展速度下，素质教育尤为重要。影响社会和经济发展的市场、资本、科技三大驱动力，实际都是双刃剑：它们可以推动发展、造福人类、保护地球，也可以将人类引入歧途、葬送人类、毁灭地球。这在现代社会的各个领域已经凸显出来。例如，科学、技术、政治界早已

表 2 波音公司对入职工程师的素质能力和专业技能要求

类别	具体要求
专业知识/技能	掌握工程科学基础知识
	了解设计和制造流程
	具有跨学科和系统的观点
通用素质能力	基本了解企业的业务实操知识（经济学、商务、历史、环境、顾客及社会需求等）
	较好的沟通能力（写作、口头交流、图形交流、理解力）
	高职业道德水准（社会责任感）
	批判性、创新性的思维能力，既能独立思考，又能博采众家之长
	具有自信和能力去适应多变快变的环境
	具有终身学习的态度能力和求知欲
	深刻了解团队工作的重要性及具备合作能力

关注基因工程、克隆技术的社会伦理道德问题；2017 年以美国著名 AI 企业家、发明家马斯克为首的 116 位 AI 科学技术产业领袖人物上书联合国，要求禁止"机器人武器"（俗称"杀手机器人"）的研发和使用。因此，我们必须大力加强专业教育中以社会伦理、职业道德、社会责任、环境保护为中心的素质教育，但这也是各层各类专业教育中长期被忽视的薄弱环节，极大影响着职场上的专业人才伦理道德素质水平。著名经济学家孙震教授长期研究企业伦理，主张用中国儒家的伦理道德约束企业行为，把"利他"放在"利己"之前，把"公平"放在"利润最大化"之前，提倡"仁"和"义"，以从根本上扭转全球经济发展单纯追求产值、利润、效率，无视社会伦理、道德、责任而造成的扭曲而危险的局面（孙震，2016）。他在台湾多所大学经济管理专业开设"企业伦理"课程，以培养新一代的企业家和管理、经营人才。他于 2016 年 12 月在北京大学大讲堂发表演讲，得到与会学者和产业领袖的高度评价。这为其他专业教育树立了光辉的典范。

（五）理论和实践的统一

理论和实践有着密不可分的关系：脱离实践的理论是空洞无用的，没有理论指导的实践是盲目低效的，无法可持续发展；必须理论联系实际，理实合一，知行合一。但在传统的专业教育中，理论和实践常常被割裂开来。这种状态必须改变。理实融合就是要做中学、边做边学、学做一体，在时间和空间上把理论学习与专业实践融合在一起。英文中"academic"的词义在不同语境下是完全不同的：它是"学术、学问、学者"的意思，但是如果脱离实践，它又是"空谈、纸上谈兵、空谈家"的含义。离开实践的"语境"，学问是没有意义的。

当前，中国兴起"众创"教育和活动，万众创新万众创业，这对于国家经济产业转型升级发展是必要的，但社会上存在对创新创业的认识误区。伟大的教育家陶行知先生说过，"行动是老子，知识是儿子，创造是孙子"，深刻指出"做、学、创"的关系，所以我们要避免"基于空想和概念"的"创新"。创造要以专业实践和知识为基础，要培养批判性思维能力和科学态度，继承并发展。创业教育的目的是培养企业家精神和素质（entrepreneurship），包括主人翁态度、愿景、使命感、创新能力、管理能力、团队合作、沟通能力、经济头脑等，这是终身职业生涯发展所需要的品质、素质、能力，从学习阶段就要培养和实践。所以，创业教育绝不是一些人误认为的"目的在于让年轻人下海、开公司、做老板"，成为拥有自己产业的"企业家、资本家"。以企业家精神和素质做好每一份工作都是专业人士终身职业生涯发展的重要环节，这一过程甚至应当从学习阶段就开始。"企业家型工程师"就是融入创业教育的创新工程教育的培养目标和结果。

（六）人才培养的前瞻性

专业教育要瞄准未来职场的需求，当年招收的学生是若干年之后职场需要的人才，而未来职场的需求和现在、过去的需求不一样，是动态变化的，所以教育要有这样的前瞻性。专业教育要和产业紧密合作，预见未来职场对于专业人才的未来需求，提前为职场储备人才，在当代社会、经济、科技和市场日新月异、迅猛发展语境下这一点尤为重要。

美国科学院、工程院和医学科学院组成特别委员会，自 2015 年开始对 IT 领域发展对职场的冲击影响进行联合调查研究（NASEM，2017）。这三家美国最顶尖的学术机构非常关注未来职场需求，从社会、经济、从业者、组织各个维度开展调查研究。结果显示，低工资收入工作（低于 20 美元/小时）有 83%的可能性会被智能机器人和自动化取代，中等工资收入工作（20—40 美元/小时）有 31%的被取代可能，高端的工作（高于 40 美元/小时）是 4%。1985—2015 年，美国低端工作就业率大幅下降，呈跳水状，家庭平均收入也呈下降趋势，大部分家庭每况愈下，只有促使生产率持续上升的少数精英家庭的收入大幅上升，两极分化趋于严重。2000 年后，本科及以下学历从业者的薪资呈持平或下降的趋势，但硕士、博士的平均薪资水平一直在上升。产生这些现象的部分原因就是 IT 产业的快速发展。例如，2000 年以来电脑计算能力从 CPU 到 GPU 到 TPU 呈指数发展速度，而网络通信速度的增长也是指数型的。美国政府和最高学术机构非常关注并深入研究未来职场的变化和需求，这一点非常值得我们学习和借鉴。我们的政府、学界和民间组织都要大力关注、研究和预测未来职场需求，以引导专业教育。

（七）以学生为中心的教学过程

学生是学习的主体、学习的主人，没有学生的好奇心、求知欲、追求真理和知识的动机、为自身职业生涯发展和社会责任而学习的人生目标，没有学习的主动性和积极性，再好的物质条件和激励机制都是无效的。从小学、中学到各级专业教育，多是以教师为中心、以课堂为中心、以教材为中心，自上而下满堂灌，学生缺乏主动地位；家庭教育和社会教育，也都缺乏启发、引导、说服，某些成人的不良作风举止给学生极坏的榜样和示范。所有这些，都使众多学生成为被惯坏、管坏的一代，厌倦学习、不会学习、应付学习、造假学习。这种状况要彻底改变，就要把学校的课堂和时间还给学生，彻底解放学习的主体——学生，实施以学生为中心的教育。专业教育则应提倡基于项目的团队合作和主动学习，师生共同应用先进的教育科技和 IT 工具，学生作为学习的主人翁自治、自律、自觉。学生应当参与到学校管理、教学过程的设计实施和管理中来，而不只是被动地接受"教育"和"知识"。教师作为教育过程的主要设计者、规划者和引导者，应当和学生共同创造教育的成果，互教互学、共同进步。大量事实证明，"做中学""玩中学"可以激发学生学习的兴趣，使他们成为学习的主体和行动的主人。那种教师做演员、学生做观众的场面占领学校几百年，应当彻底改观了。"教师做导演、学生做演员"才能拍出一部部主动学习、师生创新、硕果累累的好剧。

国内外都有很多行之有效、理论和实践都很丰富的先进教学模式，充分体现目标驱动、产学合作、理论实践融合、学生主动的原则。例如，以美国麻省理工学院为首创立和发展的 CDIO 专业教育模式（查建中，2008），将专业项目生命全周期引入专业教育中来，作为职场文化特征的语境，根据职场人才需求和学科要求，由职场专家、教师主导和学生参与共同制定明确具体完整的培养目标大纲（syllabus），据此建立一体化课程体系和教学计划，落实目标中的每一项指标，并采用紧密联系职场的专业导论课程、基于专业项目的设计和制作课程，通过采用理论实践融合教学法、主动学习教学法，加强专业职场实践和教育学训练的师资队伍建设，全面评价学生学习结果，以及引入以持续改进为目的和基于证据评价方法的专业评估，来保障符合职场人才需求的教学质量。这些构成了一个教学过程质量保障体系的闭环反馈控制系统（图 8）。该模式在全球已发展成为各层次（中职到研究生教育）和所有内容的专业教育的教学方法论，取得了丰硕的成果。

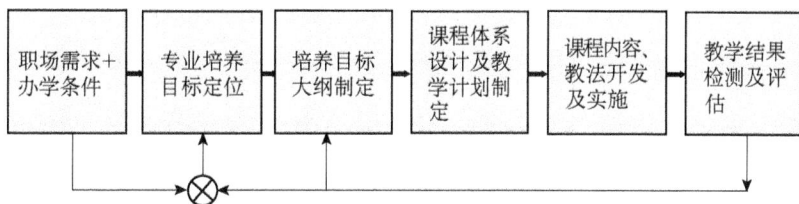

图 8　教学过程的闭环反馈控制系统

（八）科教融合

大学教学最好的方式是基于项目的研究型教学。学生主动学习，在教师指导和帮助下以团队形式研究讨论问题、解决问题。这样既可以提高能力和素质，又可以为教师的科研工作做出贡献。教师把科研和教学集成在一个过程中，两者相辅相成，不再是互相争夺资源的矛盾对立面。学生作为科研的人力资源，"做中学"，既学到本事，又做了事，一举两得。发达国家中 80％的研究型大学都把本科生作为科研的资源，而不是包袱。麻省理工学院设立本科生科研处，专门管理本科生参与的科研工作。一位教师自己只能忙几个课题，还要挤教学的时间；如果让本科生也参与科研，一位教师可以承担更多的科研项目。老师指导学生科研，就是教学的重要形式；老师可以花大量时间和学生在一起，既把学生培养出来了，教师的科研成果也大大加强了。

要培养大量的创新人才，就必须把基于课堂讲授的教学模式改变为基于项目的研究型教学模式上来。目前许多学校也在开展学生的课外研究活动，如创新大赛、课外兴趣小组等，收到了很好的效果，但这一般是少数学生（10％）的自愿行为，全体学生都要执行的教学计划中的课程学习仍然沿用传统的模式。必须全面实施基于项目学习的教学计划，把所有学生都纳入研究型教学轨道上来，把"第二课堂"变成"第一课堂"。这样的教学计划的制订要全面落实职场对于人才素质、能力、知识和技能的要求；要打破学科导向课程的传统壁垒，基于项目把课程关联起来；要实施主动学习的教学方法，在"做"项目的过程中，学生驱动学习过程，团队合作，与教师讨论疑难问题，通过从项目定义到完成的全过程，学生增长了能力、素质、知识和技能，还可通过全面的评价方法确定学生的学习效果和质量。

这样的教学模式，是对传统模式的颠覆性改革。它要求：①产学合作，深入了解职场对人才的全面要求，教师和产业专家共同确定明确具体的培养目标。②校企合作共同确定适当的项目，基于项目实施一体化课程体系设计和教学大纲，关键是要将课程关联成一个有机的整体。要达到此目的，专业教师必须采取团队合作的工作方式（从基础课到专业课），破除传统单打独斗的模式。③学生自学为主，教师指导为辅。把教师推动改成学生拉动，把讲授改成学习。教师起引导、指导、答疑、解惑和讨论的作用。教师不一定什么都懂、什么问题都可以解决，学生也可有新的发现和贡献。基于项目的教育是师生共同创造的过程，不仅学生增长能力和素质，教师也会学到很多东西。学生和教师真正成为一个学习的团队，互教互学，互相影响。④在学习过程中运用先进的教育科技和工具，特别是鼓励学生掌握、运用这些科技和工具，以提高学习效率，管理学习过程。⑤全面评价学生和教师的能力素质，而不是靠单一的书面考试和分数决定。

过去 10 年，在国家政策、资源的支持下，中国开展了 37 所示范软件工程学院（简称"示范软件"）和 109 所示范高职院校（简称"示范高职"）专业教育改革的示范工作。"示范软件"是本科和研究生层次的以软件工程专业为例的示范工程，所有示范学院都建在以清华、北大为首的研究型大学，其培养目标是面向软件产业职场需求的国际化复合型软件工程师。"示范高职"则是在高等专科层次（包括所有专业在内）的示范工程，其培养目标是面向职场需求的技师、技术员和各行各业的中等专业人才。这两类不同层次的专业教育，培养目标是职场上不同层次的人才，其所需要的能力、素质、知识、技能不同，在生源、培养目标、教学大纲、教学内容/方法、教学过程、师资、评价和教学资源诸方面的要求也不同，但是它们在前述八点中是共同的。其毕业生可与职场无缝连接，就业率/就业质量高，满足产业的人才需求和国家人力资源战略的需要。这样的成功经验可以向所有层次和内容的专业教育推广，这两个示范工程也是现代职业教育的典型案例。

国内外面向职场专业教育的成功案例都说明，求职导向、面向职场需求、产学合作、工学交替等模式并不只适用于中低端技能型人才的培养，更不会导致教育质量低劣，这一模式也适用于培养职场需要的高端人才。

四、结语

中国经济发展面临转型升级的战略转折，提供专业人力资源的专业教育同样面临着转型升级的战略任务。专业教育的"转型"就是要从"学术型"转向"应用型"，而"升级"则是不同层次专业人才培养的质量提高和向上迁移。"转型"和"升级"两项任务相比，"转型"更为重要、艰巨、紧迫，它涉及理念、机制、组织、政策、过程、评价的转变，涉及大面积高等教育和专业教育机构的转变，变"自娱自乐"为"按需服务"；只有"转型"成功的专业教育，"升级"才有意义。从此意义上说，所有已经在正确轨道上的专业教育，都应当进一步提高人才培养质量和效率，以满足不断转型和升级的产业对专业人才的新的需求，特别是社会和产业对于更高端专业人才的渴求；同时，那些长期无法转型来满足这一需求的专业教育机构应当被改造、兼并或淘汰。这是一个重新洗牌、调整、组合的过程，必须优胜劣汰。这就是人力资源市场供给侧结构性改革的目标：去低质产能、提高质量和效率以增加有效供给满足需求。

本文的几点结论和建议如下：

1）专业教育的语境是职场需求，课程体系的语境是专业培养目标。也就是说，不同层次的专业教育对应着职场不同层次专业人才的需求，脱离了职场定位的专业教育是没有确定意义的；课程体系是为了落实专业培养目标，同样的课程名称，对应不同的专业培养目标，其内容和方法也应当不同。离开了专业培养目标，课程和课程体系也没有确定意义。

2）《国家中长期教育改革和发展规划纲要（2010—2020 年）》中首次提出"现代职业教育体系"概念；2014 年国务院印发的《关于加快发展现代职业教育的决定》第二部分明确了"中职、高职、应用型本科及专业研究生教育属同类不同层的教育"。国家关于发展现代职业教育体系的方针和政策与本文提出的面向职场专业教育思想体系是完全一致的。为发展面向未来职场专业教育的"现代职业教育体系"，应建立直属国务院的统一的"人力资源建设教育委员会"，将工业与信息化部、教育部、人力资源和社会保障部、中国科学院、中国工程院等包括在内，成立跨部委的产学合作人力资源建设机构，统一领导、建设、管理全国的面向职场专业教育体系，亦即现代职业教育体系。这个战略任务，必须由人力资源市场供给侧和需求侧紧密合作、共同参与才能完成，过去将供需双方割裂开来的组织机制完全不能胜任。

3）尽快建立"国家资格框架"（national qualification framework），制

定有关职场各层次专业人才的资格/资质的共同要求（素质、能力、知识和技能）的国家标准，并与专业教育的各个层次相对应，使所有层次和内容的专业教育与职场人才需求标准对接。这是国家人力资源建设及面向职场专业教育的重要基础性工作。自20世纪90年代以来，包括发达国家在内的120个国家已经完成此项工作。

4）必须立即在该委员会领导下全面开展调查专业人才人力资源市场需求的工作。这是供给侧结构性改革首要的工作。首先要研究决定反映这种需求的数据指标体系，再根据指标广泛、全面、精准地搜集数据，最后基于数据分析制定满足人力资源战略需求的专业教育政策和发展计划；调查必须从专业教育毕业生和职场雇主两方面进行，绝不能像以往那样只封闭在教育系统内部进行。

5）所有的专业教育机构应当专注于本单位"语境"的调查研究，定性、定量地研究自己服务范畴的社会、产业、学生/家庭的需求，根据自身资源、条件和其他相似专业教育机构人才供给情况，审慎确定自己的培养定位。决策要有充分的数据支持。"定位"是否合理应作为专业评估的重要内容考评。

6）专业教育培养的人才包括初等、中等和高等不同层次，对应的教育层次为中职、高职、本科和研究生教育。专业人才中，以学术研究和学术成果为工作内容和目标的"学术型"人才比例极小，而"应用型"人才占绝大多数。因此，国家的专业教育政策和资源分配应当大大向"应用型"人才培养倾斜。

7）所有层次和内容的专业教育都要满足共性要求，特别是"面向职场需求""产学合作办学机制""理论实践相融合""素质专业统一""科教融合""以学生为中心"的原则。要根据自身条件和"语境"将共性落地并具象化。"符合共性"是遵从规律，"具有特色"是适合自己（包括自身条件和环境）；是否"符合共性"和"具有特色"应在专业评估中考量。

本文截稿前，笔者得到习近平总书记在十九大上的讲话报告并加以学习。他在报告中特别重申了"培养德智体美全面发展的社会主义建设者和接班人"的教育目标，也强调了"就业是最大的民生。要坚持就业优先战略和积极就业政策，实现更高质量和更充分就业"的民生方针。这为面向职场的专业教育指明了战略方向，是指导我们办好人民满意的专业教育的强大推动力。

参考文献

查建中. 2008. 论"做中学"战略下的 CDIO 模式 [J]. 高等工程教育研究，（3）：1-9

查建中. 2017. 面向职场情景的工程教育改革研究 [J]. 高等工程教育研究，（2）：57-71

孙震. 2016. 儒家思想的现代使命：永续发展的智慧 [M]. 台北：台湾大学出版中心

薛晓萍，刘玉菡，刘兴国. 2016. 德国应用科技大学发展历程及其启示 [J]. 河北科技大学学报（社会科学版），15（3）：96-100

Tryggvaso G，Apelian D，查建中，等. 2008. 21 世纪的工程教育重构 [J]. 中国大学教学，（12）：84-86

Faure E，et al. 1972. Learning to Be：The World of Education Today and Tomorrow [M]. Paris：UNESCO

Louis L. 2010. College Degrees Get an Audit. Bloomberg Businessweek，June 28-July 4：15

National Academies of Sciences，Engineering，and Medicine（NASEM）. 2017. Information Technology and the U. S. Workforce：Where Are We and Where Do We Go from Here? [M]. http:// www. nap. edu/24649

Sheri D S，Kelly M，Anne C，et al. 2008. Education Engineers：Designing for the Future of the Field [M]. Wiley：Jossey-Bass

Stokes P J. 2015. Higher Education and Employability：New Models for Integrating Study and Work [M]. Cambridge：Harvard Education Press

UNESCO. 2010. Engineering：Issues，Challenges，Opportunities for Development [M]. Paris：UNESCO

作者简介 查建中，联合国教科文组织产学合作教席主持人，北京交通大学教授。

Study on Reform of Career–Oriented Professional Education in Context of Future Professional Human Resource Market

Cha Jianzhong

Abstract：The development strategy for China's new normal state of economy is mainly led by supply-side structural reform. As a very significant factor for economy， professional human resource market should carry out such reform first. An essential task for the reform is to thoroughly investigate the real needs of society, industries, student/families and other key stakeholders for professional education with reliable statistics. Preliminary study has indicated that all the needs mainly converge to talents requirement in the job market. The supplier side education institutions should carefully study the real needs and prudently decide their own target on cultivating professional talents for the HR market according to their resources and conditions, then design academic programs, develop and implement the curricula in order to realize each items in the syllabus of programs. To reinforce quality and efficiency of pedagogical process, the institutions should work with society and industry partners for assessments and continuous improvement by a mechanism of close loop feedback systems. According to the objective needs on different types and layers of talents for entire HR market, priority of government policy and resource allocation should be given to applied-science-oriented professional education, comparing to pure-science-oriented education. The paper suggests to set up a national qualification framework as standard for unified HR market in China, which should be connect to each layers of professional education, and all career-oriented professional education should be administrated under a cross-ministries authority in centurial government. The paper sometimes adopts engineering education as a concrete example of professional education, but the common rules and principles abstracted from the examples can also be applicable to other professional education.

Keywords: supply-side reform in HR market, common principles of application-oriented professional education, cultivation of professional talents for future HR market

探索建设世界一流学科
——基于"双一流"建设学科的分析

王 璞 洪 雪

摘 要：建设世界一流学科是我国高等教育改革的重大战略决策。本文通过解析"双一流"建设学科名单，简单概述了"双一流"建设学科的特征和遴选程序，从中总结归纳"双一流"建设学科的革新之处，包括坚持"中国特色"，引入动态的竞争机制和采纳第三方评价。基于"双一流"建设学科的分析结果，在厘清世界一流学科含义的前提下，进一步提出我国建设世界一流学科的建议，为具体落实"双一流"建设学科提供参考和借鉴。

关键词："双一流"建设计划 学科建设改革

一、引言

学科是大学组织运行的细胞，是大学履行"人才培养、科学研究、社会服务、文化传承与创新"（胡锦涛，2011）[7]职能的基本单元，同时它还肩负着完成大学使命和实现大学美好愿景重任。为此，大学毋庸置疑应重视学科建设。时至今日，我国大学已建立了较为完善的学科体系，组织结构初具规模；2017QS 世界大学学科排名榜上，我国相继有 159 个学科进入了世界前100，79 个学科进入世界前 50 行列，但仅有 10 个学科进入前 10[①]。世界一流学科的划分标准为某学科在全球所有该学科中排名前 10（邱均平，楼

[①] https://www.topuniversities.com/subject-rankings/2017

雯，2015），因此整体上我国距离世界一流学科建设还存在差距。为实现从高等教育大国到高等教育强国的跨越，我国规划一流学科的蓝图势在必行。从国家重大决策明确"一流学科"建设理念到具体落实操作，历经近两年的筹划、布局、筛选、认定，终于在 2017 年 9 月 21 日，教育部、财政部、国家发展和改革委员会印发了《关于公布世界一流大学和一流学科建设高校及建设学科名单的通知》，公布了 421 个专家委员会认定的一流学科和 44 个高校自主确定的一流学科，这引起了社会的广泛关注和热议。"双一流"建设学科如何应运而生？它会给大学发展带来哪些机遇和挑战？大学如何保持现有的一流学科建设和如何争取建设更多的一流学科？……这些问题都有待深入探究。

二、解析"双一流"建设学科名单

（一）"双一流"建设学科的特征

"双一流"建设学科名单的出台不仅体现了国家意志，而且体现了当前我国高校一流学科建设的成就。从"双一流"建设学科的门类看，高校尤重自然科学领域内的一流学科建设，主要集中在理工、农林、医药类学科，但却没有给予人文社会类学科建设同等关怀，相比较强势的自然类学科，仅有 109 个人文社会学科入选；另外，近年来发展势头正猛的交叉学科同样被纳入一流学科建设行列，为一流学科建设注入了新的活力。从"双一流"建设学科的布局来看，"双一流"建设学科不等地分布在 137 所建设高校，呈两极化分布状态。一类聚集在 42 所世界一流大学建设高校，大部分是原"985"工程高校，这类高校以强大的基础学科作为后盾，可助力重点学科发展，因而拥有较多一流建设学科，学科高峰多；但各高校也存在着巨大差距，其中北京大学和清华大学走在前列，分别有 41 个和 34 个学科入选，不仅学科覆盖面广，而且相关学科形成了较为紧密的学科群，而东北大学、中央民族大学和西北农林大学均只有一个学科入选。另一类零星分散在 95 所一流学科建设高校，大部分是原"211"工程高校，除了东北师范大学（6 个）、华中农业大学（5 个）、北京科技大学（4

个）、北京协和医学院（4 个）、北京中医药大学（3 个）和华东理工大学（3 个），其他高校仅有一两个学科入选，学科高峰少，入选学科一般为凸显高校办学理念的优势学科或特色学科。"双一流"建设学科是考虑高等教育战略布局，考虑国家急需、特色鲜明、无可替代的学科（晋浩天，2017），其对于其他未入选的学科有着良好的示范引领作用，进而带动高校的整体发展，以便更好地服务国家建设需要。

（二）"双一流"建设学科的产生

"双一流"建设学科的遴选认定是一个复杂系统工程。其评选过程既要尊重学科发展的内在规律，又要满足新时代赋予它的社会价值。科学、合理地遴选"双一流"建设学科不仅能真实反映我国顶尖学科发展状况，而且能有效推动一流学科建设和一流大学建设。其评定程序是在政府的引导下，在兼顾本土化的同时广泛采纳享誉国际的一流学科评估方法和标准。其遴选认定过程简单来讲分为四个步骤（晋浩天，2017）。第一，确定专业的遴选组织机构和职责，根据《统筹推进世界一流大学和一流学科建设总体方案》和《统筹推进世界一流大学和一流学科建设实施办法（暂行）》，组织成立"双一流"建设学科专家委员会。该委员会由大学教授、高校负责人、有关部委领导人，以及学术协会和国家教育咨询委员会委员构成，负责遴选认定工作和审核建设方案。第二，依托专家委员会，以学科为基础，确定遴选认定标准，产生拟建设学科名单。该认定标准由具有权威性、影响力和高校认可度较高的国内外第三方评价，内含人才培养、学科水平、国家战略、行业区域急需、不可替代性等考察因素。该认定标准由专家委员会经多方比较论证而形成，对所有的高校一视同仁，不区分高校类型，因而是科学、可行的，同时也是公正、公平的。第三，确定拟建设高校的建设方案。第四，三部委根据专家委员会的意见，研究确定建设学科，报国务院批准。由此遴选产生的"双一流"建设学科必定会在高校建设中有所作为。

（三）"双一流"建设学科的革新

"双一流"建设学科是继"211"工程和"985"工程后又一全新的高等教育工程，对过往学科建设给予肯定的同时，又展现了些许不同之处。

"百舸争流，奋楫者先"，只有勇于革新、争创一流学科建设的高校才能在激流勇进的时代中胜出。其革新表现为以下 3 点。

1. 坚持"中国特色"

"双一流"建设学科体现了"中国特色"，中医药和马克思主义理论学科的入选就是最为真实的写照和说明。中医药是中华民族的珍宝，蕴含极为深厚的历史文化，为延续中华民族血脉做出了卓越的贡献；而马克思主义理论更是具有强烈中国"色彩"的学科，它极具中国品格和社会价值，担负着国家重大责任——培养思想政治过硬、品德高尚、贡献社会的接班人。在建设学科名单中，除北京中医药大学是"211"工程高校，其他新出现的 5 所医科大学都是非重点工程大学，可见国家对中医药事业和中医药学科给予了高度重视，大力鼓励和扶持传统学科发展。而作为灵魂工程的马克思主义理论学科，全国共有 6 所高校入选 "双一流"建设学科名单，对于推动哲学社会科学发展和培养国家意识形态有着重要的现实意义。坚持"中国特色"还体现在我国中西部高校的特色学科，从我国国情出发，充分利用地区特色，将其转换为优势学科，进而带动区域经济社会发展。我国高校的一流学科建设明显晚于其他西方发达国家，但我国政府一直充分发挥主动性和积极性，引领高校探索新的建设模式，且并未一味追求、效仿他国学科建设模式。"双一流"建设学科是扎根在 5000 年文明的华夏沃土中开花结果的，高校学科建设在向世界一流学科看齐时，维持和发展中国特有的学科，行政领导高层和高校自身都要积极探寻符合自身要求的学科理念、学科定位、学科方法、学科道路。

2. 引入动态的竞争机制

不同于以往的"985"和"211"工程，"双一流"建设学科打破了固化身份，引入动态的竞争机制，它实施"动态监测，动态管理，不搞终身制"，以五年为一周期重新遴选下一轮"双一流"范围，淘汰未达一流水准的学科，入围新学科。这种动态的竞争机制通过营造良性互动的学科建设环境，激励高校大力筹划世界一流学科，围绕一流学科的标准，制定契合学校发展定位的方案，合理布局和优化学科结构。无论是建设高校还是建设学科，重点在建设，而非已成，这就意味着遴选认定的一流学科并不一定就是世界一流，有些学科也没有达到世界一流水准，尤其是经专家委员会建议高校自主确定的学科，这类建设学科更多考虑的是国家战略布局及地方行业发展需要，是否一流看其未来的发展成效。因此，不管中央高校还是地方高校的学科，只要达到一流的标准，都有机会进入"双一流"建设学科名单。

3. 采纳第三方评价

"双一流"建设学科的遴选认定标准依托第三方评价。我国学科评估是在教育部中心主导下进行的，现已开展了四轮学科评估，是一种主客观评价相结合的方式。而第三方评价指的是由独立于高校和教育管理机构之外的具有教育评估资质的第三方组织和机构对高校教学科研质量等方面进行诊断性评价的活动（陶德庆，2014），它具有独立性、客观公正性和专业性（杨丽伟，2012）。不仅如此，此次第三方评价包含国内外两种，尤其囊括了高校认可度较高、客观性较强的国际第三方评价，体现各学科点的实力水平和国际影响力。所以依据第三方评价的遴选认定标准是较为科学、合理的，能够得到广泛的认同。

三、世界一流学科的内涵

"双一流"建设学科重点在"建设"，是新时代党和国家对高校学科建设提出的新任务和要求；在进入实施操作阶段之前，我们首先要厘清世界一流学科的含义。只有明确了世界一流学科的真谛，才能准确把握建设的方向。就世界一流学科的含义而言，不同的学者对其有不同的看法，现将其归纳为 5 种定义。

第一种是要素说，一流学科包括杰出的学科带头人、高产的研究成果、坚实的物质基础、优越的软环境、学科贡献等要素。以阿特巴赫、徐小洲和胡仁东为代表。

第二种职能说，主要是从大学职能的角度来定义世界一流学科。其中宣勇（2016）认为世界一流学科意味着在人才培养、科学研究、社会服务及文化创新与传承上的国际影响力，在思想理论、科学技术、观念价值、制度文明等方面对于人类进步的贡献度。

第三种主要以学科的概念来推演一流学科的含义，其中姜凡和睢依凡

（2016）将"世界一流学科"界定为是由在某一类或同类知识领域具有世界一流水平的实力和优势，能够创造该知识领域最先进成果并引领世界发展进步的，以杰出人才培养和知识创新为核心使命的大学基层学术组织。

第四种是从知识建构和实践价值维度来分析，钟伟军和张南军强调世界一流学科具有巨大的实践价值，能够帮助人类、社会和国家解决问题。

第五种是从一流学科的成因视角来定义世界一流学科，王建华（2012）指出一流学科主要有两大类：一类是因为国家的重视或评估的结果而逐渐成为一流，另一类是因为学科自身的科学能力和学术声誉，自然而然成为一流。而我国的一流学科发展之路则属于前者。之所以形成这样一个有特色的"双一流"学科建设名单，与我国政府和高校的长期谋划、稳步推进密不可分。政府通过给予大学相当雄厚的人力、物力和财力的扶助，并给予政策倾斜，使得高校在学科建设上获得了广阔的发展。我国政府从 80 年代开始一直致力于一流学科的建设，有重点、有计划地建设重点学科和优势学科。

一个学科的发展受多种因素影响。即便学科具备世界一流的水准，即便有巨大的外力扶持，其发展也不会一蹴而就。一流学科应该是在遵循学科自身发展规律的前提下，经过长时间的积淀和经验的积累而形成。所以说，一流学科是在经历长期不断自我完善的过程中逐渐演变成最高水平的学科。同时，一流学科建设应具备国际视野和国际格局，积极与国际标准接轨。

综上所述，虽然不能精准地定义世界一流学科的概念，但笔者认为，透过学科的发展史，可以看出世界一流学科养成的共通之处。世界一流学科是生长在良性学科生态圈，创造卓越贡献和有着非凡影响力的学科。从其构成的因素而言，世界一流学科内含卓越的学科带头人、完善的学科团队、雄厚的资金、先进的设备及实验室，有着良性的学科文化和组织运行机制。从其产生的结果而言，世界一流学科能产出最尖端的学术研究成果和最优秀的学术及行业人才。从其形成的影响而言，世界一流学科所产生的影响是深远的，在国内外具有很强影响力，它能够吸引各方人才和资源，对其他学科具有示范效应和辐射作用，能够增强高校的核心竞争力，推动国家社会和人类历史发展。

四、如何建设世界一流学科

基于"双一流"建设学科的分析结果，在厘清世界一流学科含义的前提下，对建设一流学科的方案，提出以下4点意见。

（一）与人才培养相统一

人才培养是现代大学的职能之一，同时也是"双一流"建设的重要议题。探索建立世界一流学科的过程，高校为了追逐学科排名，更多专注于学科外在形式、沉迷学科光鲜亮丽的成绩，且学科人又热衷学科研究，急于创造学科成果，可能减少了对学生成长的关注。然而，一流学科建设最大的意义不在于学科本身，而应是围绕学生发展使其成才。因此，一流学科建设必须以培养一流人才为首要目的，并且贯穿一流学科建设始终。《统筹推进世界一流大学和一流学科建设实施办法（暂行）》明确了落实立德树人根本任务，因此一流学科建设对人才培养应提出更高的要求和标准，一流学科需要一流人才得以传承和维继，因此在落实人才培养的实践过程中，学生既要能够掌握一流学科知识和技能，同时也要具备伟大的精神品格和高尚的道德修养。

一流学科建设与人才培养两者是互融共生的关系。一流学科建设环境为人才培养提供了诸多强大支撑，包括丰富的学习资源、众多承载美誉的大师及更多实现自我价值的条件和机会；而培养的一流人才又可以为一流学科输送新鲜的血液，促使学科步入一流行列。可以说，不以人才培养为导航的一流学科建设是没有灵魂的，而没有一流学科建设的环境也难以培育出一流的人才。总之，一流学科的建设与人才培养要紧密结合，相互统一。

（二）打造一流的学科文化

学科文化的发展始终伴随着学科建设。学科文化是大学学科建设的重要内容，也是学科建设的精神和灵魂，更为重要的是，它是衡量学科建设水平的标杆，因此高校要建设世界一流的学科，打造一流的学科文化是非常有必要的。如果学科文化有深厚的根基，那么学科建设就会有巨大的潜力，但学科建设如若没有深厚的根基，其发展定会疲滞，学科建设难以达到高水平。从狭义上来讲，学科文化是从事学科的人的思想观念、价值体系、行为规范、社会认同、制度体制和文化产品等一系列范畴的总和（陆根书，胡文静，2017）。

打造一流的学科文化，首先要注重学科文化传统的建造，培养学科内在的品质，营造具有特质的学科文化和学科氛围。其次，要坚持正确的学术价值导向，使学生在应用一流学科知识的过程中，凝聚学科人的思想，加强其对一流学科的认同，进而推动一流学科的发展。不仅如此，一流学科文化有益于消除学科间的障碍，通过营造自由、和谐的学科文化，加深对学科的理解和认识。最后，要通过了解学科的特点和规律，制定合理的学科计划，使其在一流的学科文化中更好地发展为一流学科。

（三）重视一流人文社会学科的建设

在学科建设方面，可侧重增加对社会学科与人文学科的政府投入。斯坦福大学、麻省理工学院、普林斯顿大学和约翰霍普金斯大学等世界一流大学不仅拥有一流的理工科，人文社会学科在学科榜上的排名也是靠前的。自然学科和人文社会学科之间并不是此消彼长的关系，两者在学科建设中发挥着不同的作用，在具体落实的实践中，两者的均衡发展对建设世界一流大学具有重大意义。通过整合交融，两者形成你中有我、我中有你、浑然一体的关系，这是一种高层次的结合，并在思想、价值观等方面发生根本变化，其实质是科学化的人文教育和人文化的科学教育的整合。它力图使科学人文化，使人文建立在科学的基础上，以人的全面发展为最高目标，而以科学的发展作为基础和实现目标的手段。

对于综合两种学科的观点，科学史作家乔治·萨顿认为是科学的人文化。他提出人文学科围绕科学形成"新人文主义"的文化精神，注重人文社科，但并不排斥自然学科；相反，应广泛地研究科学，减小科学知识形式主义所带来的危害，鼓励自然学科包含更多的人性意义，使之与人生重新融合在一起。人文社会学科的学习有利于人们形成正确的思想价值观和高尚的道德品质，培养健全的人格，升华思想境界。在建设世界一流的学科的过程，为了使人得到全面发展，高校应高度重视人文社会学科的发展。

（四）建立优势学科群

"一木不成林，百花方为春。"世界一流大学依赖一批世界一流学科，而非单薄的一流学科。享誉盛名的国际知名大学往往汇集了多个具备一流水准的优势学科群。优势学科群不仅是发展世界一流大学的关键，而且也是"双一流"建设学科的必然选择。优势学科群是在大学组织内部，为促进学科生长点的产生，具有内在关联的学科在学科发展、社会需要和学科管理三维取向下形成的具有竞争优势和发展潜力的知识体系（胡仁东，2011）。针对"双一流"建设学科少"高峰"而多"平原"的现象，高校为增强学科整体实力急需建立一批优势学科群。

优势学科群是一个动态的学科集群，最为重要的是整合学科，调整优化学科间的结构和布局，加强学科之间的横纵向联系和交叉，实现不同性质和类型学科间的融合和优势互补，合理配置人力、物力和财力，而政府、社会和高校之间也能展开有效互动。大学通过建立优势学科群，学科的知识体系、组织机构得到重新架构，不同的学科人借此可以共享学术资源，使学科群保持长期的活力与优势，学科的优势也得到进一步凸显和拓展，同时为建设一流学科创造更好的平台，以此孕育更多的一流学科。如此循环之下，高校能够组合、建立更多实力强大的优势学科群，达到提高大学综合实力的目的。

参考文献

胡锦涛. 2011. 在庆祝清华大学建校100周年大会上的讲话［R］. 北京：人民出版社

胡仁东. 2011. 论大学优势学科群的内涵、特点及构建策略［J］. 中国高教研究，
　（8）：1-5

姜凡，眭依凡. 2016. 世界一流大学建设须以一流学科建设为基础［J］. 教育发展研
　究，（19）：3

晋浩天. 2017-9-22. "双一流"建设为什么是"他们"成功入选［N］. 光明日报，第4版

陆根书，胡文静. 2017. 一流学科建设应重视培育学科文化［J］. 江苏高教，（3）：5-9

邱均平，楼雯. 2015. "985"大学世界一流学科建设成效研究——基于"武大版"世界
　大学评价结果的分析［J］. 中国社会科学评价，（2）：115-125

陶德庆. 2014. 高职教育人才培养质量第三方评价指标体系的构建［J］. 滁州职业技术
　学院学报，13（4）：8-10

王建华. 2012. 一流学科评估的理论探讨［J］. 大学教育科学，03（3）：64-72

宣勇. 2016. 建设世界一流学科要实现"三个转变"[J]. 中国高教研究,（05）：1-6

杨丽伟. 2012. 我国第三方评价的应用探析 [J]. 现代商贸工业,（08）：7-9

作者简介 王璞，厦门大学教育研究院副教授，主要从事西方高等教育历史发展与文化传统、宗教信仰、政治政策之间的关系研究，以及中西方高等教育之间的比较研究。

洪雪，厦门大学教育研究院硕士研究生。

Exploring the Ways of Building up the World First-Class Disciplines: The Analysis Based on the Construction Plan of Double First-Class Disciplines

Wang Pu   Hong Xue

Abstract: Building up the world first-class disciplines is the major strategic decision for the reform of higher education in China. Through the analysis of the discipline list of Double First-Class construction, this paper simply summarizes the features and selection procedure of Double First-Class construction disciplines. In addition, this article sums up the innovations of Double First-Class construction disciplines, including adhering to Double First-Class, the introduction of dynamic competition mechanism and the adoption of the third party evaluation. In view of the analysis results of Double First-Class construction disciplines, we further put forward suggestions for building up the world first-class disciplines, before that we clarify the connotation of the world first-class discipline in China, so as to provide references for specific implementation of Double First-Class construction disciplines.

Keywords: Double First-Class construction plan, reform of discipline construction

从模仿到特色：应用型大学发展的价值选择

贺祖斌　　陈庆文

摘　要：新建本科院校由于办学时间短，条件不完善，经验不足等因素，在一定程度上模仿研究型大学的发展方式。不管是从高校发展的内部规律来看，还是从适应经济社会发展的需要来看，抑或从高等教育体系的优化来看，应用型大学走特色发展之路都是必然趋势。应用型大学如何走特色发展之路？从生态学的角度来看，一者要与外部环境相适应；二者自身要进行内部优化，即要有科学、合理的办学目标，整体共生的支持体系和可持续发展的管理机制。

关键词：生态观　应用型　特色发展

我国已经成为世界高等教育第一大国。2016 年底，共有普通高等院校 2596 所，学生人数 3699 万人。在 1237 所普通本科院校中，新建本科院校 678 所，占全国普通本科院校的 55.6%。这一部分高校是在我国高等教育大众化背景下迅速发展起来的，大大促进了我国高等教育量的增长，在一定程度上满足了社会对高等教育的需求。然而，我们必须清醒地认识到，这一部分高校的本科办学时间较短，设施条件还不够完善，人才培养模式还不够成熟，服务地方经济社会发展能力还普遍较弱，办学特色不够鲜明。如何促进这一部分高校的内涵发展，发挥其在我国高等教育体系中应有的作用，是摆在我们面前的重大理论和实践问题。

一、模仿发展的原因

我国于 1999 年实行扩招后，高等教育规模迅速扩大。我国 1999 年高等学校数量是 1071 所，高等教育毛入学率是 10.5%；2002 年高等学校数量是 1396 所，高等教育毛入学率是 15%；2016 年高等学校数量是 2596 所，高等教育毛入学率是 42.7%。有专家预测，我国将于 2020 年左右进入高等教育普及化阶段，即高等教育毛入学率达到 50%以上（别敦荣，2016）。也就是说，我国用了 20 年左右的时间完成了高等教育大众化。一所大学从创建到成熟，需要一定的成长时间，我国高等教育大众化时间过短，在 20 年内要所有的大学办出特色、办出水平，存在客观上的困难。因此，新建本科院校在发展初期大多模仿研究型大学或者老牌本科院校的发展道路，而这一类院校大多属于应用型大学。

新建本科院校对研究型大学的模仿主要体现在办学理念、人才培养模式、课程设置和管理机制等方面。办学理念不仅是对大学的本质、功能和办学规律的认识，也是对教育实践的理想追求，即对办学的总体设想。在没有经验可循的情况下，新建本科院校总是有意或无意地以研究型大学的办学理念为蓝本，把学校发展定位为"综合型大学"。办学理念的模仿直接导致人才培养模式、课程设置甚至管理机制等的模仿。模仿发展是新建本科院校发展过程中存在的客观事实，那么这种模仿发展存在的原因是什么？我们认为既有高校外部管理的大环境问题，也有高校内部的发展规律问题。

（一）分类标准不明，发展方向迷失

随着我国高等教育普及化阶段的到来，一方面要继续保持量的增长，另一方面更重要的是促进高等学校的内涵发展。而促进高校内涵发展首先需要对高校进行分类，有了高校分类才有高校办学定位，科学的办学定位是办好一所学校的前提。早在 1993 年我国颁布的《中国教育改革和发展纲要》就提出了"高校分类"的概念，到 2010 年颁发的《国家中长期教育改革和发展规划纲要（2010—2020 年）》更是明确提出"建立高校分类

体系，实行分类管理……引导高校合理定位"。高等学校分类管理，是遵循高等教育发展规律的体现，有利于激发高校主体性，引导高校特色发展。在国外，高校分类研究相对成熟，有联合国教科文组织制定的"国际教育标准分类"、美国的卡耐基大学分类法、欧盟的"大学地图"（高等学校分类工具 U-MAP）等，但是国外的分类方法往往不适应中国本土的实际情况。近年来，我国学术界对此问题进行了大量的研究，但由于面向的对象、立足的视角、依据的理论、采用的方法等不同，至今尚未形成统一的标准。比较公认的分法是把我国高等教育分为学术型大学、应用型本科高校、职业技术高校三大类（潘懋元，董立平，2009）。在此框架下，很多省级行政区又进行高校分类管理的探索，并在实践中获得了较为丰富的经验。例如，河南省将全省高校分为"高水平综合性大学、特色骨干大学、应用技术类型大学、高职高专院校"四种类型，上海市分为"学术研究、应用研究、应用技术和应用技能"四种类型，浙江省分为"研究为主型、教学研究型、教学为主型"三种类型等等。但各地的分法依然缺乏有效的省域高等教育结构性调整原则与院校标准作为依据。

除了分类管理，教学评估也是推动高校内涵发展的一个重要途径。我国的本科教学水平评估目前采取的是审核评估的方式，审核评估从一定程度上克服了分类评估中评估体系单一、分类不够、功能不足等弊端，促使高等学校形成"一校一方案"的发展态势。但是由于我国新建本科院校自身发展的不足，先天存在问题较多，难以在短时间内形成办学特色。相对于成熟的研究型大学而言，应用型本科院校对高等学校分类的诉求更明显。

（二）新兴院校年轻，发展动力不足

我国大部分应用型大学本科办学历史不过 20 年，相对于具有上百年、甚至几百年办学历史的大学而言，尚处于发轫阶段，办学经验不足，难以形成关于自身发展的清晰认识与定位。同时，由于办学积累不够，这些学校也存在一些先天不足，主要表现在：第一，学科结构单一，基础薄弱。这些院校的学科体系大多是由专科层次演变而来，结构单一，时代性、前瞻性不足，难以满足地方经济社会发展对人才需求的多样化。第二，经费投入不足，资源短缺。应用型大学和研究型大学的经费相差巨大，这使得应用型大学在发展进程中难以进行大刀阔斧的改革和建设。第三，师资队伍紧张，保障不足。教育部对 41 所新建本科院校进行合格评估，超过 4/5 的参评高校在"教师结构"观测点中被评为不合格，教师队伍是新建本科院校内涵建设和可持续发展的最大瓶颈。（钟秉林，2015）

因此，这一类高校容易把高等教育大众化之前的老牌本科大学或国外的应用型大学作为标杆和参照，有意或无意地照搬照抄它们的办学定位、人才培养模式、课程设置、教学方式、管理机制等，导致应用型大学在发展初期呈现模仿发展、趋同发展、依附发展等现实状况。

（三）集权管理限制，发展路径受阻

20 世纪 80 年代以来，我国不断出台关于高等教育管理体制改革的政策，现已形成"中央和省级政府两级管理、以省级政府管理为主的高等教育管理新体制"，并在实践中逐步完善为"举办者、管理者和办学者职责分明，以财政拨款为主，多渠道经费投入，中央和省（自治区、直辖市）人民政府两级管理，分工负责，以省（自治区、直辖市）人民政府统筹为主，条块有机结合的体制框架"（李立国，2014）。这一管理体制虽然体现了中央与地方的合理分权，但其仍然是一种"高度统一、高度集权"的管理模式，高等教育的管理权力仍然高度集中于政府。在这一高度集权的管理模式下，高等学校的办学自主权难以得到充分体现。由于办学自主权的缺失，高校在谋求自身发展方面就难以产生自主变革与积极创新之动机与活力，发展容易陷入墨守成规之境遇，在外部环境发生变化时难以及时做出与时俱进的反应。新建地方本科院校在建设应用型大学过程中，采取的依然是政府主导的"运动式"转型（王者鹤，2015）。然而，应用型大学是一种强调应用性、实践性与创新性的新型教育类型，其人才培养需密切联系市场对人才的需求。显然，在发展的过程中如果不理顺政府与高校的关系，建立科学的现代大学制度，学校的特色化发展就难以实现。

二、特色发展之必然

应用型大学作为一种面向区域经济社会，以社会人才需求为导向的教

育类型，特色发展不仅是其自身内部发展的需要，更是其适应外部环境的要求。

（一）特色发展是应用型大学的内部规律

特色发展首先是应用型大学组织内部发展演变的必然结果。我国大部分应用型大学都属于新建本科院校，虽然其本科办学历史较短，但在升格为本科院校前，都有独立的办学理念、办学定位、学科结构、师资队伍、人才培养模式、课程体系、校园文化等，而这独特性体现在两个特点上，即地方性、应用型。在升格为本科院校后，这些学校依然保留了"地方性、应用型"的"基因"，并得到发展。《中国新建本科院校质量报告》的相关数据显示，新建本科院校广泛分布于全国 29 个省（自治区、直辖市）的 196 个地级市，"地方性"是其显著特性。2000 年新建本科院校新设本科专业 56 个，2005 年增长到 856 个，2013 年达到 1156 个；建有国家级特殊专业 159 个，省级品牌专业、特色专业 904 个，重点建设专业 444 个，地方优势专业 212 个[①]。由此可见，新建本科院校的特色发展已逐渐显现。大学的发展是"遗传"和"变异"的结果，遗传是指大学本身坚守的办学特色，变异是指外部环境对大学发展的影响及其适应过程。新建本科院校在发展之初，受外部环境的影响明显较大，而当这个"自适应"过程完成后，必将转向自身的内部发展。新建地方本科院校大多在地方，"地方性、应用型"的办学定位和原有的专科学校是一脉相承的，虽然自身历史、原有基础、具体校情不尽相同，但特色发展是其内部发展演变的必然结果。

（二）特色发展是适应经济社会发展的需求

高等教育系统从一定意义上说是一个生态系统，高等学校作为高等教育系统的实体，其生态性体现在高等学校对周围具体生态环境的适应（贺祖斌，2005）[36-37]。

市场对人才的需求是高等教育人才培养改革的价值导向，高等教育是

---

① 权威发布！最新版高等教育质量"国家报告"出炉，人民网-教育频道. http://edu.people.com.cn/n1/2017/1016/c367001-29588440.html

以社会需求为导向的专业教育。随着我国经济发展进入新常态，市场对人才的需求发生了深刻变化，应用型、复合型、创新型人才正成为目前和下一个阶段最受欢迎也最为短缺的群体。当多样化、多元化、多层次化成为市场对人才的迫切需求时，高等学校就必须调整自己的人才培养模式以适应市场的需求。

区域高等教育是区域经济结构中除了资金、土地之外的重要元素。区域经济的发展要求区域高等教育为其提供高等人力资源和科学技术支持，而区域高等教育只有适应这一要求，才能实现自身的可持续发展。由于地理位置，经济结构，经济活动的对象、内容、方式等的不同，差异性成为区域经济的显著特性。当区域经济基于其差异性进行发展并形成其特色时，必然要求有一个与之相适应的高等教育系统（贺祖斌，李东航，2007）。从区域经济结构对区域高等教育发展的要求看，特色发展是区域高等教育发展的必然选择。

教育不仅需要与一定的社会经济相适应，还需要与一定的社会文化相适应。任何一所应用型大学必定是身处某一区域，因而其发展必然会受到当地文化的制约，其要谋求自身的可持续发展必然要与当地的文化相适应。此外，区域文化作为区域的一种重要资源，其体现的价值观念、精神图腾、风土人情等，以及其所衍生的文化经济能为当地大学的学科建设、专业建设、科学研究、社会服务等提供丰富的能量和研究素材。从这点看，区域文化也为区域高等教育的发展提供了多样性的选择，为应用型大学的特色发展提供了重要资源。可见，特色发展是应用型大学与区域文化融合共生的必然结果。

（三）特色发展是高等教育结构优化的选择

就类别结构而言，我国高等教育体系由研究型大学、应用型大学和高职院校三大类组成。新建本科院校占本科层次教育的"半壁江山"，大多属于应用型高校。不管人们是否承认，由于我国新建本科院校设置过快，发展年限较短，以至学校的特色化程度不高，出现了新建本科院校对国内研究型大学依附性发展的现象。新建本科院校要避免陷入"依附发展"与"同质化"发展的困境，就必须要形成一套具自身特色的办学理念、人才培养模式、大学制度等。《国家中长期教育改革和发展规划纲要（2010—2020年）》也指出，"引导大学合理定位，克服同质化倾向，形成各自的办学理念和风格，在不同层次、不同领域办出特色，争创一流"。这是国家在新时期对高等教育结构优化的要求。从规模上讲，我国高等教育体系已经相对完备，但要成为高等教育强国，决不仅仅是"量"的问题，还要关注"质"的问题；要发挥高等教育对社会发展的引领作用，也不能光靠一两所大学，而是要发挥高等教育系统的整体性作用，我们既要建设"双一流"大学，也要发展应用型大学和高职院校，否则高等教育生态系统必将受到破坏。

三、特色发展的生态逻辑

从高等教育生态学的视角看，应用型大学的特色发展一是要考量自身如何根据生态可持续发展的理念与原则对学校的内部生态系统进行优化与重构，确定自身发展的"内生态位"，在目标定位、支持体系与组织保障中形成、发展与巩固自身特色；二是要考量如何在适应与服务区域经济、政治、文化的过程中确定自身发展的"外生态位"，在服务地方的过程中体现与强化自身特色。

（一）特色发展的外生适应

按照生态学观点，"任一生态因子总要与周围环境经常不断地处于相互交换之中"，高等教育在它与环境相互联系和相互作用的过程中才能存在、发展和表现出生命的特征，教育也必须要与社会相适应。因而，在对应用型大学的特色发展进行分析时，其与环境的适应性分析是一个重要的视角。应用型大学的出现是有条件的，它是现代工程技术教育发展的结果。大学的应用型转变是为了适应大规模学生教育的需求，是为了满足高等教育大众化和普及化的需要，与此同时，也是为了适应战后工业化、城市化发展和经济重建的需要（别敦荣，2017）。应用型大学的出现本身就是高等教育适应外部环境的产物，而应用型大学作为一种社会存在，是在一定的区域社会环境中运行和发展的，其特色发展也必须要建立在适应外部环境的基础之上。

科学、合理的办学定位是应用型大学外部适应的先决条件。应用型大学要做到理性定位，不仅需要对自身的内部生态环境进行透彻的研究，更需要对外部环境因素进行分析研究，即对其所在的区域生态系统进行分析研究。应用型大学的办学定位是一个整合所有资源制定目标的过程，因此，在对外部环境进行分析时，一是要考虑所在区域资源的现况，包括地理位置、气候、文化等各种资源；二要考虑区域产业结构的特点与区域经济发展的现况、区域政治方针的导向与政策支持的现况、区域文化的特质与文化产业的现况；三是要找出区域环境中各种要素的独特性。在此基础上，找到自身在区域生态系统中的位置，确定自身发展的"外生态位"。

高质量的人才培养是应用型大学外部适应的根本体现。应用型大学的基本功能是为社会培养其所需要的应用型人才，应用型大学通过培养应用型人才对其所在的区域生态系统产生一定程度的影响。同时，应用型大学的人才培养也在很大程度上受到其所在的区域生态系统的影响。这种影响一方面体现在应用型大学人才培养的目标定位要考虑区域优势，将区域优势转化为办学优势，并在此基础上确立特色性的人才培养目标。另一方面，应用型大学培养的各级各类应用型人才的质量、规格要符合其所在区域各子系统的需求，特别是要适应区域经济、政治和文化发展的需求，将适应和满足区域需求的贡献度作为人才培养质量的重要目标和基本评价标准，而人才培养的特色也就必然会寓于"需求—对接—新需求—再对接"这一动态过程中。

（二）特色发展的内生优化

高等教育体系是一个生态系统，高等学校内部也是一个生态系统。高校内部的生态因子有教师、学生、课程与教学、管理制度等。这些因子相互关联，错综复杂，又相互作用形成一个不可分割的整体。高校适应外部环境的过程，也是自身不断优化的过程。应用型大学应着重从办学目标、支持体系，组织保障等方面入手，进行内部优化，达到特色发展的目的。

首先，科学、明确的办学目标是应用型大学特色发展的动力。应用型大学办学目标受外部环境的影响，也取决于学校办学基础、条件设施、师资水平等因素。这些"内因子"组成了学校的内部生态系统，而这个系统的建构和运作是围绕学校的办学目标进行的。要综合分析系统内的因子，学校的办学目标才能准确定位，这样的应用型大学才有可能办出特色。反而言之，科学、合理的办学目标又可以推动整个系统的发展。目前，国内很多应用型大学在办学目标上存在偏差，比如对科研工作的定位，应用型大学开展科研工作是提高学科水平，支持高水平教学，从而提高学生培养质量的必由之路。应用型大学应该聚集力量、集中资源，组织开展应用性科研，发展应用性学科专业领域，这是提高办学水平的必然要求。但一些学校的科研工作还是向研究型大学看齐。又如，在人才培养方面，自从教育部实行"卓越人才培养计划"以来，各个大学都纷纷开设实验班，但有一些应用型大学也依照研究型大学的做法，开设"拔尖人才培养实验班"，这明显偏离了"应用型"的办学目标。

其次，整体共生的内容体系是应用型大学特色发展的体现。要加快应用型大学建设，除了具有明确的办学目标之外，还要准确把握好建设的关键要素和核心内容，具体而言，有以下八个方面：应用型的学科专业体系，"双师双能型"教师队伍，对接行业需求的课程体系，实践能力为主的教学模式，协同育人的培养模式，丰富的行业企业教学资源，创新创业教育机制，服务区域发展的应用研究和创新。这八大要素的最终指向是应用型人才培养，他们在建设的过程中应该作为一个整体来构建，形成合力，这样才能更有效于人才培养。如果把这八大要素割裂开来，势必事倍功半。比如，在行业企业教学资源建设方面，各个大学都签约了很多的实践教学基地，但是这些实践基地是否发挥了真正作用？如果我们没有一支"双师双能型"教师队伍，是难以盘活实践教学资源的，所以我们不能单独看待某一要素的建设问题。又如，服务区域发展的研究和创新，应用型大学每年都培养了大批的应用型人才，但如果教师难以为当地经济社会发展提供科研服务，那何以培养应用型人才？再如，有些学校学科建设求大求全，却不注重特色优势学科、专业的培育，以致人才培养与区域经济社会发展相脱离，这是学科专业建设与地方经济社会发展的不匹配，等等。

生态学认为生态系统的各种因素普遍联系和相互作用，而构成一个整体。应用型大学建设是一个整体推进的过程，整体观认为不能把建设中的各要素分成几个方面，然后再把它们综合起来，而应始终把大学作为一个整体（系统）来建设；不是把建设中的各项要素孤立起来分析，而应始终与整体联系在一起，具体地研究。

最后，有生命力的管理机制是应用型大学特色发展的保障。大学管理制度的作用是维持正常办学秩序，促进大学功能的实现。有生命力的制度能够促进大学的可持续发展。生态系统管理强调管理的整体性和系统性。因此，应用型大学的管理活动既要根据学校外部和内部因子而进行，又要把内外结合起来，进行一体化管理，理顺各个生态变量之间的相互关系。应用型大学的管理需要在遵循高等教育规律的基础上，以生态系统管理的新思维来构建其管理模式与运行机制。基于生态系统管理的思想，应用型大学在设计其管理机制、制定相关的管理制度时，需要研究和分析自身内部生态系统与外部生态变量之间的相互关系及作用机制。比如在人才队伍建设方面，应用型大学培养的是应用型人才，在教师引进时必须要考虑其应用性，但现成的应用型人才却难以招聘，这时就要把人才引进机制、人才考评机制和人才培育机制联系起来，综合考虑，构成能推动人才队伍整体发展的机制。

参考文献

别敦荣. 2016. 普及化高等教育的基本逻辑 [J]. 中国高教研究，（3）：31-42

别敦荣. 2017. 应用型大学的发展与教学改革 [J]. 玉林师范学院学报（哲学社会科学版），（3）：3-4

贺祖斌. 2005. 高等教育生态论 [M]. 桂林：广西师范大学出版社

贺祖斌，李东航. 2007. 广西区域高等教育发展规模与区域经济发展的适应性研究 [J]. 学术论坛，30（8）：172-176

李立国. 2014-08-12. 什么是高等教育综合改革的关键 [N]. 光明日报，第13版

潘懋元，董立平. 2009. 关于高等学校分类、定位、特色发展的探讨 [J]. 教育研究，（2）：33-38

王者鹤. 2015. 新建地方本科院校转型发展的困境与对策研究——基于高等教育治理现代化的视角 [J]. 中国高教研究，（4）：53-59

钟秉林. 2015. 新建本科院校要高度重视内涵发展和质量建设——基于41所本科院校合格评估结果的分析 [J]. 中国高教研究，（6）：68-72

作者简介　贺祖斌，广西师范大学校长，教授，博士，主要从事高等教育基本理论研究。

陈庆文，玉林师范学院教育科学学院副院长，厦门大学教育研究院博士生。

From Imitation to Characteristic: Value Choice of the Development of Applied University

He Zubin　Chen Qingwen

Abstract: Due to the short running time, imperfect conditions and lack of experience, the newly-established colleges have to imitate the development mode of research university to a certain extent. Whether it is from the perspective of internal rules of the development of university, or from the economic and social development needs, or optimization of higher education system, it is an inevitable trend for applied university to create a characteristic path. For applied university, how to take a characteristics path? From the view of the ecological point, it should not only adapt to the external environment, but also achieve its own internal optimization, such as have a scientific and reasonable educational goals, establish the overall symbiotic support system and sustainable development management mechanism.

Keywords: ecological perspective, applied university, characteristic development

应用型大学高水平建设特征的
思考与实践

苏志刚

摘　要： 应用型大学的基本特征是学科和人才培养更注重需求，组织管理更注重开放协同，教学资源更注重融合汇聚。普通本科向应用型大学转变要做到"三个转到"，注重理念、模式、课程结构、师资、办学层次与条件等关键环节。应用型大学高水平建设，要体现应用型人才培养质量、应用型科研、服务地方能力、国际化水平等方面的高水平。

关键词： 应用型大学　高水平建设　特征

《教育部关于"十三五"时期高等学校设置工作的意见》共 7 次提到"应用型"。该意见指出，"应用型高等学校主要从事服务经济社会发展的本科以上层次应用型人才培养，并从事社会发展与科技应用等方面的研究"；强调"推动具备条件的普通本科学校向应用型转变，将办学思路真正转到服务国家和区域经济社会发展上来，把办学定位转到培养应用型和技术技能型人才上来，把办学模式转到产教融合校企合作上来"①。2017年 12 月 19 日，《国务院办公厅关于深化产教融合的若干意见》明确提出：全面贯彻党的十九大精神，坚持以习近平新时代中国特色社会主义思想为指导，紧紧围绕统筹推进"五位一体"总体布局和协调推进"四个全

---

① 教育部关于"十三五"时期高等学校设置工作的意见［EB/OL］. http://www.moe.edu.cn/srcsite/A03/s181/201702/t20170217_296529.html

面"战略布局，坚持以人民为中心，坚持新发展理念，认真落实党中央、国务院关于教育综合改革的决策部署，深化职业教育、高等教育等改革，发挥企业重要主体作用，促进人才培养供给侧和产业需求侧结构要素全方位融合，培养大批高素质创新人才和技术技能人才，为加快建设实体经济、科技创新、现代金融、人力资源协同发展的产业体系，增强产业核心竞争力，汇聚发展新动能提供有力支撑①。

一、应用型大学的基本特征

应用型大学的基本特征应该是学科和人才培养要注重需求，组织管理要注重开放协同，学校资源要融合汇聚。具体而言，一所应用型大学应该有：①一套先进的建设应用型大学的理念，并在全校形成共识。②一套应用型人才的培养模式（标准）、课程设置、教材、教法等。③一个适合应用型教育的师资队伍。④比较齐全的办学层次，既有应用型本科教育，同时还得有一定数量的应用性本科后教育（应用型硕士等）。⑤较好的包涵新教育理念学习社区的办学条件等。

二、普通本科向应用型转变的几个关键环节

（一）理念

应用型大学要实现三个关键词的转变，即应用型、开放式、地方性或行业性。应用型指培养应用型人才，开展应用型研究。开放式指校企合作、政校合作，共同搭建应用型人才培养平台。地方性或行业性指围绕区域经济发展，服务地方或行业需求。

（二）模式

在人才培养模式上，根据应用型本科学生的学习特点、生源情况进行改革优化，与时俱进，不照搬研究型大学的人才培养方案。在学科专业建

---

① 国务院办公厅关于深化产教融合的若干意见［EB/OL］. http://www.moe.edu.cn/jyb_xxgk/moe_1777/moe_1778/201712/t20171219_321953.html

设上，专业建设与学科建设并重，学科专业一体化。根据社会需求办专业，提高毕业生的就业能力、就业率。人才培养主要解决"做什么""怎么做"的问题，从以教师、教材、课堂为中心转变为学生学习、学生成长、学生发展为中心，形成有必要的本科底蕴，培养有较强的应用能力、明显的专业特长、良好的职业素养的高素质应用型人才。

（三）课程结构

公共课适用、基础课够用、专业课实用。保证应用型人才培养的基本规格和多样化、个性化发展。实践教学不少于 1 年。同时创新教育教学方法，倡导启发式、探究式、讨论式、参与式教学。改革毕业论文撰写、评价考核模式。

（四）师资

在教师绩效考核、职务（职称）评聘等方面向"双师双能型"教师倾斜。坚持德才兼备，注重根据能力、成绩和贡献评价教师，克服唯学历、唯职称、唯论文等倾向。不将论文等作为评价应用型人才的限制性条件。

（五）办学层次

建立与普通高中教育、中等职业教育和专科层次高等职业教育的衔接机制，开展一定数量的专业硕士教育，搭建应用型人才培养的立交桥。

（六）办学条件

办学条件不仅是指传统意义上的教室、图书资料、基础设施和设备，而应是打造包含个性化、学生导向教育、边做边学、跨学科教育、情感教育等新的教育理念的学习社区。如今的教育系统是在工业革命的基础上建立起来的，学生在用统一的学习方式学习一样的东西。应用型大学应该做到可以从其所有的空间中提取教育价值，而不仅仅是注重教学可用面积。

三、宁波工程学院应用型大学高水平建设的实践探索

应用型大学高水平建设，首先要体现应用型人才培养质量的高水平，其次还要在应用型科研、教学水平、服务地方能力、国际化水平等方面全方位地体现高水平。

建设思路：以产教融合和国际化"双轮驱动"进行应用型本科建设，构建一套面向行业企业参与的治理体系，形成一套面向行业和国际的专业体系，创新一套应用型人才培养模式，打造一支高水平的"双师双能型"队伍，建设一批应用型科研创新与培训平台，建成一批开放性校内综合实验实训基地。

（一）以产教融合为特征的应用型治理体系建设

1）统一思想，明确应用型建设方向。学院已将应用型建设列入校级主要纲领性文件中，如校党代会报告、校十三五规划等。

2）深化体制机制改革，加强应用型建设保障。目前学院主要抓了二级学院产教融合综合应用平台改革试点、特色学院建设和绩效分配、职称评聘、教师评价等方面制度的设计和改革。特别是产教融合项目更是学校治理体系建设的一个关键节点。

《国务院办公厅关于深化产教融合的若干意见》明确指出，深化产教融合的主要目标是，逐步提高行业企业参与办学程度，健全多元化办学体制，全面推行校企协同育人，用10年左右时间，教育和产业统筹融合、良性互动的发展格局总体形成，需求导向的人才培养模式健全完善，人才教育供给与产业需求重大结构性矛盾基本解决，职业教育、高等教育对经济发展和产业升级的贡献显著增强。这对我们应用型高校提出了明确的发展目标、发展路径和时间表。

（二）关注产业需求的专业体系建设

1）首先是根据宁波地方发展需求，整合学院5大专业群，对接地方5大产业群，将产业需求作为专业调整和设置的先决条件。

2）优化专业设置，改造升级一批传统专业，新增几个多学科交叉复合的新兴工科专业方向。

3）以工程教育专业认证为抓手，倒逼专业建设改革。学院积极推进国际专业认证，将专业认证作为保证人才培养质量标准国际化的头等大事，并倒逼各专业精准定位人才标准、改变教学内容、改革培养方式。学院 2015 年土木工程专业通过住房和城乡建设部专业认证，交通工程专业通过德国 ASIIN 认证①，2016 年化学工程与工艺专业通过 CEEAA（中国工程教育专业认证协会）工程类专业认证，2017 年建筑环境与能源应用工程专业参加了住房和城乡建设部专业认证。在十三五期间学院将有 1/4 的专业通过国际专业认证，以此来引领专业建设和发展。学院积极建设国际化专业，已有两个专业在中美合作办学，下一步学校将大力支持工程类中外合作专业的突破。

（三）"产出导向"的人才培养模式改革

1）学院全面践行 OBE 理念（成果导向教育），全面修订人才培养方案，当下以卓越计划为引领，主抓一体化人才培养方案制定等。

2）教学改革持续推进。学院扩大学生的选择权，增加选修课、小班化教学等。深度推进课堂教学创新与设计项目、过程化考核、教学信息化建设等教学改革项目。

3）校企协同育人。校企要做到 5 个共同协同育人，每个专业的核心课程要有企业人员参与实际教学。

4）国际化建设。目前学院关注的主要是：国外访学 3 个月以上经历的教师占比不断提高，学生交流和留学生规模不断扩大，国际化专业和国际合作办学专业不断拓展。

5）应用型课程体系建设。学院对课程体系进行重构，体现区域经济发展、产业发展、技术进步要求；开拓课程建设新路径，与行业、企业、用人单位合作共建共享课程体系和课程标准，促进课程内容与行业标准、职业标准相对接；把提升学习者专业技术能力、实践能力、应用能力、职业能力摆在重要位置。

---

① ASIIN 认证即 German Accreditation Agency for Study Programs in Engineering，Informatics，Natural Sciences and Mathematics，德国工程、信息科学、自然科学和数学专业认证机构

（四）"双师双能型"师资建设

学院 2016 年实施了"双百工程"，两批数十名教师入选。"双百工程"是指百名博士（教授）服务百家企业行动，旨在鼓励并支持广大教师深入服务企业，通过相对固定的长期、对口服务，主动挖掘企业需求，促进科研成果转化，力求成果反哺教学，提高教师实践教学能力。学院的十三五规划中确立了"双师双能型"教师建设目标及考核指标。注重双师结构建设。不仅教师个体要实现双师双能，学院整体师资结构的构成也区分两种类型，增加外聘教师比例。学院人事部门从双师双能认定标准、考核要求、职称晋升、绩效分配等方面进行制度设计，全力保障双师双能型教师的发展培育。学院在专业技术职务评聘中设立社会服务型系列，参加实践锻炼视同国内外访学经历等相关要求为"工程实践型"教师打开晋升通道。在教师业绩分配上，提高了服务企业相关业绩赋分，使待遇向双师双能型教师倾斜。通过"双百工程"等活动，学校已使 40%以上具有博士学位的教师具有半年以上企业工作经历，在提升服务能力的同时积累教学案例，反哺教学，推动课堂教学模式的改变；同时通过引进具有企业经历的实践指导教师，突破编制瓶颈，使得师资结构得到了优化调整。

（五）"服务地方"的学科和服务平台建设

学院面向区域发展需求，一直在努力推进与市（县、区）政府、开发区管委会、政府有关部门及重点镇（街道）的合作，先后与宁波市镇海区政府合作共建国家级大学科技园，与宁波市杭州湾新区管委会合作共建汽车研究院，与慈溪市政府合作共同参与慈溪产学研联合研究院建设，与北仑区政府合作设立技术转移中心，与象山县政府共建宁波工程学院象山研究院，与奉化区政府共建奉化研究院，等等。学院建立与县级政府层面的全面战略合作关系和相关合作平台，这也为校企合作向区域内企业深度推进搭建了载体，提供了条件。

同时，学院着力打造一批与专业建设相通的应用型科研平台，加强产业技术积累，注重应用型科研成果的应用与转化，使学院成为区域特色产业和行业共性技术的研发中心和服务平台，如与宁波市科学技术局等部门合作建立国家土建结构预制装配化工程技术研究中心宁波分中心，与宁波市发展研究中心共建中小企业研究所，与宁波市智慧城市标准研究院共建智慧企业研究所，等等。同时，学院在翠柏校区引进和建设了一批高端培训机构和第三方认证机构，使学院成为服务行业和主要企业的培训平台。

（六）以"产教融合"为特色的实践基地建设

建设一批基于产教融合工程的系列综合实验实训基地。学院已入选国家"十三五"应用型本科产教融合发展工程规划项目单位，目前拟以此为契机改革现有的二级学院管理体制与机制，建设基于学科、专业大类，服务于相关行业、产业的产教融合综合基础平台。学校层面计划建设电子与信息工业中心、建筑与交通工业中心、材料与化工工业中心、机制与汽车工业中心 4 个综合基础平台。为打造产教融合平台，学院主要通过六大途径来实现平台功能。

1）创新体制。平台成立由学校、企业、行业组成的产教联合理事会，具备条件的可探索混合所有制，增强办学活力。

2）创新管理机制。建立以平台服务内容为核心的管理机构，利用社会力量来进行管理和运作，关键是要让平台真正发挥作用。

3）完成各平台国家产教融合项目工程实践中心的建设，保证实践基地的设施与场所。

4）改革人才引进、聘任机制。利用平台实现包括专业博士、工程师等工程技术人才多层次的引进（包括柔性）和培养；建立企业工程师聘任的长效机制，探索有效的外聘人员管理模式。

5）建设实习和就业岗位、科技服务需求、行业培训项目等信息平台，为学生、学校、企业提供本行业领域内的各类实用信息，提升服务能力。

6）利用平台改变教师考核分配的导向，激发教师在教学中引入工程实际项目和案例的动力。

综上所述，笔者认为应用型大学的基本特征是学科和人才培养更注重社会需求和产业需求，大学的组织和治理更注重开放、协同与社会和企业的互动，教学资源更注重融合汇聚，更关注学科专业交叉复合。而高水平的建设也正是体现在以上几个方面不断提升。由于应用型大学是适应时代、应运而生的事物，在这条道路上的探索才刚刚开始。

作者简介 | 苏志刚，宁波工程学院党委书记、教授。

Thinking and Practice of the Characteristics of High Level Construction in Applied Universities

Su Zhigang

Abstract： The basic characteristics of application-oriented universities are discipline and personnel training，more emphasis on demand，organization and management，more emphasis on open collaboration，and more attention to convergence of teaching resources. The transition from ordinary undergraduate to applied university should be "three shifts"，emphasis on ideas，models，curriculum structure，teachers，school running levels and other key links. The high level construction of applied universities should reflect the high level of applied talents training quality，applied scientific research，local service capacity and internationalization level.

Keywords： application oriented university，high level construction，features

中国新型大学的新特质与新样态①

顾永安

摘　要：以"应用型"为核心特质的中国新型大学具有"四个新"的特质，即以为地方发展服务为使命的"新历史使命"，以参与式建设为特征的"新大学精神"，以社会性标准为主导的"新质量标准"，以产学研合作为核心的"新教育模式"。基于中国新型大学新特质的初步勾勒，其未来发展的图景及可能呈现的样态是高水平应用型大学、多样性有特色大学、创业型大学、开放型大学、创新性大学和高成长性大学。"应用型""高水平""多样性""有特色""开放型""创业型""创新性""高成长性"等特征共同形成或勾画了中国新型大学院校群体的新样态。

关键词：新建本科院校　新型大学　应用型　新特质　新样态

新建本科院校是我国高等教育大众化背景下产生的一种新型高校，相关教育主管部门的关注关切和一些学者的研究重心，已经从时间维度转向性质维度，从新建本科院校的"新建"转向"新型"。2014 年 6 月，教育部等六部门印发了《现代职业教育体系建设规划（2014—2020）》，明确提出"鼓励举办应用技术类型高校，将其建设成为直接服务区域经济社会发展，以举办本科职业教育为重点，融职业教育、高等教育和继续教育于一体的新型大学"。这是政府文件中首次明确将应用型高校建设成为新型大

---

①　基金项目：2015 年教育部人文社会科学研究规划基金项目"中国新型大学研究"（15YJA880021）；2015 年江苏高校哲学社会科学研究重点项目"江苏省地方应用型本科院校特色发展研究"（2015ZDIXM031）。

学。笔者在主持的教育部课题"中国新型大学研究"成果中认为，"新建本科院校转型的目标取向和发展趋向是要构建一种新的高校形态即新型大学，新型大学是相对于传统研究型大学而言的、以新建本科院校为主体的、以应用型为核心特征和办学理念的、与地方经济社会发展紧密联系的、以培养高素质应用型本科人才为根本指向的新型高校"（顾永安，2016）[27-32]。新型大学到底"新"在何处？新的内在特质是什么？新的样态又是怎样的？对新型大学新特质与新样态的研究，即新型大学"是什么"的元理论研究，将对于新型大学"应如何发展"提供正确的理论支撑和科学的方法论指导，也将对推进具备条件的普通本科院校向应用型转变提供理论指导。

一、中国新型大学的新特质

中国新型大学"新"在哪里?这种"新"可以体现在新理念、新道路、新经验、新探索、新模式等，但中国新型大学有别于老牌传统大学的是其新颖的内在特质，可以概括为"四个新"（顾永安等，2012）[53-75]。

（一）"新历史使命"：为地方发展服务

新型大学兴起于我国经济社会转型和高等教育大众化的大背景，具有不同于传统大学的新历史使命，即立足地方培养应用型人才、服务地方经济社会发展、引领地方文化建设。就本质而言，新型大学设置目的之一就是为了服务地方社会发展。美国 49 位大学校长于 1990 年联合发表《都市大学宣言》，宣称为适应社会的挑战，要建立一种成功的新型大学，使之在接受高等教育全部教学、科研和社会服务传统价值观的同时，要增加自己服务都市地区的责任，利用人力和财力资源改善生活的质量。2014 年 4 月首届产教融合发展战略国际论坛发布的《驻马店共识》、2016 年 10 月全国新建本科院校联席会议发布的《成都共识》都明确将服务社会作为地方应用型本科高校的使命。面对所在地方社会经济发展的现实需要，新型大学要放弃封闭办学的思想，勇于承担社会责任，主动由地方社会的边缘走向地方社会的中心，积极参与地方社会建设，融入地方社会发展的进程中。新型大学还应该自觉承担起引领社会的历史责任，不狭隘地理解"服务社会"，不将"服务社会"简单地等同于"适应社会"，不仅仅满足于走入社会的"中心"，而更应勇于走在社会的"前列"，引领地方社会发展。需要特别指出的是，新型大学毕竟只是一所普通的大学，而不是一个万全机构，不应该刻意地拔高自己去承担力所不及的责任，更不能将自己的所有注意力投向一切社会问题。新型大学在承担引领社会发展的责任时，应该有所选择，有所为有所不为。

（二）"新大学精神"：参与式建设

大学使命是大学精神的具体体现和外在形式，是依据大学精神所进行的行动实践。新型大学之"新"，最核心、最本质的就在于其有着新的大学精神。一方面，新型大学的"新大学精神"是"大学精神"的当代表现形式，它与传统大学精神是一脉相承的。另一方面，新型大学又有着不同于传统大学的新的特质。传统的大学精神，一方面主要集中在自由、民主、科学、人文、批判、创新等永恒价值上，强调大学对世俗世界保持一种超越的态度，作为社会的良心和精英，冷静地批判社会并引领社会前进的方向。另一方面，也存在着一定程度的对大学精神作"精神化"理解的倾向，将大学精神简化为是一种高贵的、精神性的东西，否定物质性的、功利性的、粗俗的东西。这些理解是与传统大学的职能相一致的。但是在高等教育职能进一步拓展后，就必须增加新的精神理念，这就是"服务"或"参与"精神。如果说纽曼式大学的大学精神在于单纯地传播人类文明的精华成果、培养有教养的文明人，洪堡式大学的大学精神在于研究高深学问，那么，新大学精神则在于直接服务社会、参与社会发展。从旁观式的批判、超越、引领进发到参与式的建设，其教学和科研都以服务为导向。综合分析新型大学产生的背景与使命，我们发现，新型大学最突出的特质就是强调与社会的直接互动，高度重视和突出"服务社会"职能，以"服务"（多样性、多元化的社会需求）为导向，通过"参与式建设"，深度融入社会进步的现实进程。

（三）"新质量标准"：社会性标准

新型大学之所以要有新的质量和质量标准，根源在于其使命与精神之新、职能和目标之新。这也决定了新型大学的教育质量必须坚持"社会性标准"，并在此质量标准下合理把握"个适性质量（标准）""内适性质量（标准）"和"外适性质量（标准）"之间的关系。"个适性"高等教育质量（标准）是与纽曼式大学理念相一致的，关注的是"个体的人"，培养的是"自由发展"的人，而不是这些人能够为"社会"做些什么。"内适性"高等教育质量（标准）是与洪堡式大学理念相一致的，关注的是培养具有明确发展方向和专长的人。而"外适性"高等教育质量（标准）是与"威斯康星思想"相一致的，在这种大学理念下，高等教育培养的也是普通的、博雅的或全面发展的人，具有明确发展方向和专长的人。但是，与研究型高等教育不同的是，应用型高等教育培养的不是发现新知识的研究者，而是培养将知识技术应用到现实中去、直接推进社会文明进步的实践者。在这三种质量（标准）中，"个适性"是基础性和前提性的，这就要求所有高校都要将培养人放在首位。对新型大学来说，在"个适性"的基础和前提下，更多考虑以"满足需求"为核心的外适性教育质量（标准）而非以"知识本身"为核心的内适性教育质量（标准），着重追求的是"社会性"（"外适性"）而非"学术性"（"内适性"）质量（标准）。也就是说，注重"学术性"还是"社会性"，已经成为研究型高等教育与应用型高等教育在高等教育质量上的最本质的区别。需要说明的是，新型大学注重"社会性"质量（标准），不仅不会冲淡和否定高等教育培养人的本质，反而是对新型大学内在新特质的科学把握，只有在这个新的质量标准或质量观的统领下，新型大学才能合理处理好教学、科研、服务三者之间的关系，找准自己在整个高等教育系统中的位置。

（四）"新教育模式"：产学研合作

新的历史使命、大学精神与质量标准，将会导致新型大学产生新的发展模式。新一轮新建本科院校本科教学工作合格评估、地方本科院校向应用型转变都导向了产学研合作，既符合社会发展的趋势和规律，也符合新型大学自身发展的趋势和规律。从学校发展战略层面看，产学研合作表现为学校在与地方经济社会的互动中发展，也即"校地互动""产教融合"。从学校教育教学活动层面看，产学研合作体现为一种教学模式、人才培养模式，也可以体现为一种新的教育模式。与传统研究型大学强调"教学与科研相结合"相比，新型大学更加强调产学研合作，既将"知识传授""知识创新""技术开发""现实生产"相结合，也将高校人才培养、科学研究、服务社会的三大职能相结合，使大学与整个社会发展的联结更加紧密。新型大学需要超越将产学研合作作为单纯的教学模式或人才培养模式的传统范式，将产学研合作上升为一种新的教育模式，在关注应用型人才培养的同时，关注技术研究、开发、转化、应用和培训，关注高校通过产学研不断强化的服务社会的职能，关注多样化、多元化高等教育市场需求的变化并做出灵活反应与变革。

二、中国新型大学的新样态

从新建本科到新型大学涉及高校内在特质、顶层设计、内涵建设、综合改革各方面的整体性变革，新建本科院校能否成功转型为新型大学，关键要看这些高校是否体现了新的历史使命、大学精神、质量标准、教育模式等新的内在特质。基于新的历史使命、新的大学精神、新的质量标准、新的教育模式等内在特质形成的新型大学，它们发展的图景及未来的样态是怎样的？笔者尝试对中国新型大学未来可能呈现的样态进行研判和描绘。

（一）中国新型大学是高水平应用型大学

随着高等教育规模的扩大，尤其是大众化和普及化的到来，整个高等教育从学术型和研究型转向应用型已是大势所趋。无论是西方国家正在出现的高等教育中的新职业教育主义，还是我国高等教育实践中应用型人才、应用型专业、应用型院校及应用型本科教育和应用型高校的快速扩张，都表明"应用"正在成为新时期高等教育发展的强劲动力（王建华，2013）[51-57]。无论是从院校自发自为探索、国家政策指导、政府引导推进、院校自觉自主探索，还是从 2006 年新建本科院校 30%定位应用型到 2016 年 100%定位应用型的调查研究结果来说，都显示以新建本科院校为主体的新型大学定位是应用型大学，这已经成为众所周知的共识与无需争论的定论。正如教育部高等教育教学评估中心相关负责人在发布 2016 年度中国高等教育系列质量报告时表示，目前已呈现出"部分院校已具备新型应用型大学的雏形，成为应用型本科的领跑者；更多的院校正在应用型道路上行进，还有一批应用型大学正在萌芽、成长"的繁荣景象，可以说新建本科院校转型正在路上。

应用型是高等教育发展到一定阶段的必然取向，应用型已经成为新型大学的核心特质和关键理念。新型大学要充分认识并牢固确立以"应用型"为核心的办学理念，使应用型与职业性、行业性、产业性、技术性、实践性、创新创业、就业取向等密切关联，并在学校办学理念、校训校风、人才培养理念上得到充分体现。如常熟理工学院的"注重学理、亲近业界"，上海电机学院的"技术立校、应用为本"，上海第二工业大学的"厚德、厚生、厚技"，厦门理工学院的"关产业痛痒、应产业所求、纳产业精华、为产业服务"，成都工业学院的"手脑并用、学做合一"等，这些理念都很好地体现了这类院校"应用型"的办学定位与核心特质。新型大学落实"应用型"的办学定位与核心特质，要坚持应用型办学以服务地方和区域的服务面向为主、以培养应用型本科人才为主、以开展教学工作为主、以开展应用型的科学研究为主的"四个为主"方略，坚持应用本科教育的较高层次性、专业性与学科性、开放性、人文性"四个并存"的属性。在工作推进中，要注意引导尚未实质性地转向应用型的新建本科院校加快向应用型转变（塑型、成型），引导应用型建设已经具有一定基础的新建本科院校将应用型进一步深化、细化、具体化，并加快建设高水平应用型院校（定型、强型）。

2015年，安徽省出台《关于地方高水平大学立项建设分类发展的意见》，将重点建设10所地方应用型高水平大学，提出"以全面服务支撑地方经济社会发展为目标，以应用型人才培养和应用性科学研究为主要任务，以应用型学科和专业群、双能型师资、模块化课程等为重点，集聚社会资源，共建共享资源，形成校校、校企、校地及国际合作协同育人的长效机制"，着力构建区域特色的应用性高等教育体系。2016年，广东省出台建设3所高水平理工大学、18所一流高职院校的政策。高水平大学建设不再仅以研究型大学的发展作为评价标准，而是要追求多层次、多类型的高水平大学。从安徽、广东等省域的探索来看，高水平大学政策已经涵盖了研究型大学、应用型大学、高职院校等不同层次、不同类型的高校。

正如有学者认为：高水平大学不是"一"的概念，而是"多"的概念；高水平大学不是绝对的概念，而是相对的概念；高水平大学不是"狭隘"的概念，而是"包容"的概念（刘晖，李晶，2017）[31-36]。

如果说"应用型"是新型大学的办学类型定位和人才培养类型定位，"高水平"则是新型大学的办学目标定位和发展品质要求。新建本科院校从合格本科院校的"新建期"建设到应用型本科高校的"新形态"塑造，再到"新型大学"的"新特质"形成，"应用型"始终是其核心要义和内在特质，转型发展的目标趋向是建成一所合格本科院校、应用型本科院校，甚至是建设一所高水平的应用型大学。此处的"高水平"是同类型院校中的高水平，要求高校注重内涵建设，提升教育质量，确定比较优势，培育办学特色，打造大学品牌。因此，建成一所高水平应用型大学可以作为新型大学的新的目标和新的追求。高水平应用型大学体现了学校类型定位与发展目标定位的有机统一，也就是说，新型大学是应用型高校中的高水平大学，同时，新型大学也要努力成为高水平的应用型大学。常熟理工学院坚持以"办应用型本科院校"为工作主线，致力于建设特色鲜明、质量著称的应用型品牌大学。应用型品牌大学与应用型高水平大学一脉相承，品牌所指的高质量、有特色、知名度、美誉度、核心竞争力就蕴涵了高水平的内涵。据笔者调查，一般升格本科"新建"15年左右的院校中，大多数院校将申报专业硕士学位授权点、提升办学层次、更名大学作为新的目标与追求。已经更名大学的临沂大学、上海应用技术大学等，拟规划申请更名的合肥学院（合肥大学）、钦州学院（北部湾大学）的目标定位并没有随着学院可能升级为大学而改变应用型的类型定位，仍然将办学目标确定为高水平应用型大学；国家发展和改革委员会等三部委遴选的全国100所产教融合发展工程建设规划项目院校中有1/4为老本科院校，如温州大学、辽宁科技大学、天津职业技术师范大学、五邑大学、湖北师范大学、聊城大学等等，说明一些老大学在理性回归应用型，这些高校在转型发展后，办学目标定位同样锁定在高水平应用型大学！

（二）中国新型大学是多样性有特色的大学

我国高等教育正在向普及化发展阶段迈进，其显著特征就是高等教育的多样化发展和满足受教育者多样化的高等教育需求，这必然要求大学走多样化、个性化、特色化的发展道路。特别是推进"双一流"建设和高水平大学建设的同时，需要做好做强不同层次不同类型的高等教育，尽快形成一个协调、健康、完整，具有特色、达到世界水平的现代高等教育体系和生态（徐高明，2017）[37-44]。

我国新建本科院校是高等教育大众化背景下兴起的一批地方本科院校，是一个丰富多样、复杂多元的院校群体，向应用转型发展不能简单化、一刀切！（顾永安，2015）2006年前后，全国有逾30%的新建本科院校提出类型及目标定位是应用型；2016年，100%的新建本科院校明确定位为应用型。10年中，这类院校群体的办学定位都指向了应用型。在应用型高等教育新生态中，应当是"繁花盛开""春色满园"，而不是"单一物种""一花独放"！一些新建本科院校理论研究和实践探索既没有沿袭中国传统大学的发展之路，也没有简单照搬别人的办学经验，而是勇于开拓新道路，展开了我国"新大学"多样化发展的立体画卷。这些院校在向应用型的转型发展中做出了新的、开创性的、有益的探索，如常熟理工学院的"应用型品牌大学"、上海第二工业大学的"职业导向的高等教育"、厦门理工学院的"亲产业大学"、宁波大红鹰学院等院校的"教学服务型大学"、合肥学院的"高水平应用型合肥大学"等。这些高校在以应用型为核心特质的类型定位前提下，提出了学校不同的奋斗目标和发展愿景，体现了应用型同质下的目标愿景的多样性和多元化。

新建本科院校群体自身的复杂性和多样性要求新型大学面对新时代、新形势、新任务、新使命、新要求，必须勇于创新，探索新的发展道路和发展模式。新建本科院校群体应用型同质化背景下目标愿景及其实施路径的多样性和多元化，就要求新型大学必须更加注重创新办出自己的特色，闯出自己的出路。有人担心新建本科院校向应用型转变会导致新的"同质化"，即"千校一面"的应用型定位，同时也会带来这些大学在办学理念、办学定位、组织结构、治理模式、人才培养、专业设置、课程内容、评价方式等诸多方面逐步趋同，也即"趋同化"（王小梅，2016），这可以理解为"同质趋同"现象。因此，中国新型大学的建设发展应当追求"同质异构"，这是对大学"同质趋同"现象的扬弃与超越，也就是要引导和鼓励高校在向应用转型发展的同时，注重以特色求得发展，以特色形成优势，走出一条中国特色新型本科院校发展之路，努力把学校办成中国特色社会主义新型本科院校。

（三）中国新型大学是创业型大学

伯顿·克拉克在《建立创业型大学：组织上转型的途径》（1998 年）和《大学的持续变革：创业型大学新案例和新概念》（2004 年）中，具体分析了特文特大学、沃里克大学、思克莱德大学、查尔默斯技术大学和马凯雷雷大学等高校的转型创业实践。这些大学在政府削减办学经费的情况下，要求得生存和发展，就必须以积极主动的心态面对外在环境和内在发展的变革需要，努力寻求多元化的资金来源、积极争取尽可能多的大学自主自治权利。

我国新建本科院校与其有很大的相似性，新建本科院校办学中面临来自内外环境的挑战，国家办学资源主要投入给"985""211"工程大学和"双一流"大学，在市场经济背景和高等教育倾斜性投入政策导向下，新建本科院校办学经费、资源、平台都十分短缺，民办本科高校的劣势更为明显。新建本科院校大多数正处于第一次办学原始资本积累期、艰苦创业期、转型发展期、特色培育期及发展中的矛盾和困难的叠加期。这就要求新建本科院校要主动面向市场，突破资源经费约束瓶颈，争取各类办学资源经费，培育创业文化和创业精神，走创业型大学的发展道路，通过创业求得生存空间，赢得发展机遇。笔者曾经在《新建本科院校转型发展论》一书中用中外高校发展的实例进行案例分析与比较研究，论证了在中国国情下发展"创业型大学"不仅是合理的，而且是有可能性的。并得出五条重要启示：坚定不移地走转型发展之路；重视转型发展中校内外各方面因素的协同配合；面临发展困境与难题，必须确立"问题就是机遇"的态度；善于抓住转型发展的关键点并着力解决；形成强有力的学校领导核心与驾驭团队。龚放教授也指出，通过精选国内外案例，两相对照，不仅拓展了视野，而且更加有说服力地论证了此类"新大学"的转型发展目标，也许就是伯顿·克拉克所倡导的"创业型大学"（顾永安等，2012）。三亚学院创业的"出世计划""正常办学""走向卓越"三个阶段实践，福州大学建设创业型大学的成功探索，常熟理工学院借鉴创业型大学理念，它们在国内率先推动新建本科院校转型发展，都佐证了创业型大学可以成为中国新型大学的发展理念与发展模式借鉴。

（四）中国新型大学是开放型大学

何谓开放型？也指开放性、开放式、开放态。"型"是开放的、多样的、不断丰满的，而不是固定不变的僵硬物。"新型大学"不应该是以已经成型、结构固定、维度清晰和可以静观的现实存在物（柳友荣，廖文秋，2017）[17-29]。开放型首先体现在新型大学开放的理念、战略上，高校要面向社会，寻求社会资源，争取社会支持，提升服务社会能力，要积极实施开放兴校、校地互动、市校互动、产教融合、校企合作等战略，同时将开放的理念与战略落实到新型大学办学者、高校领导干部和广大师生应当有开放的姿态心态、胸襟视野、气度气质、方略方法等方面。其次，开放型体现在新型大学开放的面向与机制上，开放的面向主要把握"四性"，即地方性、区域性、行业性、国际性，同时要构建相应的开放机制，如落实部省、省市共建机制，实施协同育人与协同创新机制，成立校地合作领导小组及校地合作相关机构，面向行业产业创建行业学院、产业学院、产业特色学院，面向国外开展中外应用型人才培养模式的探索。再次，开放型体现在新型大学开放的程度上，高校与地方政府行业企业事业单位要主动交往交流交融，从互动性到合作性再到融合性，在互动中合作，在合作中融合，在融合中发展。最后，开放型体现在新型大学开放的内容上，开放办学涉及高校职能的各个方面，特别是围绕应用型人才培养模式改革的开放。

在将开放式、开放态、开放性落实到人才培养层面上，教育主管部门提出了明确的工作思路与要求，不少高校将开放办学作为学校重要发展战略或列入事业发展规划并进行了有效的探索。教育部高等教育司在2015年工作要点中明确提出要推进"八个共同"，加强与相关部门和行业企业共同制定培养标准、共同研制培养方案、共同完善课程体系、共同开发教材、共同建设"双高双师双能结构型"教学团队、共同建设"六合一"

（融学生见习实习、就业，教师业界研修，产学研究，业界导师来源及高校对业界员工培训于一体）实践基地、共同实施培养过程、共同评价培养质量。安徽省强调高水平应用型大学建设要推进"五个引入"，即：引入职业资格标准修订完善专业人才培养规格标准；引入行业标准修订完善专业建设标准；引入企业核心技术标准，修订完善专业核心课程标准；引入行业企业专家组建专业教学团队；引入行业企业参与人才培养工作，在院系、专业和学生导师等多层次上实现校企深度"双元"合作。常熟理工学院在开放办学中，顺应苏南特别是苏州地区产业转型升级需求，调整学科专业结构布局，形成了紧密对接区域产业链的 6 大应用工科专业集群；实施"行业企业+专业"协同育人计划，校企合作基本覆盖所有学科及主干专业，每个专业都有校企合作教育项目；与常熟市共建"产业经济创新创业教育学院"；创新"行业学院"校企合作机制与人才培养模式，通过省市共建、校地互动，与地方政府、行业企业共建了光伏科技学院、电梯工程学院等多个行业学院，与行业企业深度融合、协同育人。

（五）中国新型大学是创新性的大学

当前，我国经济社会发展到了新阶段，创新驱动发展战略的实施，创新引领发展已经成为时代的最强音。各国都在寻找科技创新的突破口，抢占未来发展的先机。以知识资源为基础，以创新能力为核心的国家之间的竞争格局正在形成。各国战略选择都是聚焦在大力培养创新型人才，提升国家创新能力上。高等教育是创新的第一动力，在创新型人才培养与国家创新能力提升方面都发挥着重要作用。

把新建本科院校办成新型本科院校的"新"，不受学校新建时间的影响，关键是要以创新精神、创新思维、创新方式、创新路径、创新举措办新型大学，创新就是要不为传统与世俗所约束限制，重在办学理念、文化精神、体制机制上的创新，重在发展模式、发展路径、实施举措上的创新。柳友荣教授指出，"新型大学是一个需要我们不断传承创新、僭越的富有生命力的范式，它是客观存在，不以现实为规制，不以意识的疆域所局限，反映着一次次对传统大学模式的突破"，"新型大学既是应用型高等教育发展的目标，又是过程和结果，是新理念、新道路、新模式和新经验的有机统一。新型大学的发展历程一定是一个充满保守与创新、外部与内部、传统与变革的不断交织的过程"（柳友荣，廖文秋，2017）[17-29]。

因此，新型大学要践行创新驱动发展战略，积极融入产业转型升级，积极融入以企业为主体的区域、行业技术创新体系，通过科教融合、产教融合、校企合作、协同创新，加强技术积累；要以解决生产生活实际问题为导向，广泛开展科技服务和应用性创新活动，提升服务区域发展的应用研究和技术创新能力；要推进制度创新与机制改革，创新人才培养机制，以此为新型大学的支撑条件与重要保障；要深化创新创业教育，建立开展创新创业教育的平台与机制，开设创新创业课程，强化创新创业意识和能力训练，推动专业教育与创新创业教育的有机结合；要建立创新创业基地，聘请有创业成功经验的人才担任兼职创业指导教师，为大学生创新创业提供综合服务；要将最重要的创新体现在应用型人才培养模式的创新上，坚持以成果导向教育（OBE）理念引领应用型人才培养教育教学改革，创新人才培养模式，形成人才培养模式多元化格局。概言之，新型大学要以创新发展推动教学水平、科研水平和创新能力、成果转换能力、服务社会能力的全面提升。

（六）中国新型大学是高成长性大学

与老大学发展到一定阶段可能常见的"天花板效应"不同，新型大学没有预设预定的、一成不变的模式，具有不可预知的高涨幅和不可限量的成长空间。新建本科院校的自然成长期、新兴高校与地方及其产业的高契合度、新型高校的"四个新"的主要特质，决定了新型大学具有高成长性。可以说，新型大学是高成长性大学。所谓高成长性大学一般指那些在较长时期（如5—10年或以上）内，发展速度快、具有高增值能力、能够带来较大的社会效益和品牌效应的大学。

如果这些高校立足应用型的办学定位，定型、建型、强型，变问题、困境等不利为机遇，化新建、后起等弱势为优势，完全有可能在国内外同类型院校中办出特色、创出一流，英国华威大学等欧洲创业型大学成功的案例与奇迹给中国新型大学的未来发展以无限想象的空间和豪情满怀的自信，也让我们深切感受到了新型大学高成长的价值与魅力。

国外创业型大学从劣势转到优势、从小到大的发展历程，非常清楚地说明了办学质量决定了大学的成长性，大学的高成长性是新型大学最大的魅力之一。新建本科院校的生命周期、办学定位、办学基础、学科专业结构、区域产业形态、发展模式和领导核心与管理团队等等，在很大程度上影响并决定了新型大学具有高速成长的基因。高成长公司所具有的一些特征也给新型大学成为高成长性大学启示：一是学校发展目标明确、重点突出、主攻方向明晰，将资源、资金集中在"专门的市场、专门的产品或提供特别的服务和技术"，这样可以形成特色，确保在日益激烈的竞争中保持优势。二是大多数成长性好的大学首先应当主动关注和积极跟踪产业进步、技术革命和社会变革，对接区域产业结构，特别是国家支持、社会需要或紧缺、对老百姓的生产生活有帮助的行业前景好的朝阳行业，主动调整学科专业集群布局，使"产品和技术投入的市场"具有美好灿烂的发展前景。三是高成长性大学不要片面追求扩大规模，正如高成长性企业"应该在小规模或股本结构不大的公司中寻找"一样，要坚持小的是好的、小的是优的品牌发展战略，真正务实地抓好内涵建设，促进内涵式发展。四是高成长性大学应当花大力气进行新技术研究和创新。华为公司的高成长性就是建立在大力发展新技术研究和创新上，不断开发新产品，以适应市场需求。把研究发展新技术和培育新优势放在重要地位，大学才有能力超越竞争对手，自立于不败之地。

中国新型大学的高成长性还体现在这些大学具有很好的发展未来和前景：一是新型大学面临新的发展机遇，既是社会发展急需与世界潮流所趋，又有国家政策支持、主管部门强力推进与合格评估引领；二是新型大学面向新的发展愿景，"学校社会贡献度和国际影响力不断提升；地方政府对学校的依靠和支持不断增强；人才培养模式和创新创业教育特色彰显；专业学位研究生培养形成了体系和规模；人才培养质量获得社会和学生满意"（教育部高等教育教学评估中心，2015）[147-151]。

综上对中国新型大学新样态的描绘，可以说，"应用型"是中国新型大学的办学类型定位，"高水平"是中国新型大学的发展目标定位，"多样性"反映了中国新型大学的院校群体生态特征，"有特色"符合中国新型大学的院校发展战略要求，"开放型""创业型""创新性"体现了中国新型大学的发展理念、发展道路、发展模式、发展路径特征，"高成长性"则描述了中国新型大学的未来发展空间生态特征，这些特征共同形成或勾画了中国新型大学院校群体的新样态与新形态。

面向未来，我们必须牢牢把握中国新型大学的"应用型"定位不动摇，必须牢牢把握中国新型大学的新特质不动摇，必须牢牢把握中国新型大学的新样态、新形态的特性不动摇，始终坚持"产教融合、校企合作、工学结合"的战略路径，始终坚持立足中国特色和高校实际深入研究、积极探索。我们预言并相信中国新型大学一定会成为"世界高等教育的一种新类型、新范式"（教育部高等教育教学评估中心，2015）[152]，中国新型大学建设也一定会成为中国高等教育史上一场具有深远意义的重大变革。

参考文献

顾永安. 2015-06-18. 新建本科院校转型不能"一刀切"［N］. 中国教育报，第一版

顾永安. 2016. 转型视域下新型大学内部管理体制改革的思考［J］. 应用型高等教育研究（1）：27-32

顾永安等. 2012. 新建本科院校转型发展论［M］. 北京：中国社会科学出版社

教育部高等教育教学评估中心. 2015. 新型大学新成就：百所新建院校合格评估绩效报告［M］. 北京：教育科学出版社

刘晖，李晶. 2017. 省域高水平大学建设政策：历史演进与价值选择［J］. 高等教育研究（3）：31-36

柳友荣，廖文秋. 2017. 新型大学："型"在何处［J］. 重庆高教研究（4）：17-29

王建华. 2013. 高等教育的应用性［J］. 教育研究（4）：51-57

王小梅. 2016-09-23. 理性对待我国大学"同质化"问题［N］. 文汇报，第 7 版

徐高明. 2017. 省域高水平大学建设的体制机制创新与存在的问题［J］. 高等教育研究（3）：37-44

作者简介 顾永安，常熟理工学院人文学院院长、应用型院校研究中心主任，中国高等教育学会院校研究分会应用型院校研究中心主任，教授，硕士生导师。研究方向为地方本科院校转型发展和应用型本科教育研究。

University/College Research Branch in Higher Education Academy of China

Gu Yongan

Abstract: Now the focus of educational authority and researchers has shifted from the time of a newly-built university/college to its traits. The newly-built application type universities/colleges share the following four traits: new historical mission—to serve the local economy; new university/college spirit—participant construction; new quality standards—social standards orientation; new education model—a co-development of industry, universities/ colleges, and research institutions. Basing on these traits, newly-built application type universities/colleges will presumably develop into forms of sophistication, a featured variety, business starter, open type, initiation, and fast development.

Keywords: newly-built universities/colleges, new type of universities/ colleges, application orientation, new traits, new forms

基于"知识分工"的复合共治：
我国大学内部治理转型

孙　芳

摘　要：治理是应对"管理失灵"的有效策略，但随着高等教育的发展以及囿于治理自身的缺陷，大学正面临着内部"治理失灵"危机的困扰。在高等教育普及化时代越来越近的当下，这一现象尤为明显且原因纷繁复杂。要实现"双一流"的建设目标，就必须寻求一种机制上的转型以应对此困境。复合共治是在大学共同治理基础上形成的一种更趋完善的机制，它以"知识分工"作为权力结构设定的理性基础，从理念、制度、主体和机构等方面为大学内部治理转型提供了新的理论框架和实践路径。可以说，该机制更契合现代大学的组织属性，既保证了内部治理的灵活性，又免于陷入权力纷争的不利局面。

关键词：复合共治　大学内部治理　知识分工　转型

我国高等教育的毛入学率已超过 40%，正在快速地接近普及化标准。到 2030 年，我国大学所面对的组织规模越来越大、系统复杂性越来越强、主体参与越来越多样化等挑战越来越严峻。"大学治理"作为应对当下管理危机的权力关系协调手段，到时也会因上述原因及自身无法避免的缺陷而无法再实现保护和强化高等教育本质的目的，不但不能缓解种种危机，反而要面对以"失灵告终"（鲍勃·杰索普，2014）的不利局面。

一、我国大学内部治理失灵

我国大学内部治理失灵，既存在"结构性"问题，又存在"机制性"

问题。前者以"权力结构失衡"为特征；后者以"运行机制无效"为代表。两种问题在实践中并非泾渭分明，常常交织在一起，复杂难辨。

（一）我国大学内部治理失灵的表现

在我国大学从管理到治理的制度变迁过程中虽然有真正的变革，但更多是旧理念的"重新包装"（让-皮埃尔·戈丹，2010）[77]。这导致新思想难以发起行动来解决问题，甚至会粉饰现实乃至掩盖问题，使"治理"成为一种政治修辞，失去了其理论和实践的价值（王建华，2015）。首先，就我国大学内部而言，"治理失灵"表现在组织结构至今仍生搬硬套一般行政机关的科层制，权力始终自上而下地集中在行政管理人员的手中，在招生、课程、教学、学科学位和人事制度等方面学术权力的作用几乎被全面遮蔽。该做法造成知识组织中智力资源不断流失，最终可能严重阻碍大学的发展。其次，尽管"党委领导下的校长负责制"是与我国国情相符合的领导体制，也确实为我国大学组织发展起到了"保驾护航"的作用，但由于在《高等教育法》和"大学章程"等相关法规制度中都没有对二者的权责进行厘清，实践中"权力争夺，责任推诿"的尴尬现象就屡见不鲜。再次，大学内部法治程序确实，各种权力主体面对规章制度中的原则性规定无从下手、无所适从（许慧清，2014），要么僭越自身职权"越俎代庖"，要么沦为被动的执行者，能够有序行使自身权力的主体反而成了少数。事实上，现代大学内部存在多少种"职业"，治理就需要考虑到多少种要素，权力结构和运行机制要尽可能高地具有"包容性"和"灵活性"。党政管理人员、教授、普通教师和学生都是内部核心利益相关者，任何一方权力主体式微，都是对治理的片面化的认识（周作宇，2017），并最终导致失灵危机的出现。

（二）我国大学内部治理失灵的主要原因

治理失灵困扰着现代大学的组织发展，要更深入地破解这一困境，就必须先探寻问题的成因。当治理被视为一种权力的协调方式时，其工具理性的预设也注定了自身的局限性。对于现代大学而言，治理失灵的成因分析可以从这样的质疑出发，即：不同主体究竟基于什么发出维护自身利益的声音？是什么决定了声音的大小？依据组织属性，上述问题的答案无疑是"知识"。由于知识具有异质性、流动性、默会性和内生性等特征，作为知识型组织的大学，其治理权力结构和运行机制的建构必然是充满智力纷争的社会活动。在现有的治理模式中，无论是"学会型""科层型""政治型""有组织的无政府型"还是"控制整合型"，都仅将知识作为一种生成权力的隐形资源，所起作用被窄化和淡化。作为关键性合法要素地位的认识不足导致掌握不同知识的权力主体之间冲突不断，这也正是治理失灵的根本性原因。除上述共性原因外，我国大学内部治理失灵还存在一些特殊原因。例如，"外部治理矛盾向内部治理延伸""内部治理路径依赖性过强""治理策略仅是符号性、象征性的，主体并不想或是无法实现规则（尤其是大学章程）的要求"，等等。

反思"知识"对现代大学治理的意义是解决治理失灵问题最基本、最富有理论色彩的方式，但事实上，相关研究较少聚焦于此（Goumport，2002）[7]。面对组织中知识日益专门化的现实，部分主体长期难以参与公平的博弈会导致治理成为一项始终"未完成的设计"（于尔根·哈贝马斯，2011）[1]，那么，大学发展的速度越快，越会遭致更多的批判。

二、复合共治：应对大学内部治理失灵

作为知识生产和消费的组织，现代大学治理可以通过"复合共治"来将静态的权力结构和动态的运行机制进行协同，进而实现主体权力效用的提高。这是一种应对内部治理失灵的切实改进，而不是某种"时尚"的流行。

（一）复合共治的内涵与特征

复合共治是以共同治理为前提，以共同利益为基础，各个主体以不同的方式主动寻求协商合作，主动承担职责的有效运行和互动模式。该模式的主要特征包括：第一，主体由多个利益相关者构成，并具有自觉性和主动性。第二，协商合作关系具有多维度性，可以通过对话及时化解矛盾和风险。第三，具有可持续性。对于大学这种具有学术和科层双重属性的"底重机构"而言，复合共治包含"按知分配"的隐喻，即以知识资源的

占有、配置、开发和使用为分配权力的核心要素，并以此衡量主体价值。因此，其治理效果受到主体所掌握的知识资源的影响。由于各个主体所掌握的知识资源具有不完全性，现代大学内部治理权力结构和运行机制可以看作是由"党委权力""行政权力""学术权力"和"学生权力"四部分要素构成。其中，知识片断构成的任何单一权力形式都无法实现善治的预期目的，只有彼此进行协作（共享、整合、重组与激活），才能最大限度地发挥出主体的作用（盛洪，1992）[213-215]，使整体效益大于部分效益总和，形成系统效应。

（二）复合共治的优势

复合共治模式下，大学内部治理失灵问题的处理可以通过集体行动的层级转化来实现。在每一层级中，主体所建构的问题是不同的，高层级行动主体对问题的建构影响到低层级中行动主体对目标的选择以及如何对问题进行建构；较低层级所要处理的问题正是较高层级达成目标的手段；所有层级中的问题构成了一个系统，这些问题相互关联，对某一问题的处理往往涉及其他层面的问题（杨涛，2014）。其优势在于，它一方面允许所有成员针对矛盾冲突表达看法，另一方面会根据问题的特殊性，选取特定人员参与权力行使，通过广泛而持续的沟通来消除群体的偏好差异，建立成员间的信任关系来保证共享和共治的实现（Heaney，2010）[69-79]。这样一来，即使治理主体的出发点、自身利益及价值观并不完全相同，但本着共同的目标，他们会在自觉自愿、互惠互利基础上，调整自己参与治理的方式，以期取得最佳的治理成效。

基于复合共治模式的内涵、特征及优势，要更好地实现其作用就应该突破当前治理中权力主体各自为政抑或是简单整合的局面，以便权力结构和运行机制统一到同一种"分工"的标准中来，增强主体博弈与合作的公正性。

三、知识分工构成复合共治优势之基

"知识"是有理性的实体为了一定的目的而进行的能力之创造（康

德，2002）[65]。大学组织正是在追求知识的过程中产生的，知识已经成为现代大学中最为直观和最具有辨识度的"基因"，不同主体参与复合共治都要以此互为情景来实现分工协作。

（一）知识分工是一种有张力的理论框架

"知识分工"源于哈耶克对"劳动分工"和"社会分工"的创造性发展。它是指组织中主体通过不同方式获得知识，并据此形成特定决策与行动，生成组织发展秩序的过程。在此过程中，主体依据自身所掌握的社会知识总量中微不足道的一小部分知识生成参与组织治理的能力。每个主体都是一个知识向量，发展方向相同的向量集合而成为"知识元"。一个知识元与其他知识元联合，形成完成治理任务所需要的"知识束"。其中，相同或相似作用的知识元组合在一起，形成结构性知识束，如组织中设置的传统职能部门；不同作用的知识元组合在一起，形成功能性知识束，如组织中的团队（方统法，2004）[188]。结构性知识束表现为纵向权力的垂直流动，治理主要通过上下级之间的行政指令、制度规范来完成；功能性知识束表现为横向权力的水平流动，治理主要通过不同主体之间对话、协商等手段来实现。横纵权力关系网络中，促进不同主体利益动态均衡的策略和方法即可视为善治的机制。简言之，在知识分工框架下，权力主体以自身所具有的相对优势耦合成复合共治模式，超越了原有共治模式那种简单叠加的效用，治理秩序更趋完善。

（二）知识分工是一种有操作性的实践路径

知识作为现代大学教学和科研工作的"基本材料"，广泛地涵盖具有普通意义的"理论认识知识"、针对特殊工作需要具有信息和技能意义的"职业知识"及增进方法培养具有批判性思维和评价能力的"方法概念知识"，后两种又可以统称为"公共知识"。"理论认识知识"遵循合理性原则，以知识的内部逻辑为标准；"公共知识"遵循合法性原则，以知识满足外部要求的实用性为标准。现代大学场域中，党政管理者行使职权凭借的主要是"公共知识"，学生维护自身权力多依赖"理论认识知识"，而教师权力的实现兼具上述两种属性知识的作用（伯顿·克拉克，1994）[12-16]。可以说，知识分工为不同主体在复合共治中实现自身权力提供了目标和介入技术，有利于他们形成更精准的参与定位，充分发挥出自身的治理能力。不仅如此，知识分工作为复合共治模式的一种高度操作性实践路径，它还能够同时反映出现代大学治理关于认识论哲学和政治论哲学的双重要求。

知识分工实现了大学内部治理权力从分散向秩序的转换，使组织中不再存在任何单一垄断的公共权威和完全的控制力，而是每一主体的权威均含有"自治"的底色。这意味着，不同主体由于在复合共治中分工不同，可以行使不同的权力，并承担起与权力相符合的责任，借此来缓解与其他主体之间的代理矛盾，这意味着每个主体都有责任，虽然可能并不表现在每个治理阶段。当主体在重要的治理措施中意识到自身的"分工"，就会自然而然地形成一个避免大学内部治理失灵的"安全阀"。

四、知识分工逻辑下大学内部复合共治的实现策略

知识分工型塑着复合共治，同时也被复合共治所型塑。二者相互彰显着对方的运作逻辑，将原本在共同治理中被忽视的主体纳入到权力结构和运行机制中来，并通过主体间的深度合作形成善治秩序的涌现。

（一）从广泛"赋权"理念走向合理"分权"理念

现代大学成为"学术—行政共同体矩阵"后，外部赋权就成为内部治理的主导思想。这种"赋权"表面上看拓宽了组织的权力空间，但它只是一种"治理术"（govern-mentality），不同主体在治理中常常陷入权力关系维持和再创造的困境（Bragg，2007）[343-358]，运行机制也会落入僵固文化和认识的窠臼（Cook-Sather，2002）[3-14]。以现代大学治理最常见的"学术权力"和"行政权力"这一基本矛盾为例，赋权没有对学术主体和行政主体的职权进行明确的区分，二者不仅冲突，还纠合而成"行政权力学术化"和"学术权力行政化"等更为复杂的问题。知识分工下的分权化解了赋权中将不同主体利益目标绝对对立的假设，主张根据知识的交叉来认识主体利益目标的一致性，并最终实现整合与协调。在复合共治模式中，主体由于扮演了特定的治理角色而能够"各司其职、各负其责"，分权既避

免了单一权力的垄断，又避免了组织的四分五裂，更好地回应了治理现代化的诉求。

（二）将知识制度融入大学章程

复合共治模式中的主体经过知识分工后，其权力的行使会反映出不同的价值取向，要使它们成为一个闭合的回路，需要借助一定的知识制度作为载体，而且将此制度纳入大学组织治理的"宪章"——大学章程之中。知识制度（朴雪涛，2007）[3] 和大学章程可以视为一个同构的过程。大学章程是知识主体基于所参与活动的性质和自身需要，经过长期博弈而自然演进或人工制造的知识生产与再生产规则系统的档案文本。知识制度不是两个名词简单的叠加，而是两种变量的复合，它确立了章程中组织治理的内核。大学章程将治理权力锁定因知识分工而具有比较优势的不同主体之中，并且通过信念化、行为化与效力的话语陈述（尹建锋，吕晓燕，2016）[76-82]，确保内部治理始终在制度化的轨道之中，而不会使之成为政治、经济的附庸而失去组织的本质精神。

（三）以知识分工突破权力主体的区隔

任何一个主体都会认为自己具有的是"强大知识"，对于组织治理而言具有更高瞻远瞩（Wheelahan，2007）[637-651] 的意义，但实践中形成了"强主体"与"弱主体"的意向性区隔。这导致现代大学治理中的一部分事物受到关照，而另一部分暂时不予顾及，"事务性部门"和"学术性部门"就是这种逻辑下的安排，二者之间的界限和壁垒难以逾越。我国大学中的党政管理者属于事务性部门，由于外部的赋权而成为明显的强势权力主体；教师和学生属于学术性部门，相对地处于弱势主体地位。而教师中具有行政"双肩挑"职务或是学术委员会成员身份的教授地位要明显高于普通教师，就是普通教师与学生之间也不存在必然的合理分权关系。知识分工重新定义了权力主体（Bryson，Crosby，1992）[55]，解构了原有的"强主体—弱主体"依附关系，进而突破了治理的区隔。主体根据自身的知识禀赋渗透到各种资源之中，沿着一定的专业方向获取和积累参与组织治理的权力，他们之间的互补性要求形成均衡的结果——激活"交往共识"的图式以实现决策的最优化。具体来说，党政管理者依据岗位所需的专门知识开展工作；教师依据学科知识进行教学和科学研究；学生围绕"理论认识知识"安排学习，这样的复合共治一方面竭力维护了核心主体权力的有效性，另一方面提供了主体间话语竞争的机会及更多的治理选择。

（四）构建强有力的复合共治委员会

对于复合共治模式而言，"知识分工"实现主体间权力协调（哈耶克，2003）[77]的同时，也会带来知识共享意愿的降低，异质性知识的分散等一系列增加组织治理成本的问题。因此，现代大学仍需要一个"强有力的驾驭核心"——复合共治委员会来应对更加迅速、灵活和集中的反应需求（伯顿·克拉克，2003）[4]。该委员会使大学内部分散的治理者在一个具有权威性的协调中心下行动，形成一个可以相互沟通的网络化截面（图1），以消解他们之间绝对自由与绝对服从的两难选择，从系统上实现权力作用的整合。与现有治理模式中"权力从组织的高层扩散到基层，从一个主体转移到另一个主体"的控制方式不同，复合共治委员会并不追求主体地位的完全对等，而是根据其所掌握的知识来分别承担任务，再经过协调实现权力的复合化。因为该委员会的合作协定既有正式的，又有非正式的，所以"信任"就成为主体之间最重要的介质——信任度越高，权力复合化的程度就越高，治理效果也就越好。

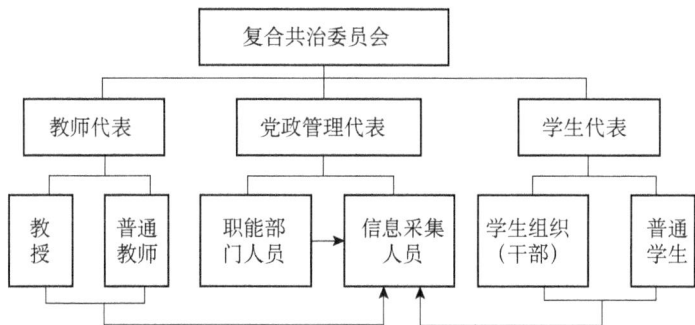

图 1　现代大学复合共治委员会组织结构平面图

总之，以"知识分工"为理论基础和实践框架的复合共治模式为现代大学内部治理找到了一种新颖而特殊的"注脚"，能够回答"为什么治理、谁治理、治理什么、如何治理"等问题，进而有效应失灵的问题。面对 2030 年我国高等教育普及化的大趋势，大学治理要想实现现代化，其内部就必须从一般共治向复合共治转型。在此过程中，不同主体的知识会得到进一步修正、更新和共享，其权力会实现调整、分化和整合，而组织整体上则会形成更为合理的治理结构和更富于秩序性的治理机制。

参考文献

鲍勃·杰索普. 2014. 治理与元治理：必要的反思性、必要的多样性和必要的反讽性 [J]. 程浩译. 国外理论动态，（5）：14-22

伯顿·克拉克. 1994. 高等教育系统：学术组织的跨国研究 [M]. 王承绪等译. 杭州：浙江教育出版社

伯顿·克拉克. 2003. 建立创业型大学：组织上转型的途径 [M]. 王承绪译. 北京：人民教育出版社

方统法. 2004. 组织设计的知识基础论 [M]. 上海：复旦大学出版社

哈耶克. 2003. 个人主义与经济秩序 [M]. 邓正来译. 北京：生活·读书·新知三联书店

康德. 2002. 判断力的批判 [M]. 邓晓芒译. 北京：人民出版社

朴雪涛. 2007. 知识制度视野中的大学发展 [M]. 北京：人民出版社

让-皮埃尔·戈丹. 2010. 何谓治理 [M]. 钟震宇译. 北京：社会科学文献出版社

盛洪. 1992. 分工与交易：一个一般理论及其对中国非专业化问题的应用分析 [M]. 上海：上海三联书店出版社

王建华. 2015. 重思大学的治理 [J]. 高等教育研究，（10）：8-13

许慧清. 2014. 复合共治视域下大学治理体系建构 [J]. 教育发展研究，（7）：18-22

杨涛. 2014. 从自主自治到复合共治的逻辑演变 [J]. 云南行政学院学报，（2）：29-34

于尔根·哈贝马斯. 2011. 现代性的哲学话语 [M]. 曹卫东译. 南京：译林出版社

尹建锋，吕晓燕. 2016. 变迁中的大学知识范式和权力：西方大学章程的历史演变及其启示 [J]. 高等教育研究，（8）：75-83

周作宇. 2017. 微观政治：大学治理中的一个特殊场域 [J]. 清华大学教育研究，（3）：14-25

Bragg S. 2007. "Student voice" and governmentality：The production of enterprising subjects? [J]. Discourse，28（3）：343-358

Bryson J M, Crosby B C. 1992. Leadership for the common good：Tackling public problems in a shared-power world [J]. Jossey Bass Publishers，（2）：278-279

Cook-Sather A. 2002. Authorizing student's perspectives：Towards trust, dialogue and change in education [J]. Educational Researcher，31（4）：3-14

Goumport P J. 2002. Academic Pathfinders：Knowledge Creation and Feminist Scholarship

［M］. London：Greenwood Press

Heaney T. 2010. Democracy，shared governance，and the university ［J］. New Direction for Adult and Continuing Education，（128）：69-79

Wheelahan L. 2007. How competency-based training locks the working class out of powerful knowledge：A modified Bernsteinian perspective ［J］. British Journal of Sociology of Education，28（5）：637-651

作者简介｜孙芳，哈尔滨师范大学教育科学学院副教授、硕士生导师。

Compound Co-governance Based on "Division of Knowledge": Internal Governance Transformation of Universities in China

Sun Fang

Abstract：It is an effective strategy of governance to deal with "management failure". But with the development of higher education and the limitation of governance, modern universities are facing crisis of "internal governance failure". For the era of higher education popularization's coming, such phenomenon is more obvious than before, and its reasons are complicated. To achieve the goal of "Double First-Class" university, we should seek a mechanism to cope with this dilemma. The compound co-governance is better than original treatment. It makes use of "division of knowledge" as rational foundation to set power structure that provides a new theoretical framework and practice path for universities internal governance transformation in the aspects of ideas, systems, subjects and institutions. In brief, "division of knowledge" is coordination of power in compound co-governance, it fits the organizational nature of modern universities. It ensures the flexibility of governance and avoids the unfavorable situation of power disputes in university.

Key Words：compound co-governance, internal governance of university, division of knowledge, transformation

高校教育教学

弱势中的亮光：农村大学生的公益投入①

牛新春　郑雅君

摘　要：公益实践作为培育学生社会责任感与公共道德的核心教育实践，是高等教育的题中之意。然而现有的竞争性理论和有限的实证结论却使我们难以推测大学生公益投入在家庭背景上的群体差异，差异成因更是不得而知。本研究使用解释性混合研究方法，基于部属××大学 2014 级本科生跟踪调研数据和 6 个农村学生的深度访谈，试图从城乡差异的角度回答此问题。定量分析发现：①公益类社团是城乡学生大二阶段投入时间最多的学生社团，农村学生（尤其贫困定向学生）的投入程度显著更高。②"帮助困难中的人群"的同理心是城乡学生积极投入公益社团的一个重要原因，但却不足以解释农村学生的高投入。深度访谈从参与契机角度进一步探究农村学生高投入的缘由，并通过扎根理论方法发展出一个新制度主义视角的解释：农村学生比城市学生在社团参与方面具有更强的外部环境依赖性，而××大学的社团配置、校园文化环境与特殊制度设计有效地将缺乏方向性的农村学生"拉"入公益社团。本研究因此提出一个农村学生公益社团高投入机制的概念框架，为高校德育与促进弱势学生发展的政策举措提供了启发。

关键词：公益投入　学生社团　农村学生　混合方法　新制度主义视角

一、公益实践与青年成长——被忽略的紧迫议题

在贫富分化日益加剧、自由市场大行其道的当代"祛魅"社会，大学

---
① 基金项目：2016 年国家自然科学基金面上项目（71673054）

被各国学者视为维系社会整合与塑造公共道德的最后阵地（Gourley，2012），志愿服务与公共参与遂成为大学教育中不可或缺的重要组成部分。在我国，通过公益实践来促进青年成长同样是当前亟待研究的议题。高校思想政治教育在当前的新媒体传播时代遭遇巨大挑战（汪頔，2010）[71-74]，大学生知行脱节的现象并不鲜见（王腾，2007）[25-29]，北京大学钱理群教授更是尖锐地指出国内精英大学正在培养一些"精致的利己主义者"。当前，《国家教育事业发展"十三五"规划》对落实立德树人的根本任务提出了进一步的部署：将实践教学作为深化教学改革的关键环节。志愿服务、公益活动等实践活动，已经作为一种重要的实践教学改革形式被明确写入了"十三五"规划中。

然而，目前国内高等教育领域已知的研究结论尚不足以对大学生的公益实践行为提供稍微深入的认识。弱势背景学生大学期间的公益实践投入是否显现出他们在广泛的社会性投入（social engagement）上所表现的一贯劣势？学生发展理论和心理学研究的理论推断截然相反，而已有实证研究则少有对大学生人群进行细分后的群际比较。这使我们难以做出有把握的推断，更无从理解结论背后的原因。

本文试图弥补这一缺憾，关注致力于培养国家未来领导性人才的研究型大学，以教育部直属的××大学为案例，使用跟踪调研数据揭示城乡大学生公益实践行为的差异，并采用混合研究方法（mixed methods）进一步探究城乡大学生公益投入差异背后的原因，以期对新形势下高校的德育工作与农村学生工作提供实证依据与政策意涵。

二、文献述评

（一）城乡学生谁投入更多？相互竞争的理论推论

来自优势家庭背景的大学生更愿意投入公益实践吗？在这一问题上，存在着两种竞争性的理论假设。一种源于高等教育领域的学生发展理论，例如，Tinto 提出的学生融入模型（integration model）（Tinto，1975）[89-125]，以及后来的学者提出的学生涉入理论（theory of student involvement）（Astin，

1984）[297-308] 与学生投入理论（theory of student engagement）（Kuh，1991），认为学生在有意义的社会交往与实践中的投入越多，越可能有积极的教育结果（Pascarella，Terenzini，1991，2005）。并且学者们基于经验证据普遍发现，来自弱势家庭背景的学生（简称"弱势学生"）的社会性投入比起优势学生来往往不佳（Pascarella et al，2004）[249-284]（Adelman，2004）。由于经济、文化和社会资本方面的局限，弱势学生往往不了解社会性投入的重要性或不知道如何投入（Pike，Kuh，2005）[276-300]，甚至总认为参与课外活动会耽误学习（Bergerson，2007）[99-119]。同样，国内学者也发现弱势学生过于看重课程学习，忽视社会性投入（张玉婷，2016）[88-97]。周华丽和鲍威（2014）发现农村大学生与城市生源相比，同伴互动和师生互动显著薄弱。鉴于上述理论共识，考虑到以公益社团参与、志愿服务多种形式为表现的公益投入（volunteering participation）是大学里常见的社会性投入形式之一，我们似乎可以得出社会出身优势者公益投入更高的推论。

不过，社会性投入这一范畴的研究共识对于理解其公益投入来说未必确切——尽管弱势学生总体上相对忽视社会性投入，但正因为来自弱势背景，可能更能体会困难人群的需要和处境，成为公益投入的中坚力量。正如卢梭在《爱弥儿》中讲到的同情心之原理：我们之所以会对某种现象产生同情，是因为这种现象有可能也会发生在我们身上，或者曾经发生在我们身上（曹永国，2015）[73-80]。心理学研究为这一假设提供了依据，有理论认为低阶层的人对环境有更高的觉察，对他人的依赖性更高，因而更容易关注身边人的需要，也更容易对旁人的痛苦抱有同情，因此比高阶层的人更慷慨、更可能有亲社会行为（Piff et al，2010）。基于全国性调查数据的分析发现，美国社会的低收入群体比中高收入群体在公益性的花费上投入更大比例（James，Sharpe，2007）[218-238]。国内学者许加明基于成熟量表的调查发现，农村大学生的利他主义和集体主义价值观倾向显著高于城市学生（许加明，2006）。虽无直接实证依据，我们却可以得出一个与前述推论针锋相对的一个假设：弱势学生更倾向于投入公益实践。

因此在城乡大学生谁更为投入公益实践的问题上我们难以做出确定的理论推论。遗憾的是，很少有学者实证分析国内大学生家庭背景及其公益投入差异，两种理论推论均缺乏验证。而其他国家的实证结论也并不一致，Walpole 的研究发现，美国不同社会阶层的大学生在志愿服务参与上未见显著差异（Walpole，2003）[45-73]；Egerton 基于英国青年的调查数据发现，弱势学生的公益投入并非更高，出身于专业人士家庭的学生比出身于体力劳动者家庭的学生参与各项公共事务的比例都显著更高（Egerton，2000）[603-620]。考虑到二元城乡户籍是衡量我国家庭经济背景的关键指标之一，本研究的首要任务就是回答"城乡学生谁投入公益更多"的问题。

（二）为何投入公益？尚不充分的个体动机解释

关于大学生投身公益实践的原因，目前文献主要从心理学视角出发的个体动机解释，这些解释又可分为心理特质驱动解释和自利的理性驱动解释两类（Wilson，2000）。前者的典型解释性概念包括个人的同情心、性格特质、价值观/道德感等，后者涉及公益投入的心理报酬、潜在的资源获得与能力增长等。例如，Fitch（1991）发现抱有乐善好施的人际价值观的大学生会对投入公益更多；不少学者还发现大学生的公益投入与学生的利他型人格特质（Atkins et al，2005）[145-162]、同情心与道德水平（Davis et al，1999）[469-503]、政治道德与公共参与感（Hart et al，1999）有关。不过，社会大学生的公益投入也不一定出自利他的动机，自利解释将公益投入看作一种权衡得失之后的理性行为。Fitch 也发现大学生参与公益的最主要动机是他们自身获得的精神利益，即"从公益中获得快乐"（Fitch，1987）[424-431]。吴鲁平（2007）基于大学生访谈，分析总结了三类参与动机：以责任感为轴心的传统性动机、以发展为轴心的现代性动机、以快乐为轴心的后现代性动机。龙永红（2015）也认为获得乐趣和体验是大学生参与志愿服务的首要动机，不过随着参与程度的加深，社会责任感会逐渐成为其公益投入的动力。

上述解释为我们理解大学生的公益实践行为提供了不可或缺的重要参考。不过，从社会学的视角来看，上述出于个体主义方法论的解释仍然是不充分的——并未考虑到影响（甚至是塑造）大学生公益投入的文化与制度环境之影响。其实心理学家并非没有意识到环境因素对学生公益投入的影响，已有不少学者发现了父母的公益投入行为、良好的家庭关系，以及在亲社会组织内的成员资格都与高公益投入相关联。但考察的焦点仍然建立在个体主义方法论之上，我们仍然对地区、学校、社区层面的组织特征如何影响了大学生的公益投入知之甚少。正如社会学家 Wilson 在《美国社会学年鉴》上的呼吁，对环境效应（contextual effects）的探索已经成为公益行为的解释理论中最薄弱的一环（Wilson，2000）[215-240]。例外的研究有，有研究者发现在控制了个人特征的情况下，在鼓励社区服务的学校上学的学生更倾向于参与志愿服务（Sundeen，Raskoff，1994）[383-403]；还有研究者发现，就读于有浓厚宗教倾向的私立大学的学生，比其他类型大学的学生在社区服务上投入更多（Serow，Dreyden，1990）。

可见，城乡大学生公益投入的差异不仅缺乏有实证依据的基本结论，关注制度环境的机制解释更是缺乏。因而本研究的第二个任务是：在统计结果的基础上，通过深度访谈探索能够解释这种差异的机制，揭示造成这种差异的制度环境因素，并提供一个理论性的解释框架。

三、研究设计

解释性混合研究设计（sequential explanatory mixed methods design），即在一个研究中将定量数据收集与质性分析过程联合起来，并且定性数据收集和分析阶段通常在定量阶段之后。定量和质性两种方法一般被认为源于两类不同的认识论和本体论范式，但越来越多的当代研究者开始接受建立在方法论折中主义之上的混合研究方法作为第三大研究范式（Johnson，Onquegbuzie，2004）[14-26]，认为研究者可以根据具体的研究问题和目标选择不同的方法来搭配理解他们的数据（Bergman，2008）。本研究出于自身的研究目的，将二者进行了联合：定量分析阶段优先检视研究中核心变量之间的关系，质性分析阶段则对定量研究结果中浮现的非预期结果进行更细致的检验、解释和说明（Creswell，2005）。

定量阶段基于教育部直属××大学 2014 级学生的跟踪调研，该调研旨在了解学生的大学生涯中的发展轨迹。跟踪调研可以清楚确立学生的早期行为态度如何影响之后的选择和结果。具体来说，本研究定量分析试图回答以下问题：

1）学生的公益社团投入倾向如何？城乡学生有怎样的差异？

2）城乡学生的人生价值观如何解释其公益社团投入？

接着，在量化分析结果的基础上，质性分析访谈则旨在从 6 名典型的高投入学生的个体经历中，在无理论视角预设的情况下，通过挖掘行动者的主体意义建构来理解定量分析中浮现出的非预期结果之形成机制。

质性阶段尝试对以下问题做出延伸性的解释：

1）为何出现城乡学生公益投入上的差异？

四、定量分析

（一）数据及重要变量

定量分析的数据来源为已完成的××大学 2014 级学生跟踪调研的一、二年级调研。调研于每年春季学期中实施。为保证农村学生群体的样本数和分析结果的可靠性，跟踪调研样本包括了全部农村学生，并对城市学生随机抽样。完成大一、大二调研的学生共 1060 位。考虑到样本的抽样设计，基于调研样本的分析使用样本权重以确保对 2014 级新生的代表性，样本权重设计考虑到分层不均匀抽样和填答率双重因素。

农村学生根据招生类别可分为三类：普通招生录取的农村学生（农村普招）、贫困定向学生（贫困定向）、农村定额计划招生学生（农村定额）。近年来，国家实施了一系列向农村、边远贫困地区的倾斜措施（余秀兰，白雪，2016）[22-29]。自 2012 年起，国家组织实施重点大学面向连片特殊困难地区的招生专项计划，这些学生称为"贫困定向学生"；2014 年国务院又特别要求部属高校、省属重点高校安排一定比例的名额专用于招收优秀农村学生，各重点高校为此设立了不同名称的农村定额招生计划来执行这一要求，这部分学生在本文中被称为"定额计划学生"。而倾斜政策下入学重点高校的农村、边远贫困地区学生是否有效利用重点高校的优质资源，关系到这类政策是否完全落实。

本文关注大二公益性学生社团的投入情况，调研问卷中具体问题为：

"大二这一年中，你花时间最多的社团是哪一种？"（没参加/学术性/社会公益/文化娱乐/体育健身/商业金融/其他）。学生大一参与社团带有盲目性和新鲜感，而到大二再做社团选择时，学生会基于时间、学业压力等各方面因素慎重考虑，社团参与反映了其兴趣和价值取向。已有文献（如龙永红，2015）和本研究的访谈都如此确认。

（二）描述性分析：城乡学生的公益投入

××大学 2014 级学生大一、大二跟踪调研的结果表明，城乡学生积极投入公益性活动，农村学生尤其贫困定向学生更是如此。

学生大二时花时间最多的社团为公益社团和文化娱乐社团（表 1）。然而，农村学生更为倾向于公益社团。大约 1/3 农村学生花时间最多的为公益社团，高于城市学生的相应比例，同时也远远高于农村学生参与文化娱乐性社团的比例（最高 15.8%）。

表1　2014级大二学生花时间最多的社团比例　　　　单位：%

	全体（N=1060）	定额计划（n=131）	贫困定向（n=165）	农村普招（n=152）	城市（n=612）
没参加	28.4	27.5	29.1	29.6	28.3
学术性	11.9	12.2	8.5	9.9	12.4
社会公益	20.9	*30.5*	*32.1*	*29.6*	18.0
文化娱乐	20.0	*10.7*	*15.8*	*13.2*	21.9
体育健身	11.6	11.5	12.1	11.2	11.6
商业金融	3.4	4.6	1.2	4.6	3.4
其他	3.9	3.1	1.2	2.0	4.4

注：学生数未加权，比例加权。三类农村学生参与社会公益社团的比例显著高于城市学生参与比例（至少 $p<0.01$）；斜体表明三类农村学生参与社会公益社团的比例显著高于其参与文化娱乐社团的比例（至少 $p<0.01$）

资料来源：××大学 2014 级学生跟踪调研，大一、大二调研数据

此外，值得指出的是，农村学生在有报酬工作上花的时间[1]显著高于城市学生，然而与此同时，农村学生在公益活动上花的时间也显著高于城

---

[1]　鉴于文章篇幅，学生时间使用分析结果未在本文呈现，读者有需要可联系索取结果。

市学生。大一、大二都是如此，再次确认农村学生公益投入程度高于城市学生。

考虑到农村学生家庭经济背景方面的弱势，这些学生花更多时间在有报酬工作上并不意外，然而他们花更多时间在公益活动上却令人意外。后文将在已有研究的理论探讨指导下，试图从反映学生价值观的大一时人生目标、初始参与原因契机入手，分析农村学生公益投入高的原因。

（三）描述性和回归分析：人生目标和公益投入

集中于大二公益性团的参与，我们试图分析学生人生目标和公益社团投入的关系。大一、大二跟踪调研数据表明，绝大多数学生认同"帮助困难中的人群"。"帮助困难中的人群"的同理心是城乡学生积极投入公益社团的一个重要原因，但对农村学生高投入的解释力很有限。

大一调研问卷中询问了一系列人生目标对于学生的重要性。超过一半学生认同"帮助困难中的人群"（图1）。并且，城乡学生人生目标认同基本没有差异，但认同"帮助困难中的人群"这一人生目标的农村学生比例高于城市学生比例。可见来自弱势家庭背景农村学生比起城市学生，对于困难中的人群更加抱有感同身受的同理心，这与前文心理学研究的结果似乎是一致的。

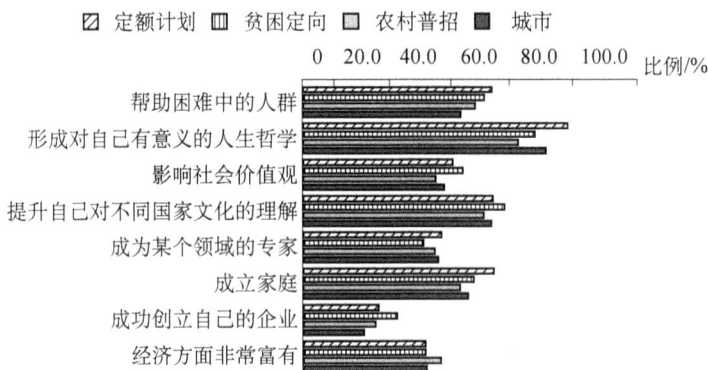

图1　2014级学生大一时人生目标的重要性比例

资料来源：××大学2014级学生跟踪调研，大一、大二调研数据

　　人生目标对学生的公益社团投入有明显的影响（表 2）。认为"帮助困难中的人群"这一人生目标至关重要/很重要的学生，公益社团投入比例最高；认为"成功创立自己的企业""经济方面非常富有"很重要的学生，公益社团投入比例最低。同时，认同"帮助困难中的人群"的学生参与公益社团的比例显著高于不认同这些目标的学生。认同"经济方面非常富有"的学生参与公益社团的比例显著低于不认同这些目标的学生。需要指出的是，贫困定向学生中，认同"帮助困难中的人群"的学生公益社团投入比例为37%，显著高于不认同这一目标学生的公益社团投入比例。

表2　2014级学生大二按人生目标认同的社会公益社团投入比例　（单位：%）

人生目标选项	人生目标的重要性：至关重要/很重要	全体（N=1060）	定额计划（n=131）	贫困定向（n=165）	农村普招（n=152）	城市（n=612）
帮助困难中的人群	同意	**23.5**	32.5	**36.6**	31.8	20.0
	不同意	**17.6**	27.1	**24.6**	26.6	15.8
形成对自己有意义的人生哲学	同意	**21.9**	31.0	31.0	29.1	*19.4*
	不同意	**16.8**	26.7	35.1	31.0	*11.9*
影响社会价值观	同意	22.8				
	不同意	19.2				
提升自己对不同国家文化的理解	同意	22.3		无显著差异		
	不同意	18.6				
成为某个领域的专家	同意	22.1				
	不同意	19.4				
成立家庭	同意	20.6				
	不同意	21.3				
成功创立自己的企业	同意	17.4	32.4	30.8	21.6	*13.1*
	不同意	21.9	30.0	32.5	32.2	*19.2*
经济方面非常富有	同意	**17.8**	**21.8**	26.5	25.7	15.6
	不同意	**23.1**	**36.8**	35.7	32.9	19.6

　　注：无显著差异的数据略去；学生数未加权，比例加权；斜体表明学生投入社会公益社团的比例有基于价值观认同的显著差异（至少 $p<0.01$）
　　资料来源：××大学2014级学生跟踪调研，大一、大二调研数据

　　我们使用逻辑回归模型进一步确认人生目标的差异对学生的公益社团投入的影响、城乡学生公益社团投入的差异。结果表明，认同"帮助困难中的人群"的学生投入公益社团的可能性显著高于不认同这一人生目标的学生，而认同"经济方面非常富有"的学生投入公益社团的可能性显著低于不认同这一人生目标的学生（表3，模型0）[①]。即使考虑了学生城乡户籍差异（表3，模型3）、并进一步考虑了学生的其他个人特征、教育期望、大一和大二学业表现[②]（表3，模型3），人生目标对于公益社团投入的影响依然显著，无论是系数大小还是显著性都基本保持不变[③]。

表3　2014级学生逻辑回归胜率（使用权重计算的结果；$N=1060$）

大二花时间最多为社会公益社团	模型0	模型1	模型2	模型3
人生目标（至关重要/很重要）				
帮助困难中的人群	1.60**		1.53*	1.48*
经济方面非常富有	0.63**		0.63*	0.65*
城乡（基础类别：城市）				
农村定额		1.99***	1.93**	1.93*
贫困定向		2.15***	2.09***	2.40**
农村普招		1.92***	1.93**	2.23**
个人特征				
性别、民族、独生子女、高中党员及班干部				
教育期望变量				系数略去
大一、大二学业表现				
GPA、挂科、院系排名				
F stats	4.98**	7.48***	6.01***	3.52***

注：不显著的系数略去；***表示$p<0.001$，**表示$p<0.01$，*表示$p<0.05$
资料来源：××大学2014级学生跟踪调研，大一、大二调研数据；学业记录数据

---

① 描述性分析显示三个人生目标对公益社团的参与有影响，然而考虑到可能的共线性问题，对"帮助困难中的人群""形成对自己有意义的人生哲学"进行了初步分析和筛选，发现"帮助困难中的人群"对于公益社团的参与影响更大。
② 学生学业表现数据来自学生学业记录。
③ 模型2结果表明女生显著比男生更为积极地参与公益社团，父亲务农的学生显著比父亲是管理职位的学生更为积极地参与公益社团，而大一挂科的学生参与公益社团的可能性则显著低。而高中是否为党员、班干部对公益社团的参与没有影响，学生的教育期望对公益社团的参与也没有影响。

结果还表明，三类农村学生投入公益社团的可能性显著高于城市学生（表3，模型1）。模型2纳入学生人生目标变量，定额计划学生和贫困定向学生（与城市学生相比）的胜率系数轻微下降，但城乡学生公益社团投入差异依然显著。这说明城乡学生同理心差异不足以解释其公益社团投入的差异。

简言之，回归分析的结果确认了"帮助困难中的人群""经济方面非常富有"人生目标显著影响学生公益社团投入，也确认了农村学生显著地更为积极投入公益社团。同时也表明"帮助困难中的人群"的同理心并不是农村学生比城市学生更为投入的主要原因，我们转向深度访谈探索背后的原因。

五、质性分析

（一）个案选取与访谈设计

前文数据分析结果表明，农村学生参与公益性活动更为积极，令人意外；同理心是农村学生投入公益活动偏高的一个原因，但解释力很有限。因此本研究集中选取于公益投入程度高的农村学生作为典型个案，以期对进一步理解定量结论的形成机制提供启发。基于大二公益社团投入、大一和大二公益性活动时间分配，我们首先在数据库中标识出公益投入程度高的农村学生样本，随后在三类农村学生各随机选取了2位，共6位。个案基本情况描述见表4。

表4　个案基本情况描述

个案编号	化名	性别	学科大类	生源地	学生属性
C01	张静	女	人文	甘肃	贫困专项
C02	陈濛	女	社科	重庆	定额计划
C03	李晓楠	男	理工	河北	高考统招
C04	张志远	男	社科	浙江	定额计划
C05	孔祥	男	医科	安徽	高考统招
C06	白冬冬	女	医科	江西	贫困专项

为力求从被访者的切身经验中寻找农村学生投入高的原因，本研究采用扎根理论（grounded theory）的研究方法，使用深度访谈法收集数据。扎根理论方法要求研究者在没有预先假设的前提下处理数据，而在数据采集后、初期理论和概念开始形成后再进行详细的文献回顾，以便使研究者以开放的头脑从资料中产生理论（费小冬，2008）[23-43]。这与深度访谈的资料收集法同声相应：所谓"深度访谈"（in-depth interview），即"深入事实内部"，要求访谈者跨越自己的知识和成见，在被访者的日常语境中完成对他对自身行动意义的理解，再考虑自己的意义情境和解释需要（杨善华，孙飞宇，2005）[53-68]。

深度访谈设计为半开放式。为力求深度，本研究在访谈设计上采取"渐进式聚焦法"（progressive focusing）（Arksey，Knight，1999）[18]，试图以对象的个人生活史为基础，站在其立场上去理解其观念与行动（Arksey，Knight，1999）。第一部分先从被访者的个人生活史入手，请被访者大致回溯其大学前的成长经历、教育历程。第二部分聚焦于被访者对自己大学经历的描述，包括入学时的感受、学业表现，以及详细回溯大学期间投入过的主要课外活动。第三部分进一步聚焦到被访者的公益投入经历，详细询问被访者首次参与公益活动的缘由，并在过程中适时进行追问。访谈通过录音转录文本的方式记录，使用 Nvivo 11.0 辅助进行开放编码和横剖分析。分析基本上经历了四个阶段：编码、关联编码、建构结论/观点、验证结论。本文第二作者曾在××大学就读多年，能够结合该校地方知识来理解被访者的叙述，这使得笔者能够在访谈文本分析的基础上将个体处境与个体所处的社会环境相联系。

（二）解释性分析：为何农村学生公益投入偏高？

要理解为何农村学生的公益社团投入偏高，需要从他们进入公益社团的契机入手。访谈数据显示，正如 Binder 等的研究所表明的，多数大一新生在进入大学之后，对眼前五花八门的学生组织和课外活动是懵懵迷茫的（Binder et al，2016）[20-39]。被访者表示，面对刚入学时××大学的 260 多个学生社团、外加各类学生会组织同时期招募新成员的"百团大战"盛况，"懵"几乎是他们共同的感受。本地常识的缺失，对今后大学生活和自身目标的迷茫，以及对课外活动的轻视，使他们迅速基于个人偏好形成自己对社团的理性选择是一件几乎不可能的事。

1. "百团大战"面前的无所适从

即使是对于来自相邻省浙江的男生张志远而言，初入大学的体验仍然是陌生与孤独的。虽然相隔不过 2 小时车程，但从小随父亲在乡镇上的冶铁厂长大的他却在参加招生面试前从未来过××大学所在的这座城市。直至今日，初入学时遇到的那种强烈的社交屏障感仍然让他印象深刻："刚来的时候，我觉得个人感受还是挺孤独、挺无助、挺陌生的那种感觉，就是觉得好像一下子进入一个全新的学习环境，你要不断去适应。然后有的时候会觉得自己很多事情也没办法跟别人有太多的交流……基本上和大家聚到一起只能聊高考，吐槽，聊别的就基本上聊不下去。"（苦笑）面对应接不暇的学生社团，一向在陌生环境里不太积极主动的他决定在大学里拿出勇气，在"保证学习首位"的前提下去尝试一下，然而至于选择哪几个社团去尝试则听起来相当随机："好像首先就是觉得学习肯定是首位的，然后尽量去跟同学交流，参与一些事情。我觉得自己这个想法还是很简单——就是什么事都尝试一下，什么感兴趣就去试一下，不行我就退出这样子——我觉得是这样一个情况，实际上也没什么可仔细琢磨的。"

家住重庆市辖区内某乡镇的女生陈濛也是如此。她中考时曾以优异成绩从县区跨考到重庆市区某著名中学就读，虽然高中已经见识过直辖市顶尖高中的环境，但作为家里唯一的大学生，她对自己即将到来的大学生活并无清晰的计划，在选择学生社团方面也并无细致考虑，"我反正当时大学进来就很懵……那种感觉就是你的事情之间并没有什么计划性……就假如说你有一天看到比如说某一个社团在招新，可能就加了"。其实陈濛在××大学有不少高中校友学长/学姐可以询问，但她有着农村学生的某种共性——倾向于自己独立解决问题而非求助（Yee，2016）[87]。况且惯于在学校好好学习的她其实也不觉得社团是件"值得麻烦别人的事"："我当时觉得它不大会对我有什么太大的影响。反正当时在我的心里面，就是社团组织嘛，其实就是你课业的一个补充，只是'换个方式玩'而已。我觉得它是大学生或者社交生活的一个部分，但是我觉得具体选择哪个，好像大家都就是每个人自己选一下，没有什么特别的……那时候很懵，根本不知道这个那个（社团）有什么区别，反正感觉都差不多。"

限于篇幅，我们不再逐一描述每个个案初入大学的体验，但我们已经可以从上述张志远和陈濛的叙述中体会到农村学生共有的一种茫然无计划的特征。实际上，受访的农村学生们初次参与公益社团均出于未经深思熟虑的偶发性契机。

"当时（大一）一进来就是也傻乎乎的。我嫌学生会太远就没加，加了那个法学院的法律援助中心。刚开始就是想尝试一下做一做志愿者活动，然后最好也能跟自己专业挂点钩，又能帮助别人挺好的"，家在浙江农村的张志远有点不好意思地说。大二下学期，他担任了××大学法律援助中心的社长，该社团在他的带领下从一个名不见经传的校社团成为校内有影响力的优质公益社团。

已有研究表明，影响青少年公益投入行为最重要的因素是宏观层面的校园环境配置（其其格，2011），社会出身越弱势的名校大学生越是对行动缺乏自我掌控（郑雅君，2017）。可以想见，在这种自身没有方向又不够重视的情况下，农村学生比城市学生在社团的参与方面更严重地依赖着外部环境——是否参与公益社团要看大学是否提供了充足的入口。在××大学，事实的确如此。正是向公益倾斜的校园制度文化环境大大提高了这种偶发契机的发生概率。

2. 公益实践在校园内的制度化与文化认同

首先，在××大学门类繁多的学生社团中，公益社团的数量多达 23个，在近 20 类共计 225 个学生社团中所占比例最大（图 2），公益社团及其他机构组织的支教项目更是不计其数。公益类中的几大代表性社团还连年被表彰为"校级精品社团"，受到校方的大力支持和学生的广泛关注，其影响力之大，已成为××大学的一个文化符号。其次，除了公益社团，××大学开放学生实践立项的实践教学培养模式也是助推学生公益投入的一大制度契机。××大学每个寒暑假前开放实践项目立项申请，学期中开放日常化实践项目申请，学校对成功立项的项目提供一定的资助和指导。每一期项目分为几大类别，而公益主题正是实践项目中的一个常设板块。

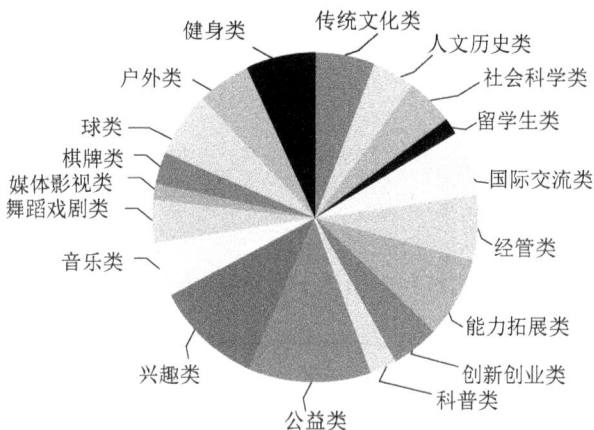

图 2　××大学目前在册学生社团分布示意图

资料来源：据××大学社团工作委员会办公室 2017 年春学期在册社团统计表

　　据××大学团委实践部公开数据，2013—2015 年该校共立项 1703 项社会实践活动，其中暑期实践 750 项，日常化实践 540 项，三年间参与社会实践的学生共计达到 14 000 人次，几乎与全体在校本科生人数相当。参与社会实践被认为是"××大学的学子必做的三件事"之一，报名一个公益社团，在暑期参与一次支教，成为××大学本科生"不假思索即认可"的典型大学经历。从中可以见得公益实践在××大学的校园里同时享有官方与民间的高度认同与合法性（legitimacy），深入××大学学生的共同常识和集体信念中，某种程度上为社团参与上缺乏方向的农村学生构筑了一种带有公益倾向性的制度环境。

　　被访的 6 位农村学生中，所有被访者首次参与公益活动的契机都是公益社团或支教项目，所有被访者都参与过至少一次寒暑假社会实践，只有一位未参与过支教项目。大一的陈濛当时错过了"百团大战"，后来偶然注意到一个公益组织还在"招新"，"就是听它那个宣讲会嘛，听起来好像也还行的样子，要不然就加一下吧，然后就加了"。她觉得自己当时的报名颇受身边同学的影响，"其实也算是一个文化氛围的加强，觉得你的同学都在做这样一些事情，你可能也会去，起码会有一个更想要尝试的冲动。因为××大学公益社团真的超级多的，支教队伍也特别多，好像有 50 多个甚至更多"。可见，××大学的社团配置和社会实践申报制度不仅在客观上增加了投入公益实践的机会数量，还在学生的规范性常识和文化认知中完成了合法性的构建。

3. 非正式制度对弱势学生的定向吸纳

更引起我们注意的是，如果说校园文化和制度环境造就了均一地面向全体学生敞开的公益投入机会，××大学特别对于弱势背景学生的一个制度安排更是有效地扩展了农村学生参与公益社团的机会。自 2008 年起，××大学成立了面向家庭经济困难受助学生的专门育人机构——助学家园①。其"社团育人"的特殊制度安排，为家庭经济困难的农村学生提供了参与公益社团的直接契机：助学家园依托着 8 个以不同助学金为名设立的公益助学社团，每个受助学生依其助学金名称自动拥有该社团的会籍和助学家园的活动参与资格。该会籍无强制性，学生可以自主选择实际参与与否，还可以申请加入助学家园的干事组。这意味着，每个家庭经济困难学生会自动收到辅导员下发的助学家园的活动邀请邮件。在我们的 6 个受访学生中，3 位最早接触公益活动的契机源于这一助学家园的邀请，5 位的公益投入经历与助学家园及其下设社团有关联。事实上，陈濛提到的那个还在招新的公益组织正是助学家园，她选择信任并愿意加入的另一原因，正是"之前也见到过辅导员发的关于这个组织的邮件"，这成为她大一以来加入的唯一一个学生社团。

来自甘肃某国家级贫困县的张静大二上学期因为同样原因加入了助学家园，成为社刊的编辑，大二寒假在助学家园支持下作为负责人组织了去家乡高中支教的活动，并在大三一年担任了助学家园的理事长。谈起自己对助学家园功能的理解，她说："首先我们社团不是那种其他学生组织里面残酷的那种竞争，而是希望同学在里面能获得成长。其次的话就是要给大家一种被接纳的感觉，这是我们非常强调内建的原因——内建不是花钱去大吃大喝，而是要让大家有一个真正放松的心态去和跟自己相似的人达成互相理解。还有一个功能就是培训，因为很多同学在技能方面会比较欠缺，我们也会组织一系列的培训，比如邮件礼仪、活动策划等。"

家在河北农村的工科学生李晓楠最早接触公益活动也是因为助学家

---

① 机构名称均为已经过匿名化处理的化名，下同。

园。与陈濛不同，他大一上学期加入了许多学生组织——学生会、书院自管会、勤助中心等，还在辅导员邮件的指引下申请加入助学家园的干事组。遗憾的是，干事组面试没有通过，因而被分入了其下设的一个"仁爱社"做社团干事，"当时'仁爱社'有那个活动是每两周去一次周边那个××社区，给那边的农民工小孩辅导功课，我们就组织那个志愿者去，有时候自己也会去做"。一晃已经大三，李晓楠已经退出了其他多数学生组织，而对公益社团的参与却持续至今。"因为毕竟当时来学校感觉也受到很多资助，所以也愿意再把它回馈出去，就感觉肯定至少要参加一个公益组织来做一些事情。助学家园提供了一个不错的桥梁吧。"

六、总结与讨论

公益类社团是城乡学生大二阶段投入时间最多的学生社团，"帮助困难中的人群"的同理心是城乡学生积极投入公益社团的一个重要原因。在缺乏价值整合的现今，这一结果无疑是令人鼓舞的，使我们依然相信大学教育维持社会道德这一信念。

农村学生公益投入更高的结果有重要意义。以农村学生为代表的弱势学生，即使凭借自身勤奋考入重点大学，其教育过程与结果和优势背景学生的差距依然不容乐观（王处辉，李娜，2007；田丰，2015；岳昌君，周丽萍，2016）。这样的结果充斥学术论文和媒体报道。本研究发现农村学生公益投入更高，后续研究的初步分析更进一步发现公益社团投入对农村学生领导力提升更为显著。这样的结果无疑是重重缺憾中的亮光，为高等院校促进弱势群体学生大学收获及招生倾斜政策完全落实提供了思路和实证依据。

本研究的理论贡献在于走出了个体层次的竞争性解释，从组织分析的层面揭示了推动农村学生公益投入的制度环境因素。同情心推论和学生发展理论的推论都忽略了大学作为一个制度性的和文化性的组织对学生的行为可能产生的影响——分析层次对组织层次的扩展，对制度的"文化-认知"维度的重视，正是社会学的新制度主义理论（neo-institutionalism）在旧制度研究的框架下所力图补充的（罗燕，2003）[28-34]。农村学生作为弱势群体有着独特优势——艰苦的经历使他们在公共参与和志愿服务上有更强烈和真挚的同理心，本研究的后续研究还进一步发现农村学生的同理心通过深度和持续参与进一步强化，沉淀为服务他人的社会责任感。然而，质性访谈结果表明，农村学生的同理心并不自动引发其公益投入，大学的制度文化环境起着重要的调节作用（moderating effect）。换句话说，如果没有环境制度的推动，公益社团投入很可能也会呈现农村学生处于劣势的结果。而正是通过公益社团实践育人的制度思路和面向家庭经济困难学生的特殊制度安排，才为这些学生的公益投入创造了一个有效入口，为这些学生同理心的发挥和强化提供了一个可能渠道，也从实证结果角度展示了农村学生未必在所有社会性投入中占下风这一可能性。

当然，虽然××大学对部委直属院校有一定的代表性，但我们的实证案例结果并不足以推及其他高校。不同院校的社团文化以及对于农村学生的支持策略各异，其他学校的农村学生是否也比城市学生更热衷于投入公益社团？我们无法推测。事实上，我们的研究在理论推广的意义上比经验结论的推广更具有效性。基于具有一定理论支撑、并获得本研究实证支持的命题，我们提出了一个弱势学生高公益投入解释机制的概念框架（图3）。

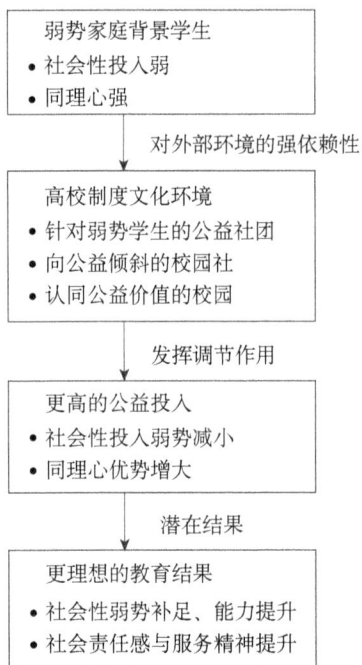

图3　弱势学生高公益投入的解释机制的一个框架

这一概念框架可以成为促进高校学生工作的思路框架。本研究对组织层面环境因素的探索，表明了大学在为弱势学生增能赋能、立德树人方面大有可为：构建有助于公益精神生长的校园文化环境，在社团配置上提供足够的公益投入机会、针对弱势学生构建有效的公益投入入口机制，从而一方面塑造学生的价值观和社会责任感，另一方面帮助来自弱势社会经济背景的学生实现更好的发展。

参考文献

曹永国. 2015. 同情教育：公民德行养成的根基——卢梭《爱弥儿》第四卷中的一个审思 [J]. 现代大学教育，（2）：73-80

费小冬. 2008. 扎根理论研究方法论：要素，研究程序和评判标准 [J]. 公共行政评论，3（1）：23-43

龙永红. 2015. 志愿服务参与与大学生发展的关联模型 [J]. 高校教育管理，（4）：102-107

罗燕. 2003. 教育的新制度主义分析：一种教育社会学理论和实践 [J]. 清华大学教育研究，24（6）：28-34

其其格. 2011. 当代青少年公益行为影响因素之定量研究 [D]. 中国青年政治学院硕士学位论文

田丰. 2015. 高等教育体系与精英阶层再生产：基于 12 所高校调查数据 [J]. 社会发展研究，（1）：14-16

汪頔. 2010. 新媒体对"90 后"大学生思想政治教育的新挑战 [J]. 思想教育研究，（1）：71-74

王处辉，李娜. 2007. 当前我国高等教育过程中的不平等研究：基于对某高校农村学生群体的调查 [J]. 清华大学教育研究，（4）：36-41

王腾. 2007. 高校德育内容建构的历史溯源与审视 [J]. 黑龙江教育学院学报，26（2）：25-29

吴鲁平. 2007. 志愿者的参与动机：类型、结构——对 24 名青年志愿者的访谈分析 [J]. 青年研究，（5）：31-40

许加明. 2006. 城乡大学生人生价值观差异的初步研究 [J]. 太原师范学院学报（社会科学版），5（1）：150-152

杨善华，孙飞宇. 2005. 作为意义探究的深度访谈 [J]. 社会学研究，（5）：53-68

余秀兰，白雪. 2016. 向农村倾斜的高校专项招生政策：争论、反思与改革 [J]. 高等教育研究，（1）：22-29

岳昌君，周丽萍. 2016. 经济新常态与高校毕业生就业特点：基于 2015 年全国高校毕业生抽样调查数据的实证分析 [J]. 北京大学教育评论，14（2）：63-80

张玉婷. 2016. 不同家庭背景学生的高等教育经验：基于学生投入理论的质性研究 [J].

教育学报，（6）：88-97

郑雅君. 2017. 名校优等生的未来：大学过程与职业地位再生产之谜［D］. 复旦大学高等教育研究所硕士学位论文

周华丽，鲍威. 2014. 大学生校园人际互动投入的实证研究［J］. 高教探索，（4）：5-9

Adelman C. 2004. Principal Indicators of Student Academic Histories in Postsecondary Education，1972–2000 ［M］. Washington DC：Institute of Education Sciences，US Deptpartment of Education

Arksey H，Knight P T. 1999. Interviewing for Social Scientists：An Introductory Resource with Examples ［M］. London：Sage

Astin A W. 1984. Student involvement：A developmental theory for higher education ［J］. Journal of College Student Development，25（4）：297-308

Atkins R，Hart D，Donnelly T M. 2005. The association of childhood personality type with volunteering during adolescence ［J］. Merrill-Palmer Quarterly，51（2）：145-162

Bergerson A. 2007. Exploring the impact of social class on adjustment to college：Anna's story ［J］. International Journal of Qualitative Studies in Education，20（1）：99-119

Bergman M M，2008. The straw men of the qualitative-quantitative divide and their influence on mixed methods research//Bergman M M. Advances in Mixed Methods Research：Theories and Applications ［M］. London：Sage

Binder A J，Davis D B，Bloom N. 2016. Career funneling：How elite students learn to define and desire "prestigious" jobs ［J］. Sociology of Education，89（1）：20-39

Creswell J W. 2005. Educational Research：Planning，Conducting and Evaluating Quantitative and Qualitative Approaches to Research. 2nd Ed ［M］. Upper Saddle River，NJ：Merrill

Davis M H，Mitchell K V，Hall J A，et al. 1999. Empathy，expectations and situational preferences：Personality influences on the decision to participate in volunteer helping behaviors ［J］. Journal of Personality，67（3）：469-503

Egerton M. 2002. Higher education and civic engagement ［J］. The British Journal of Sociology，53（4）：603-620

Fitch R T. 1987. Characteristics and motivations of college students volunteering for community service ［J］. Journal of College Student Personnel，28（5）：424-431

Fitch R T. 1991. Differences among community service volunteers，extracurricular volunteers，and nonvolunteers on the college campus ［J］. Journal of College Student Development，32（6）：534-540

Gourley B M. 2012 Higher education as a force for societal change in the Twenty-First Century// McIlrath L，Lyons A. Higher Education and Civic Engagement：Comparative Perspectives ［M］. New York：Springer

Hart D，Yates M，Fegley S，et al. 1999. Moral commitment in inner-city adolescents// Killen M，Hart D. Morality in Everyday Life：Developmental Perspectives ［M］. Cambridge：Cambridge University Press，317

James R N，Sharpe D L. 2007. The nature and causes of the U-shaped charitable giving profile ［J］. Nonprofit and Voluntary Sector Quarterly，36（2）：218-238

Johnson R B，Onquegbuzie AJ，2004. Mixed methods research：A paradigm whose time has come ［J］. Educational Researcher，33（7）：14-26

Kuh G，et al. 1991. Involving Colleges：Successful Approaches to Fostering Student Learning and Development Outside the Classroom ［M］. San Francisco：Jossey-Bass

Pascarella E T，Pierson C T，Wolniak G C，et al. 2004. First-generation college students：Additional evidence on college experiences and outcomes ［J］. Journal of Higher Education，75（3）：249-284

Pascarella E T，Terenzini P T. 1991. How College Affects Students：Findings and Insights from Twenty Years of Research ［M］. San Francisco：Jossey-Bass

Pascarella E T，Terenzini P T. 2005. How College Affects Students：A Third Decade of Research ［M］. San Francisco：Jossey-Bass

Piff P K，Kraus M W，Côté S，et al. 2010. Having less，giving more：The influence of social class on prosocial behavior ［J］. Journal of Personality and Social Psychology，99（5）：771

Pike G R，Kuh G D. 2005. First- and second-generation college students：A comparison of their engagement and intellectual development ［J］. Journal of Higher Education，76（3）：276-300

Serow R C，Dreyden J I. 1990. Community service among college and university students：Individual and institutional relationships ［J］. Adolescence，25（99）：553

Sundeen R A，Raskoff S A. 1994. Volunteering among teenagers in the United States ［J］. Nonprofit and Voluntary Sector Quarterly，23（4）：383-403

Tinto V. 1975. Dropout from higher education：A theoretical synthesis of recent research ［J］. Review of Educational Research，（45）：89-125

Walpole M B. 2003. Socioeconomic status and college：How SES affects college experiences and outcomes ［J］. Review of Higher Education，27（1）：45-73

Wilson J. 2000. Volunteering ［J］. Annual Review of Sociology，26（1）：215-240

Yee A. 2016. The unwritten rules of engagement：Social class differences in undergraduates' academic strategies ［J］. Journal of Higher Education，87（6）：831-858

作者简介　牛新春，复旦大学高等教育研究所研究员，博士生导师，主要从事高等教育机会公平和学生学业表现方面的研究。

郑雅君，香港大学教育学院博士研究生，本文通讯作者，主要使用教育社会学理论与方法、从事大学文化和学生发展方面的研究。

致谢：本文数据获取得到××大学学工部、信息办大力支持，特此致谢。

The Advantages of the Disadvantaged： Rural Students' Volunteering Participation at A Research University

Niu Xinchun   Zheng Yajun

Abstract： A mission of higher education is to educate young people to become socially responsible and civically engaged persons, and volunteering participation constitutes a core practice. However, competitive theoretical perspectives and limited empirical evidence unable us to infer how students from difference socioeconomic background will engage in volunteering activities and why. Applying mixed methodologies, using longitudinal survey data and interview data of 2014 freshman cohort at X University, we examine students' volunteering student club participation. Focusing on rural and urban students, we establish the following findings. First, among different student clubs, students spend the most time on volunteering student clubs in their sophomore year, especially rural and the "poverty plan" students. Second, the empathy toward "helping people in difficulties" explains why some students are more inclined to participate in volunteering student clubs, yet offer rather limited insights for rural students' high participation. Applying the grounded theory, in-depth-interview data further explore the reasons by examining rural students' opportunities. We find that rural students rely more on the externals in student club participation. X University's student club culture and targeted policy design effectively "pull" rural students into the volunteering clubs. These findings offer an explanation of the mechanism why rural students are more engaged in volunteering student clubs, thus have implications to college administrators on elaborating moral education and supporting disadvantaged students.

Keywords： volunteering activities, student club, rural student, mixed methods, neo-institutionalism

O-PIPAS：一种以生为本的
高校翻转课堂教学模式①

郭建鹏　张　娟

摘　要：作为一种新兴的教学模式，翻转课堂迅速成为全球教育界关注的热点，但也出现了不少误解和误用，影响了翻转课堂的有效性。基于教学心理学研究成果和多年翻转课堂教学实践，笔者提出 O-PIPAS 翻转课堂教学法，介绍并论证了该教学法在高校翻转课堂教学中的可行性和有效性。

关键词：翻转课堂　以生为本　教学方法　教学改革

随着中国高等教育进入到大众化阶段，高等教育的质量受到越来越多的关注。《国家中长期教育改革和发展规划纲要（2010—2020 年）》明确指出，大力提升人才培养水平、不断提高教育质量是今后 10 年高等教育改革和发展的核心任务。教学作为高校的重要职能，高校教学水平不高是制约高等教育质量提升的一个关键瓶颈。党的十八届五中全会通过的《中共中央关于制定国民经济和社会发展第十三个五年规划的建议》及 2016 年《政府工作报告》都明确提出要提升高校教学水平和创新能力，这是第一次把提高高校教学水平写在五年规划和党的重大文件之中，而且放到"创新能力"之前予以突出和强调（瞿振元，2015），表明了党和国家对高校教学问题的充分认识和高度重视。

中国大学的教学水平不高，教学方法落后的问题由来已久，已经成为制约中国高等教育质量提高的一个主要障碍（陈浩，2016）。传统的中国

---

① 基金项目：国家社科基金"翻转课堂学习机制及在高校教学中的有效性研究"（CIA150187）

大学课堂往往是一种"单声道"模式，以教师为中心，片面强调知识的灌输，理论与实践严重脱节，忽视学生创新能力和批判性思维的培养，学生在整个学习过程中参与度不够，积极性不高，学习十分被动（陈浩，2016；卢丽君，2016）。这种落后的教学方式严重影响了办学活力，阻碍了创新人才的培养。尤其在当前信息网络时代中，大学师生能够非常便捷地获取知识和信息，"知识储备"型的人才已经无法适应时代的要求。如何在知识学习的基础上培养学生的批判性思维，提升创造性、问题解决、沟通与合作等核心素养才应该是大学教育的主要目标。不彻底改变"以教师讲授为中心"的教学方法，就不能提升高校教学水平和创新能力。

针对这种现象，越来越多的学者呼吁要彻底改革传统的教学方法，进行一场教学方法的革命性变革（陈浩，2016；瞿振元，2015）。近年来，翻转课堂（flipped classroom）作为一种新兴的教学模式，成为全球教育界关注的热点，并迅速受到我国教育界的热捧，成为一项影响课堂教学的重大变革。作为一种教学模式，翻转课堂具有高效课堂的特征，充分体现了以学生为中心、主动学习、个别化学习的教学理念。特别是在当前以信息网络为主要特征的时代中，翻转课堂教学模式兼顾了知识学习与探究创新能力的发展，综合了线上教育和线下教育的优点，有助于实现信息技术与教育教学的深度融合，因此受到广大教师的欢迎。然而在实际操作中，由于缺乏实际可行的指导，很多教师僵化理解和应用翻转课堂，导致课堂流于表面和形式，无法有效发挥翻转课堂的作用，甚至影响了课堂教学质量。

有鉴于此，本文基于教学心理学研究成果和笔者多年的翻转课堂教学实践，提出 O-PIPAS 翻转课堂教学法，介绍并论证了该教学法在高校翻转课堂教学中的可行性和有效性，以期为高校教师实施翻转课堂教学提供实际可操作的模式。

一、翻转课堂的概念及意涵

翻转课堂起源于美国科罗拉多州落基山林地公园高中的两位化学教师 Jon Bergmann 和 Aaron Sams。在 2007 年前后，这两位教师为了帮助缺课的学生跟上教学进度，把上课内容录制成视频上传到网络，以供这些学生课后学习，取得了不错的效果。后来，他们尝试颠倒传统的教学模式，让学生课前在家观看教师的视频讲解，课堂上在教师指导下完成作业。这种模式颠倒了传统的"学生课堂上听教师讲解，课后回家做作业"的教学模式，因此被称为翻转课堂。之后，伴随着可汗学院（Khan Academy）和慕课（MOOCs）的兴起和发展，产生了大量在线、容易获取、高质量的教学视频，显著降低了实施翻转课堂的门槛，推动了翻转课堂的普及。

简单地说，所谓翻转课堂就是把传统的教师在课堂上讲解知识，学生课后回家完成作业的教学模式颠倒过来，变成学生课前在家学习教师的视频讲解，课堂上在教师的指导下完成作业。Strayer（2007）认为翻转就是把课堂上做的事情和课堂外做的事情翻转过来。Abeysekera 和 Dawson（2015）指出，翻转课堂至少应该具备以下三个特征：①把主要用于信息传递的教学移到课外。②课堂用于主动和社会的学习活动。③需要学生完成课前和/或课后活动才能最大程度受益于课堂活动。Bergmann 和 Sams（2014）进一步提出翻转学习（flipped learning）的概念，并指出翻转学习是把直接讲解从团体学习空间移出到个体学习空间，团体空间则转变成动态的、交互的学习环境。在团体空间中，学生应用概念并创造性地参与到学科学习中，教师则提供指导。他们认为，翻转学习的核心在于通过把直接讲解移到课外，从而把宝贵的、面对面的课堂时间用来进行丰富的、有意义的学习活动，最大化学生在课上进行深层参与的时间，真正实现以学生为中心的课堂。

综上，无论是翻转课堂还是翻转学习，其核心理念是一致的，即认为师生面对面的课堂时间是十分宝贵且有限的，应该充分利用来进行有意义的、深层的学习活动，区别于传统教学把大量课堂时间用于直接讲解的做法。如果从布鲁姆的教育目标分类理论来理解的话，翻转课堂认为，教师的直接讲解主要以知识的记忆和理解这两个初级认知为目标，而这两个目标在很大程度上可以通过学生自学视频的方式来实现。而知识的应用、分析、评价、创造等高级的认知目标，以及情感和心理运动领域的目标则很难通过视频自学完成，需要通过面对面的、互动的、深层的课堂教学活动才能完成。

二、O-PIPAS 翻转课堂教学法

翻转课堂的最大优势在于，通过视频把知识讲授移到课外，从而把课堂时间解放出来，可以大量用于以培养学生能力为导向的深层、有意义的教学活动。然而，广大教师在实践中应用翻转课堂教学模式时，却经常由于僵化理解了翻转课堂的内涵，以及缺乏实际可操作性的指导，无法发挥出翻转课堂的最大功用，甚至导致教学质量的下降。比如，有些教师还是忍不住在课堂上进行大量的讲授；有些教师把翻转课堂的线下课堂教学部分简单等同于教师提问、学生回答；有些老师窄化翻转课堂中合作学习的概念，学生的任何合作学习都以小组讨论的形式进行，似乎合作学习除了小组讨论再无其他方式，而小组讨论也经常出现效率低下、偏离主题等不少问题。

本文基于教学心理学研究成果和笔者多年的翻转课堂教学实践，提出O-PIPAS 翻转课堂教学方法，希望能为教师进行翻转课堂教学提供直接可操作的指导。下面将对该教学方法进行介绍，并基于教学心理学的研究成果论证其合理性。

O-PIPAS 为英文单词 objective、preparation、instructional video、problem solving、activity、summary 的缩写，分别表示实施翻转课堂的几个必要环节：教学目标、课前准备、教学视频、问题解决、活动、总结。教师可以根据这几个环节设计和实施翻转课堂教学。

（一）O：objective（教学目标）

对于任何教学而言，首先需要明确教学目标。教学目标即学生在学习之后需要到达的目标，对于整个教学过程具有统领作用。教学目标决定教学方法、问题设计、活动组织和教学评价。对于翻转课堂教学而言，教师在选择了一个教学主题和内容之后，首先需要确定教学目标。

教育目标是分不同层次和类别的，著名教育心理学家布卢姆把教育目标分为认知领域、情感领域和技能领域。他重点论述了认知领域的教育目标，并进一步分为记忆、理解、应用、分析、评价、创造等由低到高不同

层次的目标（图 1）。其中，知识的记忆和理解被称为初级认知目标，而
应用、分析、评价、创造则被归类为高级认知目标。在基础教育领域，也
有课程专家提出了课程的三维目标，包括知识技能、过程方法、情感态度
价值观。目前教育领域热议的核心素养如信息素养、批判思维、沟通合
作、自我认识、学会学习等，也都属于教育目标领域。

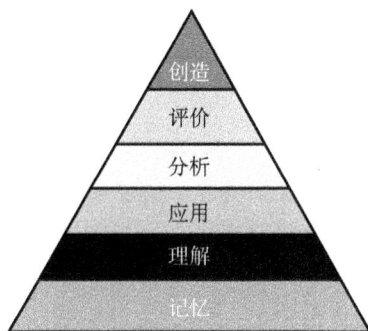

图 1　布卢姆教育目标分类

　　综合已有关于教育目标的研究，基本上可以从两个层次对教育目标进
行分解：知识性目标和能力性目标。知识性目标属于初级目标，主要包括
对知识的识记和理解，如记住某个概念、理解某条原理。能力性目标则属
于高级目标，包括布卢姆教育目标分类中的应用、分析、评价、创造，以
及情感态度价值观、批判思维、自我认识、学会学习、沟通合作等目标。
知识性目标是最基础的教育目标，脱离了知识性目标，能力的培养就失去
了基础。但只满足于知识性目标是远远不够的，教师需要在知识性目标的
基础上进一步发展学生各方面的能力和素质，才能培养出符合社会和时代
发展要求的人才。

　　教师在实施翻转课堂教学时，往往没有认真分析教学目标，从而影响
了整个教学的实施。尤其是很多教师习惯于对知识进行讲授，没有思考过
该教学主题除了让学生掌握学科知识之外，还有什么能力对学生的发展是
重要的，是需要在教学之中实现的。翻转课堂教学不满足于只是完成知识
性的目标，而是更为注重能力性目标。知识性目标基本上可以通过视频让
学生在课前自学完成。实体课堂则主要被用来发展学生的能力。如果教师
在进行翻转课堂之前没有对本次教学内容的目标进行深入分析，思考有哪

些知识性目标和能力性目标，那么他们在进行翻转课堂教学时，就会显得无所适从，甚至效率低下。因此，明确教学目标是成功实施翻转课堂教学的首要环节和先决条件。

（二）P：preparation（课前准备）

虽然翻转课堂要求学生首先在课前完成视频的学习，但是为了提高视频学习的有效性，我们建议教师在视频教学之前先进行课前准备与导入活动。所谓的课前准备与导入是指在学生正式学习视频之前，需要先完成相关的探究活动。

课前准备主要有两个作用。第一，提高学生学习的兴趣和目的性。在传统教学中，学生的学习很多是盲目性的，不知道为什么要进行相关的学习，学习某个内容的价值和目的是什么。如果教师通过课前导入活动，在正式教学之前告诉学生本次学习的目的和作用是什么，那么就能够激发起学生学习的兴趣，并让他们的学习具有指向性。研究表明，学习的过程往往是从整体到部分的过程，学生了解了学习的总体目标之后，再进行分解学习的时候就会更有方向性和目的性，学习效果也会更好。

第二，课前准备能为之后的视频学习打下良好的基础。学习心理学大量的研究成果都表明教师的有效教学或者讲授是需要一定的条件和基础的。学生在努力思考、探索、挣扎过某个问题或情境之后能更好地理解讲授的内容（郭建鹏，2014；Stigler，Hiebert，1998）。美国著名教育心理学家 Schwartz 和 Bransford（1998）指出，有效的讲授需要以学生具备的先前知识为基础。如果在讲授之前，学生已经具备了相关的先前知识，那么就需要激活这些先前知识，比如使用奥苏贝尔的先前组织者。但是如果学生并不具备相关的先前知识，就需要在讲授之前帮助学生准备这些先前知识，为教师的讲授创造"时机"。Kapur（2012）也通过多个研究发现了同样的研究结果。他还进一步提出了有益性挫败理论（productive failure）加以解释。Kapur（2012）指出，虽然学生在接受讲授之前进行的问题解决和探索可能是不成功的、不正确的，但是这种尝试对他们之后接受正式的讲授是十分有帮助的，这种失败是有益的。因为问题解决过程有利于图式编码和整合，能够帮助学生认识到自身先前知识的不足，还能通过对比正误解法来让学生注意到学习的关键特征。因此，教师可以设计探究活动，让学生在观看视频之前先进行适当的学习和探索，形成必要的先前知识。在此基础之上再进行视频学习，将会有更好的学习效果。

（三）I：instructional video（教学视频）

在完成课前准备活动之后，学生需要在课前课外自学教学视频。翻转课堂的教学视频可以是教师自己录制，也可以使用他人录制的视频。教学视频形式可以多样，内容主要为教师在传统课堂中的讲授部分。视频学习部分主要对应的是前面制定的教学目标中的知识性目标。这部分目标的实现并不需要在实体课堂中，接受教师的实时现场指导，或者与同伴进行互动合作。大学生通过自学教学视频在很大程度上就可以完成对知识的记忆和理解。此外，在这个环节还可以充分利用信息技术和多媒体的优势，让整个知识的教学过程更加有趣、生动、高效率。可以认为，一个制作良好的教学视频或者在线课程的教学效果甚至要好于教师在实体课堂的讲授，至少从知识性目标来说是这样的。即使是一个质量普通的教学视频也能在很大程度上完成知识的记忆和理解目标。

从认知负荷学习理论的角度分析，学生在课外自学相关的视频片段时，他们能够控制视频播放的速度和节奏。对于先前知识水平较低的学生而言，他们可以暂停甚至多次回放视频，这有利于降低学习内容的难度，减轻内在认知负荷。对于先前知识较高的学生而言，他们可以快进甚至跳过某个已经掌握的内容，这也有利于降低外在认知负荷，避免冗余效应。学习者的这种自我控制学习节奏能够减轻不良的教学设计对学习的影响，降低外在认知负荷，从而把更多的工作记忆分配给相关认知负荷，促进图式建构和学习（Sweller et al，1998）。此外，教师也可以通过课前测试了解学生的先前知识水平和学习难点，为每个学生选择合适的教学视频，然后在课堂上根据每个学生的认知水平设计特定的活动。这种教学能够更好地管控不同知识水平学生的认知负荷，实现个性化教学。

（四）P：problem solving（问题解决）

学生完成线上视频学习之后，就进入线下实体课堂进行学习。通过教学视频，翻转课堂把知识的学习移出到课外，大量的课堂时间则用来进行问题解决、合作探究等活动。问题解决部分主要用来考查学生课前对视频的学习效果，具体而言，可以分为两个目的：第一个目的是检查学生课前是否观看了视频。教师在实施翻转课堂的时候，比较担心学生课前没有提前观看视频，导致无法有效参与课堂活动。因此，为了考查学生是否在课前观看学习了视频，教师上课时可以设计一些比较简单的客观题，考察事实性信息。学生如果在课前有提前学习视频就能回答正确，如果没有提前学习视频则无法回答正确。通过这部分问题，教师可以发现那些没有提前观看视频的学生。

问题解决的第二个目的是检查学生在课前是否看懂了视频。问题解决的主要目的是检测课前视频的学习效果。虽然学生通过自学教学视频能够完成大部分的知识性目标，但也需要承认，对于一些教学难点，学生只是学习视频可能还无法完全掌握。教师在课堂上可以有针对性地设计一些比较难的问题，用来检测学生是否真正掌握了该教学难点。教师可以根据学生问题解决的情况，决定是否以及怎样进行相应的讲解。如果大部分学生的回答正确，教师可以略过不讲。如果很多学生的回答错误，则表明课前视频的教学效果不好，教师就需要仔细分析学生的错误，并进行有针对性的讲解。

因此，问题解决部分主要还是针对教学目标中的知识性目标，目的在于找出学生的错误理解、纠正错误、深化理解。应该指出的是，教师在此部分也会使用讲授法。所不同的是，教师此时的讲授是基于学生理解水平和反馈的基础上进行的有针对性的讲授，不同于传统课堂的讲授，因此教学效果更好。

关于什么样的讲解才是有效的，教育心理学家进行了很多的研究。Wittwer 和 Renkl（2008）通过综述已有研究结果，总结了有效教学解释的两个原则。首先，有效的教学解释必须基于学生的先前知识水平。基于学生特定需要的教学解释能够最大化学习潜力，帮助学生建构出相关的心理表征，深化理解，消除错误概念，并促进新旧信息之间的联结（Leinhardt，Steele，2005）。如果教学解释超出学生的实际水平，就会形成理解困难；如果教学解释太容易，产生的冗余信息就会占用认知资源，使得学生无法进行其他有益于学习的活动（Chi et al，2004）。其次，有效的教学解释应该整合到学生正在进行的认知活动。大量研究表明，如果学生有机会在问题解决中应用教学解释的内容，他们会进行更多的自我解释，修正错误的理解，联系新旧知识，保持较高的认知主动，从而形成更深层次的理解（Alfieri et al，2011）。很多研究还表明，在学生解决问题的过程中提供反馈能够帮助学生识别错误并鼓励他们采取正确的方法，从而形成深层理解（Hattie，Timperley，2007）。

翻转课堂中的教学解释是基于学生先前知识的、能够对学生的错误做出及时的反应和相应的调整，并且能真正被整合到学生正在进行的认知活动中。教师还能够对学生正在进行的问题解决活动提供适时反馈。这些教学解释都是传统教学模式无法提供的，能够促进学生更好地建构认知图式、形成深层理解，从而取得较好的教学效果。

（五）A：activity（活动）

问题解决之后，教师就需要设计相关的活动在课堂上完成前面制定的能力性教学目标。如前所述，翻转课堂的最大优势在于：当直接讲解被移到课外之后，有限、宝贵、师生面对面的上课时间得以最大化。教师在整个教师生涯中第一次拥有了每节课都能与每个学生进行一对一交流的机会，大量的课堂时间可以用来互动、探究、问题解决和个别化指导，进行高水平的认知活动（应用、分析、评价和创造）（Bergmann，Sams，2014）。如何有效利用这些上课时间创设有意义的学习活动，让学生深层参与到课堂学习中，就成为翻转课堂能否有效实施的关键，也是对教师的重大挑战。

然而，很多习惯于在课上讲解的教师反而不知道应该如何利用这些宝贵的课堂时间。多出来的这些课堂时间本身并不能直接提高教学质量，只是简单把时间用于做作业也无法产生明显的效果。Bergmann 和 Sams（2014）建议教师从师生关系、内容和兴趣三方面组织课堂教学活动。在师生关系上，教师要营造积极正向的师生关系，成为学生的导师；在内容上，教师要帮助学生更深入地探索学习内容，更加注重知识的应用、分析、评价和创造；在兴趣上，教师要善于激发学生的学习兴趣和好奇心。

然而这些原则性的建议大多缺乏可操作性，对教师的课堂活动设计缺乏直接的帮助。

为了更好地把这些宝贵的课堂时间用于主动学习，应该把翻转课堂与合作学习（cooperative learning）、基于问题的学习（problem-based learning）、基于项目的学习（project-based learning）等被证明是行之有效、成熟的学习模式结合起来。这些学习模式提供了一些可操作化的程序和方法帮助教师更好地设计课堂探究活动。比如在合作学习最常用的拼图游戏中，教师首先把学习内容划分为几个不同的部分，接着小组成员领取并学习某个内容，然后领到相同内容的成员重新组成小组并讨论，最后组员回到最初的小组中并与其他成员分享该部分内容。教师可以为小组成员分配不同角色，包括领导者、秘书、计时员、发言人等，并保持角色轮换，以确保小组功能的正常运转以及小组任务的完成。在基于问题的学习模式中，Hmelo-Silver（2004）建议从事实性信息、想法、有待学习的知识、行动方案四个方面制成白板，记录学生在问题解决中的分析、思考、假设、问题和行动，从而更好地合作、规划、监控整个问题解决过程。基于项目的学习模式一般包括选定项目、设计方案、活动探究、作品制作、成果交流、活动评价几个环节。把这些可操作化、行之有效的方法与翻转课堂的课内活动设计结合起来，就可以提高学生的学习性参与，更好地发挥翻转课堂的有效性。

总之，如何设计并组织课堂活动是翻转课堂的灵魂和核心，也是翻转课堂成功与否的关键。教师应该结合教学目标中的能力部分，设计适当的教学活动来实现预定的教学目标，这对教师的教育思想、教学理念和教学技术都提出了全方位的要求和严峻的挑战。

（六）S：summary（总结）

在完成课堂问题解决和活动之后，教师需要对整个教学过程进行总结，提升学生的学习和认识。学生从最初的课前准备活动，到学习各种教学视频，再到课堂回答问题，进行活动探究，整个学习内容丰富、时间较长，对于很多学生来说，可能无法完全把握重点。因此，教师最后需要进行适当的总结和提升，帮助学生提炼出最核心的学习内容，以形成完整的认识。此外，教师也可以利用课堂最后的时间开始下一个 O-PIPAS 教学循环，进行下一次课的课前准备和导入活动，引起学生的学习兴趣，或者布置课前探究活动，为下一次的视频学习做好准备。至此，整个 O-PIPAS 的教学闭环形成。

根据上述介绍，O-PIPAS 翻转课堂教学模式（图 2）从教学目标的确定，到课前准备活动、课前教学视频、课堂问题解决、课堂活动探究、教学总结与反思，包括了课前课中课后、线上线下、知识能力、课内课外，为教师在教学中实施翻转课堂教学法提供了实际可行的指导，可操作性强，而且每个环节都有相应的教学心理学研究成果作为支撑，合理性强。笔者在厦门大学多门课程中多次实践该教学模式，并进行了多次教学实验，结果表明，O-PIPAS 的教学效果显著好于传统教学方法。限于篇幅，笔者将另文介绍这些教学实验。

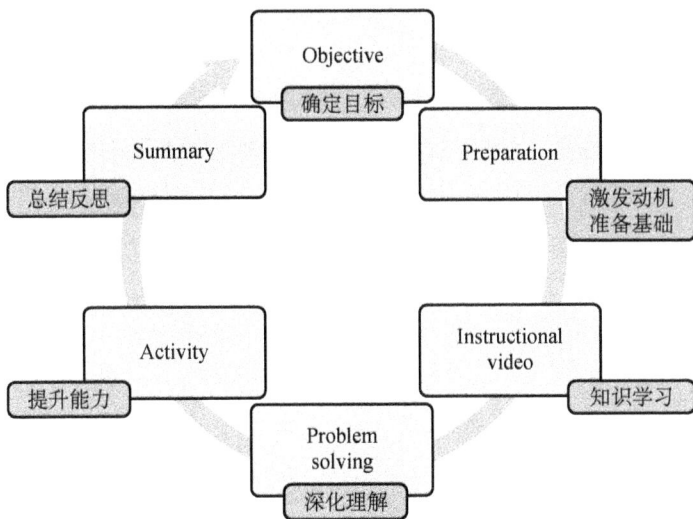

图 2　O-PIPAS 翻转课堂教学模式

三、结语

总之，翻转课堂作为一种全新的教学模式，因应信息技术的发展及当今社会的变化趋势，对于教学理论的发展和教学实践的深入，都具有很大的价值，需要引起教育工作者的足够重视。当前，把翻转课堂应用于我国的教育教学实践中，需要发展出更具可操作性的教学模式，以指导教师更好地应用翻转课堂教学方法改进教学质量。O-PIPAS 翻转课堂教学模式具有理论合理性以及实践可操作性，可以为教师实施翻转课堂教学提供有价值的指导。

需要指出的是，成功实施翻转课堂教学还需要在其他方面加以注意和改变。比如在教学评价上，由于翻转课堂教学的多个环节中涉及课前课中课后、课内课外、线上线下、个人学习和小组合作学习，客观和主观问题都有，每个教学活动需要辅以相应的教学评价。全面、合理的教学评价对于翻转课堂教学各环节的顺利实施，以及保证翻转课堂教学的有效性至关重要。再比如，为了即时掌握学生回答问题的情况，从而有针对性地进行讲解，教师需要使用一些相关的工具或软件。还有教师的工作量问题。使用翻转课堂模式进行教学要求教师付出更多的工作量，教师在课程内容的重排，课件的设计，课前教学视频的录制、选择和加工，课中探究活动的设计和操作，评价标准的制定和执行，师生互动和反馈等环节都要投入大量的时间和精力。高校能否认可这些工作量，会很大程度上影响教师改革教学方法的积极性。还比如技术问题。学校能否组建专门的技术团队，帮助教师解决课件和视频制作技术上的问题，让教师专心于教学方面的设计，也会影响教学改革的效果。

参考文献

陈浩. 2016. 不屑于教学方法：大学教改抹不去的痛 [J]. 决策与信息，（3）：117-123
郭建鹏. 2014. 论教师指导的合理性基础 [J]. 教育科学，（4）：31-35
卢丽君. 2016. 提升高校教学水平和创新能力——访全国人大代表、南开大学校长龚克 [J]. 中国高等教育，（6）：25-31
瞿振元. 2015. 提高高校教学水平 [J]. 中国高教研究，（12）：1-5
Abeysekera L，Dawson P. 2015. Motivation and cognitive load in the flipped classroom：definition，rationale and a call for research [J]. Higher Education Research & Development，（1）：1-14
Alfieri L，Brooks P，Aldrich N，et al. 2011. Does discovery-based instruction enhance learning? [J]. Journal of Educational Psychology，（1）：1-18
Bergmann J，Sams A. 2014. Flipped learning：Gateway to student engagement [J]. Learning & Leading with Technology，（5）：16-23

Chi M，Siler S，Jeong H. 2004. Can tutors monitor students' understanding accurately？［J］. Cognition and Instruction，（3）：363-387

Hattie J，Timperley H. 2007. The power of feedback. Review of Educational Research，（1）：81-112

Hmelo-Silver E. 2004. Problem-based learning：What and how do students learn？［J］. Educational Psychology Review，（3）：235-266

Kapur M. 2012. Productive failure in learning the concept of variance［J］. Instructional Science，（4）：651-672

Leinhardt G，Steele M. 2005. Seeing the complexity of standing to the side：Instructional dialogues［J］. Cognition and Instruction，（1）：87-163

Schwartz D，Bransford J. 1998. A time for telling［J］. Cognition and Instruction，（4）：475-522

Stigler J，Hiebert J. 1998. Teaching is a cultural activity［J］. American Educator，（4）：4-11

Strayer J. 2007. The effects of the classroom flip on the learning environment：A comparision of learning activity in a traditional classroom and a flip classroom that used an intelligent tutoring system［D］. Columbus：The Ohio State University

Sweller J van，Merrienboer J J G，Paas F G. 1998. Cognitive architecture and instructional design［J］. Educational Psychology Review，（3）：251-296

Witter J，Renkl A. 2008. Why instructional explanations often do not work：A framework for understanding the effectiveness of instructional explanations［J］. Educational Psychologist，（1）：49-64

作者简介｜郭建鹏，厦门大学教育研究院副教授，教育学博士，从事高等教育学、教育心理学、课程教学论研究。
张娟，厦门大学教育研究院硕士研究生，从事教育心理学研究。

O-PIPAS：A Student-centered Flipped Classroom Model for Higher Education

Guo Jianpeng　　Zhang Juan

Abstract： As a newly-developed instructional model，flipped classroom quickly becomes the focus of global education. However, some misunderstanding and misuse of flipped classroom also occur, which reduce its effectiveness. Based on findings from instructional psychology and practice of flipped classroom, we propose an O-PIPAS flipped classroom model. We introduce this model and demonstrate its practicability and effectiveness for college flipped classroom.

Keywords: flipped classroom, student-centered, instructional method, teaching innovation

优化与重构：一流本科教学的系统化建设①

张继明

摘　要：以提升本科教学质量为导向，建构一流本科教学体系，是双一流建设的中心。一流本科教学体系的建构是一项系统工程，必须坚持系统论的观点与方法。具体来说，就是要重塑基于学生发展的教学理念，实施以教学为中心的教学空间改造，促进课程再生能力的持续优化，建构以深度交互为特征的师生共同体，推进教学治理的现代化建设。这五个方面五位一体，需要协同推进。这是创新本科教学、建构一流本科教学体系的基本逻辑和路径。

关键词：一流本科教学　教学空间　师生共同体　课程再生　教学治理现代化

双一流建设已成为新时期我国高等教育改革与创新的战略核心。2016 年 12 月 7 日至 8 日，习近平同志在全国高校思想政治工作会议上指出："办好我国高校，办出世界一流大学，必须牢牢抓住全面提高人才培养能力这个核心点。"这意味着在双一流建设中，必须明确本科教学之于一流大学的意义，着力于打造一流的本科教学体系，切实提升本科教学质量。一个完整的本科教学体系主要包括教学理念、教学环境、教学内容、教学实施、教学保障五大核心要素。就目前我国大学本科教学体系现状而言，要实现一流之目标，必须坚持系统论的观点，进行全要素的优化乃至重构。

---

① 基金项目：山东省哲学社会科学规划青年学者培养专项（16CQXJ13）

一、教学理念：基于学生发展的理念重塑

大学教学的改革与创新首先是思想理念的更新与价值的重塑，一流大学本科教学体系的建构应反映当代最新的教育教学思想。目前我国大学本科教学受传统思想及社会风气等因素影响，缺乏科学的理念引领，亟须以促进学生发展为导向重塑教学理念。

（一）"全人发展"理念

全人发展理念最早见诸古希腊教育思想中，全人教育在 20 世纪联合国教科文组织的系列报告中被屡次提及，并成为当今西方国家的重要教育理念。全人教育强调应使受教育者身心获得完整、均衡发展。美国大学与学院联合会（Association of American Colleges and Universities，AACU）将全人教育界定为一种大学学习的取向，旨在加强个人应对世界的复杂性、多元性及持续变化的能力；强调学生应具有更广阔的知识视野、强烈的社会责任感、优秀的跨领域智慧和具有普遍价值的实用技能。例如，牛津大学秉持的理念一直是"为培养全人而实施全面发展教育，这种教育的目的不仅着眼于未来的职业，而更着眼于整个生活"（董泽芳，王晓辉，2014）[83-89]。

基于全人发展理念，本科教学应促成学生四个核心维度的协调发展：①完善个性与品格，包括养成健康的情感、坚韧的意志、向善的道德和价值观等，强调促使学生成"人"。②养成现代公民应具备的优秀素质，负有强烈的国家与民族使命感、社会责任感，具有参与政治或社会治理的意识和相关能力，即成为"现代人"。③习得正确认识世界和适应社会的能力，包括科学知识的获得、批判性思维的形成、分析和解决问题的科学方法的掌握等，强调促使学生培育起优异的学习力和适应力，此即"关键能力""核心能力"。④获得技术技能，形成基本的生活与谋生能力。但此处之技术技能并非传统意义上的概念，而是基于学科前沿知识与新旧动能转换背景下新技术、新业态、新模式、新产业的融合而生。

（二）"以学习者为中心"理念

1998 年，联合国教科文组织在《世界高等教育大会宣言》中指出：在当今日新月异的世界，高等教育显然需要以学生为中心的新视角和新模式，即高等学校决策者应把学生及其需要作为关心的重点；把学生视为教育改革的主要的和负责的参与者，包括参与学校重大问题的讨论、评估、课程改革、政策制定与院校管理等（贺武华，2013）[106-111]。从本质上讲，以学生为中心是由大学的属性及其本然性职能所决定的。大学作为一个价值系统，培养人才是其作为一个特殊存在的本体性标识，以学习者为中心，促进学生发展，是大学义不容辞的使命。在大学办学实践中，以学生为中心还是建构一流本科教学体系、提高教学质量的要求，也是高等教育市场化、社会化背景下提高学生服务水平、增强生源竞争力及培植优秀校友资源的战略选择。

以学习者为中心理念在大学办学实践中表现为：①促进学生发展不仅作为学校教学的基本理念和原则，还是学校办学的中心目标，要全程、全方位育人。②教学环境的优化、课程内容的更新、教学方式的变革等都以满足学生需要为主要依据。③教育教学体系以及教学管理服务体系的建构与改革均应尊重学生的主体性，赋予其参与权、话语权。需要指出的是，以学习者为中心理念是建立在尊重教学规律基础上的理性选择，它区别于片面的学生中心主义，因为后者更多地反映了在消费主义文化背景下对学生需求的盲目迎合，对教学文化与教学秩序的合理建构起到了负面作用。

（三）"个性化"教学与学习理念

高等教育的发展同整个经济社会形态的演化存在根本一致性。在工业大生产时代，标准化、大规模的生产方式要求高等教育按照统一的人才培养目标来设计教学，学生的学习模式也表现出显著的一致性。从后工业化过渡到知识化、信息化时代，生产生活方式的多样化成为经济社会发展的新特征，这要求大学按照社会需求来输送不同类型的人才资源。从教育本身来看，大众化及普及化阶段的高校大学生在生源构成、学习动机、学习方式、职业理想等各维度都发生了显著分化。人才需求的多样化、学生群体的分化要求大学构建新型的教学体系，为学生提供多样化、个性化的学习资源。个性化学习使得学习者能够建构起独特的素质结构，是培养创新能力的必需条件，从长久来说，则为其未来适应社会、获得终身发展奠定必要基础。

　　个性化教学与学习理念在具体的教与学中表现为：①课程资源在量上是充分的，且能够经由模块化设计再生出更加多样化的新课程。②教师的教学设计是高度多元、丰富和个性化的，其教学内容随着社会需求、学生发展需要和个人研究进展而处于持续更新之中。③学生以自身兴趣、潜能及人生与职业规划为依据，自主确定学习方案。当然，个性化的教与学是建立在科学规划基础之上的，是科学教育学指导下的自由探索，同时个性化教与学并不排斥协同，真正有价值的个性化教学必然是协同基础上的创新。

二、教学环境：以学习为中心的空间改造

　　教学环境主要包括物理环境、制度环境与文化环境三个范畴，三位一体，共同为教学活动提供环境支撑。其中物理环境主要包括教学区与生活区等其他学校区域的空间安排、教学区内教学设施的组织形式及其现代化等，它既是教学活动组织和实施的空间基础，也为制度环境与文化环境的形成提供组织的边界，因而是整个教学环境的基础性构成。大学教学环境的建构必须反映知识的生产与传播的规律，服务于教学并不断增进教学成效。在大学教学变迁中，随着知识属性及知识生产模式的转换、经济社会发展对知识类型的需求变化，大学的教学目标、教学组织形式等都相应产生了变革的要求，以统一化、标准化与规模化为特征，以赫尔巴特教学论为理论支持的传统大学教学，逐渐向以个性化、异质化、多样化为特征，强调学生主体性、自主性、选择性，以杜威教学论直至建构主义哲学为支撑的新型教学转变，出现了启发式、研讨式、探究式、翻转式、混合式等新的教学方式，这种变化便提出了教学环境改造的要求，其中物理环境的改造优化是当务之急。

（一）公共教学区的组织再造

公共教学区是大学的教学功能区，是大学实施教学的常规化场所，因而是大学教学物理环境的主体部分。公共教学区不仅要在容量上满足于教学需要，更要在布局结构上适应教学组织形式的变化。在教学改革中，大学教学组织形式趋向多元化，甚至颠覆了传统的组织形式。例如，小班化教学、研讨式教学等新的教学方式都要求限制班级规模、教学基础设施可移动化、随时变换教学空间等；翻转教学、混合式教学除了在教学设施上提出了现代化、信息化要求外，还要求为师生转化教学角色提供空间支持。显然，以规模化、标准化、固着化为特征，以满足于班级授课与讲授制为主要标准的传统教学空间无法适应新的教学组织形式的要求。要发挥教学物理环境在教学改革中的基础性作用，就必须实施教学空间改造，使得教学空间能够随着教学任务的变化而进行自由调适，以便于实施小组研讨、师生互动讨论、研究成果展示等多样化教学需求，成为一个促进教学的发展性空间。

（二）学生公寓的学习型社区改造

大学生在公寓度过的时间在课余时间总量中占有很大比重，这意味着大学生"公寓时间"品质在很大程度上决定着其大学整体生活质量，公寓时间的充分合理化利用对于学生发展具有积极的促进作用。在当前日渐强调大学生自主学习的背景下，对公寓时间的高效利用就愈发凸显其价值。而公寓时间的利用必须以公寓的空间改造为基础，也就是要将传统的生活区改造为具有学习功能的综合区，即建设学习型社区。学生公寓的学习型社区化改造，其原型即发轫于英国传统精英大学如牛津、剑桥的书院制。书院制使得学生学习实现了生活化，更在生活化学习中强化了师生交往，对于学生学业与人格成长起到了重要作用。学生公寓的学习型社区化建设正成为一种普遍做法，例如，哈佛大学的学生宿舍楼拥有图书馆、学术和文化活动设施，能将学习、交际、住宿等诸多功能融为一体，每幢宿舍楼都有若干住宿导师引导本科生参与智力、文化等活动，培养学生的学术理想、集体意识与合作能力。

（三）图书馆自主学习区的构筑

大学的图书馆是大学作为一个学术组织的重要标识，也是大学文化建设的重要载体。图书馆主要负有藏书、借书、读书及学习功能，但在越来越发达的教育信息化条件下，学习资源与学习方式的信息化决定了传统的图书馆必须做出深刻变革才能适应时代的变化。显然，无论是从社会上看，还是从大学内部来看，传统图书馆及其传统功能正面临着现代媒体技术及学习科学的严峻挑战，如果不能及时进行角色与职能转型，必将被时代所抛弃。所谓的转型是指，一方面，大学图书馆应积极融入现代科技革命，加快信息化建设，向数字化图书馆转变，在充分吸纳人类文明成果、无限拓展学习资源的同时，提高使用者的学习效率；另一方面，转变成为适于学习、支持多元化学习的学习区，即以促进学生自主学习为目标，在设施建设上为学生进行小组研讨、读书沙龙、科学实验、项目汇报、慕课学习等各种学习活动提供专业化、科技化、人性化的环境支持。唯其如此，图书馆才会真正成为大学的学习中心。

（四）基于移动学习的信息化建设

在现代传媒技术、现代教育技术及学习科学的支持下，人类已经进入了学习革命的时代。学习革命的典型特征就是突破了传统的学习场域的限制，学习内容来源高度多元化，学习地点和学习方式即时化、弥散化、生活化，学习计划高度个性化。智能手机的普及加速了学习革命进程，移动学习成为越来越多人的选择。大学必须适应学习革命，建构基于移动学习的信息化学习环境，为学生提供多元的学习资源。开发在线课程是大学建构信息化学习体系的基础，目前世界上著名的大学都积极投入其中，如英国爱丁堡大学开发的"电子学习与数字文化"大规模开放在线课程（EDC MOOC）、耶鲁大学开发的开放课程（Open Yale Course）等。在线课程要真正转化为学生的学习资源，则需要保证在线课程不受学习时间和学习地点的限制，移动学习使得这种转化的可能性大大增强。新加坡国立大学在本科教学方案中，采取"e-learning week"的方式，让学生体验随时随地利用网络学习，较好地将网络在线教学植入了校园课堂教学（别敦荣，齐恬雨，2016）[7-13]。

三、教学内容：课程再生能力的持续优化

大学教学内容主要是指课程，是大学以学生发展及教育教学目标为依据所建构起来的知识与文化体系。在教学中，师生主体通过课程开展教与学等各种活动，课程是教学体系的核心构成，而一流的本科教学意味着一流的课程体系。在知识爆炸时代，知识量的激增和新旧技术的快速更替决定了大学必须加快学科体系优化。在新科技革命的推动下，经济社会结构持续遽变，尤其是在产业快速升级、新旧动能转换背景下，大学的专业体系必须走向持续动态调整。因此，大学课程体系建设应及时地反映科技前沿与经济社会新动向，以满足教学主体尤其是学习者更新素质结构的需求。大学必须不断提升课程再生能力，在课程量上扩大学习者选择学习的空间，在质上持续优化课程结构，提升学习者的学习品质。

（一）跨学科的模块化课程设计

现代经济社会发展需要的是复合型人才，强调基于关键核心能力的跨界适应力、胜任力，这就需要打破专业、学科和学院间的壁垒，多学科协同组织本科课程，由不同学科的课程或课程模块交叉融合形成不同的专业和人才培养方案。美国宾夕法尼亚大学工程与科学学院在本科教学改革中，重视工程对社会的服务价值，基于保护环境、推动经济发展的需要，积极探索利用工程理论解决现代都市管理和建设问题，从而使工程教育与社会科学、自然科学建立起紧密联系。为了强化跨学科教学，美国普林斯顿大学设立了普林斯顿国际与地区研究所、神经科学研究所等跨学科组织，为本科教学的学科专业交叉融合与课程设置提供组织基础。跨学科建立模块化课程是优化课程结构、促进课程资源增值的必然趋势，是培养创新型、复合型人才的客观需要。当前我国提出的建设新工科，实质上就是要打破学科壁垒，形成新的课程群或课程模块。就高校学科整体建设而言，传统文、理科亦应加强与其他学科的有机融合，打造"新文科、新理科"，以打破普通文理科生的素质构成不能适应社会要求的尴尬。

（二）育人导向的科研资源转化

柏林大学的诞生促使科学研究成为公认的大学第二职能，但在洪堡理念中，大学科研被赋予了"由科学而达致修养"的育人使命。研究亦表明，大学生参与科研对于其个体元认知发展、思维与语言能力、自我认识能力等具有积极影响（李湘萍，2015）[129-148]。1969年，麻省理工学院首推"本科生研究机会计划"（UROP），资助本科生参与教师的研究项目，这也是美国大学最早的全校性本科生科研计划。1998年，美国博耶委员会（Boyer Commission）发布了《重建本科教育：美国高水平大学蓝图》，号召研究型大学将研究性学习纳入本科教学标准，是推动全美研究型大学普及本科生科研的纲领性文件。我国《国家中长期教育改革和发展规划纲要（2010—2020年）》也明确提出要"提高人才培养质量，支持学生参与科学研究"。课程再生能力的优化要求推动科研资源向课程转变，具体的形式主要包括：学生参与教师科研项目；教师以科研项目为支撑开设面向全体学生的特色课程；由学生或学生团队申请科研立项，进行自主研究；以问题为导向，实施小组合作专题研究。通过这样一个过程，科研资源转化成了课程，课程的数量、结构得到了优化，而且科研的前沿性大大提升了课程品质，这为提高教学质量提供了必要条件。

（三）大学生课外科技活动的全员参与

大学本科教学往往面临着理论教学与实践教学间的矛盾，原因之一就是实践课程资源短缺。在社会性实践课程资源匮乏的条件下，发掘校内资源就尤为重要。而大学校内实践课程资源的重要来源之一即大学生课外科技活动。作为课程开发的主体，院系应充分利用本学科专业的优势，引导大学生积极参与课外科技活动，以此作为实施有效教学的基础性、主导性工程，并通过制度化建设使其成为大学课程与教学体系的重要组成部分，实现课外科技实践"全员化"，并由"课外"变为"课内"，在此基础上进一步将学生课外科技活动延伸至就业创业的设计与实践。在这个过程中，学科专业发挥平台作用，师生共同参与，教学与科研相融合，课上理论学习与课下实践检验相结合，知识的学习和应用走向一体化，学生的理论素养、实践能力、合作意识、创新创业能力等都将得到有效训练和提升。如此，作为隐性课程，大学生课外科技实践活动的"显性化"进一步释放了其教学价值。而院系能够持续提供具有探索价值的科技主题，并引导和激励学生广泛参与，则反映了院系良好的课程再生能力。

（四）基于经济社会发展新模式的新课程开发

通过人才、科技服务来推动经济社会发展是大学的责任，也是大学赖以生存和发展之基，大学的课程与专业建设能否反映经济社会发展需求，决定着大学人才培养与科技开发的质量。目前我国经济发展进入新常态，在加快新旧动能转换、深化供给侧结构性改革过程中，新技术、新产业、新模式、新业态蓬勃发展，智能制造、数字创意、绿色低碳等正成为战略性新兴产业。在社会建设方面，以全面建设小康社会、提高人民生活品质为导向，完善制度建构，调节财富分配，促进社会公平，提升人民的获得感和幸福指数，亦成为社会改革之新常态。在此经济社会发展新形势下，大学的课程体系必须做出及时、有力的反应。一方面，要加强传统学科、专业与课程的更新与改造；另一方面，要立足于经济社会发展的新趋势、新需求开发新课程、新专业，制定新的人才培养方案，培养经济社会所需的新型人才。例如，对外经济贸易大学、复旦大学等新设数据科学与大数据技术本科专业，北京大学、中国人民大学新增的 PPE 专业（哲学、政治学与经济学专业），都反映了高水平大学在精准把握经济社会发展"新脉动"基础上专业与课程建设的再生力。

四、教学过程：新型的师生共同体的建构

教学过程的本质即教学主体之间发生交互关系的过程，师生关系是教学各要素间诸多关系中的核心，师生交往品质从根本上决定着教学质量。研究表明，在影响大学生学习满意度的过程性变量中，"师生互动"是最关键因素（吕林海，龚放，2016）[24-34]。目前，对分课堂、翻转课堂及启发式教学、研讨课、小组合作学习等新的教学方法正越来越多地出现在大学课堂，而教学方法改革的根本意义就是通过调整师生关系来改善师生交

往品质。传统的班级授课制及其讲授法是一种缺乏自由和民主、立场各异且难以实现交互的等级制关系，忽视学生的真实需求及其教学主体性、主动性，在知识来源弥散化、学习选择多样化、学生学习个性化且学生主体性不断强化的背景下，这种兴起于大工业生产时代的教学方式已不能适应新的教学生态。为此，必须创新教学方法以改进师生关系，建构起社会学意义上的"共同体"。1887年，德国社会学家斐迪南·滕尼斯首先提出了这一概念，旨在强调人与人之间形成共同的精神意识、共同的归属感和认同感。雅斯贝尔斯认为大学便是"一个由学者与学生组成的、致力于寻求真理之事业的共同体"，"大学应该提供条件，使得学者能够和同行、学生一起开展直接的讨论和交流"（瞿振元，2016）。师生共同体的形成就是师生间建立起有机联系、实现高品质交往的过程，也即实施有效教学的过程。师生共同体建设受交互内容、教学任务、双方立场、班级规模、空间质量以及学校管理模式等诸多要素影响，因而师生共同体的建构需要为之创设必需的条件。

（一）师生双方在价值观上建立起正向一致性

师生双方在价值观上的正向一致性主要是指双方对于学习的积极意义持有一致性的认识。学习的意义主要是指学习给教学双方尤其是学习者带来的收益，以及追求知识、促进知识发展这一社会活动对于经济社会进步所产生的外溢效应。对于个体来说，读大学能否带来预期收益，直接决定着大学生的知识观，对知识有用或无用的不同认识显然会影响其参与教学的主动性；是否对追求真理和传授真知具有积极的效能感，自然也会影响到教师的教学态度。站在更高的角度看，师生双方是否具有"为天地立心，为生民立命，为往圣继绝学，为万世开太平"的家国情怀，是否怀有立德树人或"为中华之崛起而读书"的使命感，将大学视为推动国家和民族进步、经济与社会发展之公器，以及对大学的人才培养和科学研究的外部效能是否具有积极评价，会在更深层面上影响到师生双方投入教学的积极性和创造性。就教学的意义达成共识，一致认同其积极的社会价值与个体价值，对于师生共同体的形成具有重要的聚力、提领作用。

（二）师生双方在情感上相互认同并产生共鸣

师生共同体的建立不仅需要双方取得理性的共识，还有赖于双方在情感上产生共鸣，相互认同，从而彼此间激发其教与学的内在动力。第一，师生双方相互尊重人格与尊严。师生双方间建立起自由、平等和民主的关系，是双方进行深度交互的前提，而确保人格独立和人格尊严是建构这种新型师生关系的基础。只有作为一个独立的个体，师生双方才可能独立思考并做出独立的、有价值的判断；只有个体的尊严得到尊重，不同的思想观点才可能自由阐发，形成思想碰撞与融合的局面。第二，师生间建立起真挚的情感。师生将彼此的成长、发展视作自身的责任和愿望，从而成为彼此的支持者、促进者，尤其是教师乐于为了实现学生的学业规划乃至人生理想而积极投入教学，对于建立真挚的师生情感具有重要意义，正如美国哥伦比亚大学教授布鲁克菲尔德所发现的，师生间的深刻感情"能唤起学生对思维、对知识的渴望和追求"（布鲁克菲尔德，2005）[1-13]。情感上的相互认同对于共同体的形成具有重要的黏合、维系、深化作用。

（三）师生双方共同成为建构教学场域的主导者

教学的效果取决于教学场域是否建立起了符合规律的教学秩序，大学教学的规律要求这个秩序必须首先反映教学主体的意志。从教学目标的确立、课程与教学体系的建设，到教学质量的评价，再到教学管理与决策，教学主体尤其是教师应该占据主导权，以确保符合知识生产与传播的规律，符合学科、专业和课程建设的规律，符合创新型人才成长的规律。此即教授治学。在此过程中，学生作为教学主体之一，参与教学秩序建构既是其合法权利，也是其内在需求。突破传统的学校本位、行政本位、教师本位的教学制度，赋予学生充分的参与权、话语权，是师生双方建立起平等民主关系的必要条件。双方共同就教学目标、教学内容、教学方式、教学评价等进行协商，在争论和妥协中达成共识。经由双方商定的教学方案，反映了共同的价值观、知识观、大学观及情感上的相互认同，因而是最有效的。这是一个师生深度交互的过程，最终促使形成了师生共同体。可见，师生双方的相对自主是其主导教学场域的前提，共同主导建构教学场域则是最终形成师生共同体的过程。

五、教学保障：教学治理的现代化建设

高等教育治理体系与治理能力现代化是质量战略实施中深化综合改革的根本要求，也是加快"双一流"建设步伐的重要保障。建构一流的本科教学体系，则要求加强大学教学治理的现代化建设。大学教学治理现代化是高等教育治理、大学治理现代化的重心，是优化大学教学体系、提升大学教学能力和人才培养质量的根本举措。大学教学治理现代化建设的核心是重构大学教学中的权责关系，依据大学教学规律来实施权力，主要包括课程与教学自主权回归教学主体，打破课程建设与教学改革的封闭局面，扩大学生作为教学主体的选择权，建立服务导向的教学评价机制。

（一）下放课程与教学管理权

基于学校本位的课程与教学管理体系具有统一化、标准化甚至行政化的特征，限制了人才培养模式创新。大学作为一个以人才培养为首要使命的教育机构，院系是本质意义上的生产性功能单位，是大学人才培养的具体践行者。因此，要创新大学教学模式，就必须赋予院系以充分的课程与教学管理自主权，而学校教学管理则应向教学服务转型。在院系主导条件下，院系学术委员会、教学委员会及教授委员会等学术组织按照学科规律和人才培养规律来设置课程与专业，建立教学管理体系，并在院系行政支持下开展社会调研，以不断调整、优化人才培养方案。这是大学教学治理现代化的核心特征。只有院系掌握了课程与教学管理的自主权，才能更好兼顾学科与行业需求，观照学生不同的发展取向和学习要求，建构起个性化、特色化、多样化、动态化的人才培养方案。从另一个角度而言，大学下放课程与教学管理权，教学管理向教学治理转型，这为教学主体共同参与课程与教学体系建设提供了更大的空间，这是师生双方建立新型关系、建构师生共同体的重要前提。

（二）建立多院系协同教学机制

在经济社会发展的新常态下，传统的以单一学科专业为基础培养的窄口径人才已经无法适应时代变化。这就需要大学打破传统的学科、院系及专业壁垒，建立多院系协同教学机制，在跨学科、多学科合作基础上，按课程群、课程模块来培养复合型人才。跨院系人才培养单位的设置要求打破传统的大学内部建制，在资源投入、权责配置、绩效评估、利益分配等各环节进行重新设计。大学要真正创新人才培养模式，就必须深化改革，使多院系协同教学、跨学科培育创新型人才成为人才培养模式"新常态"。建立"创新人才培养实验平台"，探索跨学科教学以及相关管理与服务体系建设规律，是我国大学治理现代化的重要方向。斯坦福大学的人文与科学学院为我国大学在这方面的探索提供了借鉴，该学院以推动学科专业深度融合、培养复合型人才为原则，设置了哲学、历史、艺术、心理学、数学、物理等 30 多个专业，承担学校 63%的本科教学工作。2016 年12 月，西安交通大学成立本科生院，在本科教学组织模式上迈出了"具有历史意义的重要改革步伐"（卢晓东，2017）[10-15]。

（三）扩大学生的学习选择权

学生学习品质的提升有赖于学生学习主动性、积极性的激发，学习内生动力的产生在很大程度上则以充分的学习选择权为基础。对于学生而言，只有基于自身学习兴趣、学业规划而制定的学习方案才是有价值的。现实中学生缺乏学习动力，根本上是由于既定的专业和课程被视作"无用知识"。要确保学生的学习选择权，大学首先要加强课程开发，在量上满足学生选择；适当降低学生毕业学分标准，扩大学生自行选修空间；在全校通识课中，减少公共必修课而增加自由选修课；逐步放开转专业限制，增加申请专业辅修、第二学位、双学位的机会；赋予学生"跨界"选课的权力，强化各院系的课程开放和合作育人责任；等等。当然，学生学习品质的提升要求其学习选择权的实施是有质量的，应避免学生基于感性认识甚至某些负向动机来选择课程。因此在强调扩大学生学习选择权的同时，应加强对学生选择的指导和服务，确保学生的学习设计具有知识上的连贯性、知识的广度和深度有所平衡，提高学生在专业结构外寻求发展的能力（黄维，2016）[1-6]。显然教师在此过程中的指导者角色极为重要，而这进一步彰显了师生共同体的意义。

（四）深化改革教学评价制度

教学评价是教学质量保障的主要方式，一流本科教学需要有科学的教学评价机制。第一，坚持以促进学生发展为导向。大学的使命是培养"全人"，因而教学评价必须从片面关注学生的技术训练和就业率转向关注学生综合素质，建立基于学生发展成果的评价体系。第二，教师教学水平评价必须立足于教师的专业特殊性。首先，走出绩效主义和片面量化评价的陷阱，关注在师生日常交互中而非仅仅课堂上教师的投入与学生的成长，尤其关注学生的非预期发展。其次，从教师所属学科、专业的特征出发，制定个性化评价方案，避免用统一的评价标准来评价所有教师。最后，理性认识学生评教制度所存在的缺陷，完善制度设计，避免异化为逆向淘汰机制，伤害教师教学热情。第三，强化教学评价的发展性、服务性功能。大学教学评价应克服管理主义思维，彰显其促进教师发展的人文关怀。为此，行政主导的教学评价要向第三方评价转变，增强评价的独立性和专业化水平；减少教学评价与教师的聘任晋升、薪酬福利相联结，避免评价导向功能异化；增大质性评价力度，让师生共同成为评价主体，双方在深入的对话协商中一起发现问题、解决问题（路丽娜，王洪才，2016）[93-98]。

六、结语

总之，一流的本科教学体系意味着教学理念先进，教学管理、服务和保障制度遵循以师生为本、以教学为本，教学环境的建构强调以学习和学习者为中心，课程设置反映学科知识前沿与经济社会发展趋势及其最新需求，师生在知识活动中结成以创生为导向的共同体，双方在相互促进中共同追求学业、专业直至生命的质的跨越。建构一流本科教学体系是系统工程，必须坚持系统论的观点与方法，全面推动各要素协调改进。从重塑以学生发展为导向的教学理念、改造以学习为中心的教学空间，到优化课程再生能力、建构新型师生共同体，再到教学治理的现代化建设，这一过程正是创新本科教学、建构一流本科教学体系的基本逻辑和路径。

参考文献

别敦荣，齐恬雨. 2016. 国外一流大学本科教学改革与建设动向 [J]. 中国高教研究，
　（7）：7-13

布鲁克菲尔德. 2005. 大学教师的技巧 [M]. 周红心等译. 杭州：浙江大学出版社

董泽芳，王晓辉. 2014. 国外一流大学人才培养模式的共同特点及启示 [J]. 国家教
　育行政学院学报，（4）：83-89

贺武华. 2013. "以学习者为中心" 理念下的大学生学习力培养 [J]. 教育研究，（3）：
　106-111

黄维. 2016. 本科立人 本科立校——构建 "中国特色世界一流" 本科教育体系初探
　[J]. 中国高教研究，（8）：1-6

李湘萍. 2015. 大学生科研参与与学生发展：来自中国案例高校的实证研究 [J]. 北京
　大学教育评论，（1）：129-148

路丽娜，王洪才. 2016. 质性评教：走出学生评教困境的理性选择 [J]. 现代大学教
　育，（2）：93-98

卢晓东. 2017. 本科生院是一流本科教育组织模式变革的重要方向 [J]. 中国大学教
　学，（4）：10-15

吕林海，龚放. 2016. 中美研究型大学本科生学习经历满意度的比较研究 [J]. 清华大
　学教育研究，（2）：24-34

瞿振元. 2016-12-02. 现代师生关系：学习共同体 [N]. 中国青年报，第 8 版

作者简介 张继明，济南大学高等教育研究院副教授，山东省高等教育改
革与发展研究院研究员，教育学博士，硕士生导师，主要研究
方向为高等教育理论与管理。

Optimization and Reconsitution：The Systematic Construction of the First-class Undergraduate Teaching

Zhang Jiming

Abstract： Constructing the first-class undergraduate teaching system，which is oriented with promoting undergraduate teaching quality，is the core part of the Double First-Class construction. The construction of the first-class undergraduate teaching system is a systematic engineering，which has to obey system theory's viewpoints and methods. More concretely, it needs to recreate the teaching concept which is based on the development of the students, reform the teaching space whose center lies in teaching, optimize the curriculum for its sustained power of generation, build the community characterized by the deeply interaction and push on the modernization of teaching governance. All 5 aspects above change into one, which is a coordination promotion process. It's the basic logic and strategy for innovating the undergraduate teaching and constructing a first-class undergraduate teaching system.

Keywords: first-class undergraduate teaching, teaching space, community of teachers and students, curriculum regeneration ability, the modernization of teaching governance.

"双一流"建设背景下研究型大学师资队伍建设的现状与对策①

——基于 16 所 "985" 高校师资队伍基本状态数据的分析

吴　薇　刘璐璐

摘　要：高水平的师资队伍是建设世界一流大学的重要引擎之一，理清研究型大学师资队伍现状对于研究型大学师资队伍的供给侧改革具有重要意义，有利于推动研究型大学的师资队伍建设由外延式发展向内涵式发展过渡。通过对 16 所 "985" 高校师资队伍的数量和结构进行梳理发现：当下我国研究型大学师资队伍建设存在生师比过高、师资队伍结构不尽合理、教育教学水平有待提高、国际化水平有待提高、培训覆盖面不够广等问题。在"双一流"建设背景下，研究型大学的师资队伍建设应着眼于六点：加强师资队伍建设的顶层设计，保证合理的生师比，优化师资队伍结构，提高教育教学水平，提升教师国际化水平，充分发挥教师发展中心的作用。

关键词：研究型大学　师资队伍　"双一流"建设　数量　结构

一、问题的提出

2015 年 10 月，国务院发布了《统筹推进世界一流大学和一流学科建

---

① 基金项目：本文系国家社科基金"十二五"规划 2014 年度教育学青年课题"欧洲大学教师发展制度历史与现状研究"（CIA140186）之成果。本研究还得到 2016 年度福建省高校新世纪优秀人才支持计划的支持

设总体方案》，文件中明确指出要"建设一流师资"[①]，这表明师资队伍建设已正式进入国家顶层设计。2017 年 1 月，教育部、财政部、国家发展改革委联合发布了《统筹推进世界一流大学和一流学科建设实施办法（暂行）》的通知，其中"遴选条件"部分指出：师资队伍建设方面，师资队伍政治素质强，整体水平高，潜心教书育人，师德师风优良；一线教师普遍掌握先进的教学方法和技术，教学经验丰富，教学效果良好；有一批活跃在国际学术前沿的一流专家、学科领军人物和创新团队；教师结构合理，中青年教师成长环境良好，可持续发展后劲足。[②]这不仅为"双一流"建设提供了系统化、科学化的指导，而且充分体现了师资队伍建设在"双一流"建设中的重要地位。

"大学者，非有大楼之谓也，乃大师之谓也"，梅贻琦先生道出了大学的真谛，揭示了教师对一所大学的重要性，同时为大学的发展提供了一个重要的视角——高水平师资队伍的建设。教师是大学进行学科发展、提升学术水平和学校声望的主体，高水平的师资队伍对大学发展的作用是不言而喻的。世界一流大学之所以"一流"，在很大程度上依赖于顶尖的学生和杰出的教师（Salmi，2009）。从人才培养的角度讲，高水平的师资队伍能够保证卓越的教学，促进优秀人才的培养；从科学研究的角度讲，高水平的师资队伍能够洞察研究趋势，开展富有前瞻性的研究，推动科研成果的产出与转化；从社会服务的角度讲，高水平的师资队伍能够更好地扮演智库角色，为政府决策建言献策，提高公共政策的科学性与合理性；从建设世界一流大学的角度讲，大学人才培养、科学研究、社会服务的职能的良好履行均需要高水平的师资队伍作为重要支撑。

同时，纵观世界一流大学的形成历史与发展模式，可以看出，无论是先发世界一流大学还是后发世界一流大学，均十分重视高水平的师资队伍建设，这也是世界一流大学屹立于世界大学之林的重要"支点"之一。审视世界一流大学的师资队伍建设情况可以看出，世界一流大学的师资队伍

---

① 国务院关于印发统筹推进世界一流大学和一流学科建设总体方案的通知 [EB/OL]. 2015-11-5. http://www.gov.cn/zhengce/content/2015/11/05/content_10269.htm. [2017-5-7]

② 教育部 财政部 国家发展改革委印发《统筹推进世界一流大学和一流学科建设实施办法（暂行）》的通知 [EB/OL]. 2017-1-25.http://www.moe.gov.cn/srcsite/A22/moe_843/201701/t20170125_295701.html. [2017-5-7]

结构具有年龄结构均衡、学历层次高、职称结构合理、学缘结构合理的特征（刘莉莉，2010），这也佐证了合理的师资队伍结构对大学发展的重要性。且从后发新兴世界一流大学的发展经验来看，在短时期内构建起一支高水平的师资队伍是后发新兴世界一流大学成功的决定性因素（喻恺等，2011）。因此，我国的世界一流大学建设也应吸收世界一流大学发展的合理内核，以师资队伍建设为抓手，将高水平的师资队伍作为大学发展的重要引擎。

研究型大学作为我国大学队伍的领头羊，在"双一流"建设的背景下，理应理清自身师资队伍建设的现状，反思自身在师资队伍建设方面存在的问题，不断提升自身师资队伍的质量与水平，担当起世界一流大学建设的重要使命。本研究通过对 16 所"985"高校的师资队伍数量和结构进行梳理，以期能够为"双一流"建设背景下研究型大学师资队伍的供给侧改革提供借鉴与参考，推动研究型大学的师资队伍建设由外延式发展向内涵式发展过渡。

二、数据来源与研究方法

（一）统计资料来源与内容

为了对研究型大学的师资队伍建设现状有一个整体性的了解，本研究选取 2015 年教育部评估中心高校状态数据库中的高校师资队伍基本状态进行分析，该数据库是各高校经严格统计后呈报给教育部的本科教学基本状态数据，因此数据的可信度较高。本研究的调查对象涉及 5 个地区（东北、西北、华东、华中、华南）的 11 个省（黑龙江、吉林、甘肃、陕西、山东、安徽、湖北、湖南、浙江、福建、广东）的 16 所 985 高校，分别是浙江大学、中山大学、西安交通大学、武汉大学、哈尔滨工业大学、中南大学、吉林大学、厦门大学、中国科学技术大学、兰州大学、华南理工大学、西北工业大学、中国海洋大学、山东大学、西北农林科技大学、湖南大学。

（二）统计分析内容

调查统计内容包含五个方面的信息：师资队伍数量、师资队伍结构、教育教学水平、培训进修与学术交流、科研情况。具体如表1所示。

表1　统计分析内容

调查统计内容	具体情况
师资队伍数量	生师比、数量结构
师资队伍结构	年龄结构、职称结构、学历结构、学缘结构
教育教学水平	教育教学水平（学生评教、同行评教、专家评教） 教师培训进修情况 交流情况（教师教学发展机构组织的培训次数及人次、到境内和境外进行培训进修与交流的教师人次）
培训进修与学术交流	培训进修情况、学术交流情况
科研情况	高层次人才信息（长江学者特聘教授、国家杰出青年科学基金资助者、教育部高校青年教师获奖者、青年"千人计划"入选者、新世纪优秀人才、引进海外高层次人才"千人计划"入选者、中国工程院院士、中国科学院院士、国家自然科学基金委员会创新研究群体、教育部创新团队） 学术成果（教师科研项目数以及教师最近一届科研成果奖数、教师发表论文数、教师出版著作数、教师获准专利数）

三、研究型大学师资队伍现状分析

（一）师资队伍数量

1. 生师比

生师比是大学在校学生与教师的数量比例，反映了社会资源利用率与办学质量的一般关系。在高等教育发展的后大众化阶段，较低的生师比往往意味着更高的教学质量。从总体情况来看，16所"985"高校的教师折合总数[①]为60 197人，共有折合在校生1 013 814人，生师比为16.84。

2. 数量构成情况

师资队伍的构成主要包含三个部分：专任教师、外聘教师与其他教师。16所"985"高校共有教师75 111人，其中专任教师55 794人，占74.6%，是师资队伍的主体。外聘教师比例是大学学术交流活跃度的重要

---

① 根据教育部关于印发《普通高等学校基本办学条件指标（试行）》的通知中对生师比的测算，生师比=折合在校生数/教师总数，其中折合在校生数=普通本、专科（高职）生数+硕士生数×1.5+博士生数×2+留学生数×3+预科生数+进修生数+成人脱产班学生数+夜大（业余）学生数×0.3+函授生数×0.1，教师总数=专任教师数+聘请校外教师数×0.5。

体现，这一比例不宜过高或过低，16 所"985"高校的外聘教师有 8 805 人，占 11.7%，这一比例相对合理；其他教师 10 512 人，占 14.0%。

（二）师资队伍结构

1. 年龄结构

年龄结构是衡量师资队伍活力和创造力的重要尺度，均衡的年龄结构应呈正态分布。如表 2 所示，16 所"985"高校师资队伍的年龄结构相对均衡。

表 2　师资队伍年龄结构

年龄结构	20 岁以下		21—35 岁		36—45 岁		46—55 岁		55 岁以上		合计	
	人数	比例/%	人数	比例/%	人数	比例/%	人数	比例/%	人数	比例/%	人数	比例/%
数值	1	0.00	13 225	23.70	21 125	37.86	16 958	30.39	4 685	8.40	55 794	100

注：由于四舍五入，分项之和可能与 100%略有出入，下同

2. 职称结构

职称结构反映了教师的学术水平与科研能力，是师资队伍综合质量的客观体现。在 16 所"985"高校的 55 794 名专任教师中，具有副高职称的教师（包含副教授和其他副高级）所占比例最高，约占 35.18%；具有中级职称的教师（讲师和其他中级）随其后，约占 30.40%；具有高级职称的教师次之，约占 27.80%；具有初级职称的教师随其后，约为 3.73%；其他未评级的教师所占比例最低，约为 2.88%。可见，16 所"985"高校中的师资队伍主体是具有副高职称、中级职称和高级职称的教师，其中具有高级职称的教师比例偏低。详见表 3。

表 3　师资队伍职称结构

职称	教授		副教授		讲师		助教		其他正高级	
	人数	比例/%	人数	比例/%	人数	比例/%	人数	比例/%	人数	比例/%
数值	13 447	24.10	15 652	28.05	11 081	19.86	278	0.5	2 064	3.70

职称	其他副高级		其他中级		其他初级		其他未评级		合计	
	人数	比例/%	人数	比例/%	人数	比例/%	人数	比例/%	人数	比例/%
数值	3 980	7.13	5 883	10.54	1 801	3.23	1 608	2.88	55 794	100

3. 学历结构

学历结构在一定程度上与教师的教学水平与科研能力呈正相关，师资队伍中具有博士学位的教师的比例是衡量研究型大学师资队伍质量的重要指标。16 所"985"高校的 55 794 名专任教师的学历分布详见表 4。此外，在外聘的 8 805 名教师中，具有博士学位的教师所占比例最高，约为 45.33%；具有硕士学位和具有学士学位的教师数量基本持平，分别为 22.74%和 28.38%。

表 4　师资队伍学历结构

学历	博士		硕士		学士		无学位		合计	
	人数	比例/%	人数	比例/%	人数	比例/%	人数	比例/%	人数	比例/%
数值	36 927	66.18	12 487	22.38	4 891	8.77	1 489	2.67	55 794	100

4. 学缘结构

学缘结构刻画了师资队伍来源是否广泛和多元，合理的学缘结构有助于学术思想的碰撞，激发学术活力，推动学术成果产出。本研究所指的学缘是指专任教师中最终学位在本校取得和在国内外其他高校（或授予学位）取得的情况。其中，本校是指最终学位是在本校取得的；外校（境内）是指最终学位是在境内其他高校取得的；外校（境外）是指最终学位是在境外（国外及我国港、澳、台）学校取得的。16 所"985"高校专任教师的学缘分布详见表 5，学缘结构中本校比例过高，外校（境外）比例过低。

表 5　师资队伍学缘结构

学缘	本校		外校（境内）		外校（境外）		总计	
	人数	比例/%	人数	比例/%	人数	比例/%	人数	比例/%
数值	32 323	57.93	18 785	33.67	4 686	8.40	55 794	100

（三）教育教学水平

课堂教学质量评估情况直观反映了教师的教育教学水平。本研究对于教育教学水平的探讨主要基于课堂教学质量评估，评估方式包括三种方式，分别是学生评教、同行评教和专家评教，其中覆盖比例是指开展学生评教、同行评教和专家评教的课程门次数占学年所有课程门次数的比例。从表6可以看出，目前学生评教的覆盖比例相对较高，而同行评教和专家评教的覆盖比例远低于学生评教。从学生评教的情况来看，优良率高达97.85%，说明学生对课堂教学质量的满意度较高；从同行评教的情况来看，优良率达89.00%，低于学生评教的优良率；从专家评教的情况来看，优良率达88.90%，略低于同行评教。

表6　课堂教学质量评估情况　　　　　　　　　　单位：%

评估方式	优秀率	良好率	覆盖比例
学生评教	85.30	12.55	89.93
同行评教	63.69	25.31	31.28
专家评教	49.66	39.24	28.10

（四）培训进修与学术交流

1. 培训进修

教师培训进修指的是学年学校派出进行培训和进修、攻读学位的教师的情况，其中，培训含校内组织的集中专项（如新教师等）短期培训。

从教师教学发展机构组织的培训次数与接受培训的教师比例来看，16所"985"高校的年平均培训次数是28次，平均培训人数为24 767人，参与培训教师的比例约占专任教师总数的44.40%，尚未超过50%。教师参与培训、进修情况如表7所示，可以看出，境内培训进修数量高于境外进修数量，行业培训数量大于攻读学位数量。

表7　教师培训进修情况

培训进修	培训进修总数（境内）	培训进修总数（境外）	境外培训进修3个月以上	行业培训	攻读学位
人数	5 440	2 925	1 594	717	376

2. 学术交流

如表 8 所示，交流教师来访人次与交流教师出访人次基本持平，其中，来访教师中，境内比例远高于境外比例；出访教师中，到境外的比例远高于境内的比例。

表8　教师学术交流情况

学术交流方式	来访			出访		
	境内	境外	总数	境内	境外	总数
人次	1 592	780	2 372	170	2 039	2 209
比例/%	67.12	32.88	100	7.70	92.30	100

（五）科研情况

1. 高层次人才情况

高层次人才往往位于学术话语系统的中心，处于科学研究的前沿，是师资队伍中的带头人。表 9 反映了 16 所 985 高校中高层次人才的分布情况。高层次人才数量总数高于 300 的高校有 4 所，依次为浙江大学、中山大学、西安交通大学和武汉大学。高层次人才数量总数在 200—299 之间的高校有 5 所，依次为哈尔滨工业大学、中南大学、吉林大学、厦门大学和中国科学技术大学。高层次人才数量总数在 100—199 之间的高校有 5 所，依次为兰州大学、华南理工大学、西北工业大学、中国海洋大学、山东大学。高层次人才数量总数低于 100 的高校有 2 所，分别为西北农林科技大学和湖南大学。

表9　高层次人才分布表

高校名称	①	②	③	④	⑤	⑥	⑦	⑧	⑨	⑩	合计
浙江大学	69	100	13	46	251	48	12	10	7	19	575
中山大学	37	74	8	38	176	33	4	14	3	9	396
西安交通大学	26	32	0	16	224	40	6	5	12	24	385
武汉大学	39	45	6	15	192	19	8	7	5	9	345
哈尔滨工业大学	33	28	6	4	156	19	31	5	5	11	298
中南大学	23	16	6	8	171	35	12	1	7	9	288

续表

高校名称	①	②	③	④	⑤	⑥	⑦	⑧	⑨	⑩	合计
吉林大学	27	28	6	6	167	18	2	7	2	14	277
厦门大学	15	38	7	22	133	28	0	12	7	9	271
中国科学技术大学	30	84	0	69	0	23	2	19	4	0	231
兰州大学	12	18	9	2	110	8	3	5	4	9	180
华南理工大学	13	28	0	0	118	0	3	3	1	11	177
西北工业大学	20	12	0	7	97	11	5	2	2	7	163
中国海洋大学	7	11	2	1	101	0	4	3	2	4	135
山东大学	28	35	4	14	6	17	5	3	6	9	127
西北农林科技大学	3	5	3	2	69	7	1	1	0	4	95
湖南大学	13	0	0	12	0	15	1	2	3	8	54

注：①长江学者特聘教授；②国家杰出青年科学基金资助者；③教育部高校青年教师获奖者；④青年"千人计划"入选者；⑤新世纪优秀人才；⑥引进海外高层次人才"千人计划"入选者；⑦中国工程院院士；⑧中国科学院院士；⑨国家自然科学基金委创新研究群体；⑩教育部创新团队

2. 教师科研项目数

如表 10 所示，在科研项目的数量方面，纵向项目的比例高于横向项目的比例，其中人文社会科学项目在横向项目和纵向项目中的比例基本持平。在科研项目的经费方面，纵向项目经费远高于横向项目经费，且其中人文社会科学项目在二者中的比例都低于 0.1%。

表 10　教师科研项目表

项目	横向项目		纵向项目		合计
	总数	其中：人文社科	总数	其中：人文社科	
项目数/项	26 531	5 367	39 328	8 221	65 859
项目数所占比例/%	40.28	20.21	59.72	20.91	—
项目经费/万元	656 990	58 914	1 173 458	60 491	1 830 448
项目经费所占比例/%	35.89	0.09	64.11	0.05	—

3. 教师最近一届科研成果奖数量

最近一届科研成果奖数是指最近一届科研成果奖励中本校作为第一单位的获奖总数，是对教师科研能力的认可与肯定。从表 11 可以看出，科研成果奖中国家级奖项与省部级奖项所占比例悬殊，省部级远高于国家级。

表 11   教师最近一届科研成果奖数量

奖项	国家级奖项		省部级奖项		合计	
	数量/项	比例/%	数量/项	比例/%	数量/项	比例/%
数值	49	5.50	842	94.50	891	100

4. 教师发表论文、出版专著与发明专利情况

如表 12 所示，从论文情况来看，发表在国内核心期刊的论文所占比重最大，其次是 SCI 和 EI，ISTP 和 SSCI 所占比重较低。从出版专著情况来看，出版专著中专著所占比重最大，约占一半；其次是编著，占 28.20%；其他和译著所占比重较小，分别为 7.01% 和 5.30%。从获准专利情况来看，获准专利中发明专利的比例高于实用新型专利的比例。

表 12   教师发表论文、出版专著与发明专利情况表

	SCI		SSCI		EI		ISTP		国内核心期刊		合计	
论文	数量/篇	比例/%	数量/篇	比例/%	数量/篇	比例/%	数量/篇	比例/%	数量/篇	比例/%	数量/篇	比例/%
	35 732	32.08	1 134	1.02	28 511	25.60	4 850	4.35	41 149	36.95	111 376	100

	专著		译著		编著		其他		合计	
出版著作	数量/部	比例/%	数量/部	比例/%	数量/部	比例/%	数量/部	比例/%	数量/部	比例/%
	1 158	49.49	124	5.30	660	28.20	398	7.01	2 340	100

	发明专利		实用新型专利		合计	
获准专利	数量/项	比例/%	数量/项	比例/%	数量/项	比例/%
	7 085	67.42	3 423	32.58	10 508	100

四、研究型大学师资队伍建设存在的问题

(一)生师比过高

从世界一流大学的发展经验来看,合理的生师比是保证人才培养质量的必要条件。过高的生师比意味着教师的超负荷工作,由于教师的精力是有限的,无法兼顾教学、科研和社会服务,且在当下高校"重科研轻教学"的大环境下,教师往往会更侧重科研,而忽视教学,导致教学质量的下降,人才培养质量的滑坡。过低的生师比则意味着师资资源的利用不充分,也即师资资源的浪费。由此可见,过高或过低的生师比都意味着师资资源的不合理分配,从而影响教学质量和人才培养质量。

16 所"985"高校的生师比(16.84)虽低于全国本科院校的平均水平 17.73[①],但远高于世界一流大学的生师比平均值。笔者对《泰晤士高等教育》(Times Higher Education)发布的 2016—2017 年世界大学排名中前 10 名的大学的生师比(表 13)进行统计,结果显示,世界一流大学生师比的平均水平约为 10.1。可见,目前 16 所"985"大学的生师比水平与世界一流大学相比仍有较大差距,需要进行调整与优化。

表 13　世界一流大学(前 10 名)生师比

大学名称	生师比
牛津大学	11.0
加州理工学院	6.7
斯坦福大学	7.7
剑桥大学	11.3
麻省理工学院	8.8
哈佛大学	8.8
普林斯顿大学	8.4
帝国理工学院	11.3

---

① 中华人民共和国教育部.各级普通学校生师比[EB/OL]. http://www.moe.edu.cn/s78/A03/moe_ 560/ jytjsj_2014/2014_qg/201508/t20150831_204468.html. [2017-4-30]

续表

大学名称	生师比
苏黎世联邦理工学院	14.9
加利福尼亚大学伯克利分校	12.0
均值	10.1

资料来源：https://www. timeshighereducation. com/world-university-rankings/2017/world-ranking#!/page/0/length/25/sort_by/rank/sort_order/asc/cols/stats

（二）师资队伍结构不尽合理

对于一所大学而言，教师队伍中具有高级职称的教师的比例越高，师资队伍的学术潜力和造诣就越高。研究型大学理想的师资队伍结构应该是倒金字塔结构，即按照比例大小依次为：具有高级职称的教师、具有副高级职称的教师、具有中级职称的教师、具有初级职称的教师，且具有副高级职称以上的教师应占主体。而16所"985"大学中，具有高级职称的教师比例偏低，且低于具有副高职称和中级职称的教师，师资队伍的职称结构不合理，这将会限制大学的学术发展。

世界一流大学普遍强调师资学缘结构的多样化和国际化，并乐于选聘具有不同文化背景的来自各国的师资，同时抑制本校毕业的教师在全体教师总数中的比率（刘莉莉，2010）。16所"985"大学的专任教师中，最终学位在境外高校取得的比例远低于最终学位在本校取得的比例，这表明学缘结构同缘化的问题严重，这将不利于高水平的师资队伍建设及学校的长远发展，与"双一流"建设的目标相悖。如果这种现状得不到遏制，大学的发展就会缺乏生命力，遑论成为世界一流大学了。

（三）教育教学水平有待提高

教学是高校的核心工作之一，是教师传授知识和技能与学生学习的互动活动，是学校实现教育目标的基本途径之一，直接关乎高校的人才培养质量。世界一流大学在发展的过程中普遍高度关注教育教学，重视教学质量的保障与提升，为提高教育教学水平做了诸多的探索与努力。从16所"985"高校的课堂教学质量评估情况来看，学生评教的优秀率相对较高，但同行评教和专家评教的优秀率略低。虽然同行评教和专家评教的覆盖比例较低，但依然具有一定的代表性，在一定程度上揭示了当下 16 所"985"高校的教学仍然存在若干问题，教育教学水平有待提高。

（四）教师发展覆盖面不够广

通过审视世界一流大学的发展经验可以看出，美国、英国、加拿大、澳大利亚、日本等国的世界一流大学均普遍重视教师发展，并将教师教学发展机构作为促进教师发展、提升高等教育质量的重要依托。目前世界一流大学的教师教学发展机构主要通过开展教师培训、教学咨询、教学改革研究、教学质量评估、提供优质教学资源等工作来促进教师业务水平和教学能力的提升，建设高素质的师资队伍。可见，教师教学发展机构在提升教学质量方面扮演着重要角色，在教师普遍"重科研轻教学"的大环境下，这种发展显得尤为重要，其有利于促进教师树立正确观念，平衡教学与科研的关系，使教师能够更加关注学生的发展。而通过对 16 所"985"高校教师教学发展机构培训情况的相关数据的分析可以发现，目前教师教学发展机构的培训覆盖面尚未达到 50%，这说明目前教师发展的覆盖面不够广，仍有较大提升空间。

（五）国际化水平有待提升

师资队伍的国际化是高校国际化的重要依托之一，关系着高校国际化的质量，影响着高校甚至我国高等教育的国际学术话语权。世界一流大学也都将师资国际化作为大学发展的战略之一，积极通过广泛招聘国外优秀人才、鼓励教师跨国界交流与合作等途径推动师资队伍国际化（于海燕，张海娟，2012）。本研究对师资国际化水平的评定主要依据教师学缘结构、学术交流情况两个维度的数据。从教师学缘结构来看，16 所"985"大学的专任教师中，最终学位在境外高校取得的教师比例与世界一流大学的水平相去甚远。从学术交流情况来看，16 所"985"大学的国际化学术交流主要是单向度的"输入"，而不是双向度的互动，主要是境内高校对境外教师缺乏吸引力。这两个维度的数据均反映出 16 所"985"高校的国际化水平有待提高。就当前师资队伍的国际化水平来看，我国高等教育的国际学术话语权必定是微弱的，我国师资队伍的国际化水平亟待提升。

五、"双一流"建设背景下研究型大学师资队伍建设的对策

在"双一流"建设背景下，研究型大学应在理清自身师资队伍现状的基础上，审视动态发展的环境，洞悉未来的发展趋势，汲取世界一流大学师资队伍建设的有益经验，做好师资队伍建设的顶层设计，调整与优化师资队伍的数量与结构，增强师资队伍的可持续发展能力，有序推进与实施师资队伍建设方案，并对建设过程进行动态监测，实现师资队伍建设由外延式向内涵式的转变，打造具有世界一流水平的师资队伍，为建设成为世界一流大学奠定坚实的基础。

（一）加强师资队伍建设的顶层设计

教师是大学进行人才培养、科学研究和社会服务的重要依托，建设一流师资队伍是"双一流"建设的重要任务之一。研究型大学应明确自身的"研究型"定位，厘清自身优势与特色，制定战略规划，优化学科布局，在此基础上加强师资队伍建设的顶层设计。在宏观层面，研究型大学师资队伍的顶层设计应以《统筹推进世界一流大学和一流学科建设总体方案》和《统筹推进世界一流大学和一流学科建设实施办法（暂行）》中对于师资队伍的要求为准绳，将其中的要求内化于顶层设计中。在中观层面，研究型大学应明确自身的办学定位，明晰师资队伍建设的目标链，确定师资队伍建设的初期、中期、长期目标。在微观层面，研究型大学应洞悉本校学科布局，处理好重点学科与非重点学科的关系，加强学科梯队建设。总之，研究型大学师资队伍的顶层设计应以不断增强师资队伍的可持续发展能力为目标，有条不紊地推进一流师资队伍的建设。

（二）保证合理的生师比

"双一流"建设的总体方案中明确指出要"突出人才培养的核心地位"，人才培养是大学的核心职能，对于研究型大学而言，严格控制生师

比，使生师比保持在一个合理的范围内尤为重要，只有这样才能保证本科生教育和研究生教育的质量，培养出更多的创新型、复合型优秀人才。对于生师比的理解不能仅仅局限于数据，而应回归其本质，因此控制生师比也绝不能通过简单的增加教师抑或减少学生来实现，而应在全面考量大学的办学成本、办学受益、教师工作量和教学质量，在保证教学质量的前提下寻找生师比的平衡点（陈泽，胡弼成，2013）。在高等教育的后大众化阶段，研究型大学应理性看待高等教育的"质"与"量"的关系，精英教育与大众教育的关系，从世界一流大学在高等教育的进程中严格控制生师比的做法和守望精英教育的传统中汲取经验，在保证"质"的前提下寻求"量"的发展。

（三）优化师资队伍结构

一方面，优化师资队伍的职称结构。具有高级职称的教师的比例是大学人才培养及科研水平的重要参照，因此提高这一比例是优化师资队伍职称结构的突破点。为此，应从世界一流大学和研究机构引进高层次人才，强化学校师资力量。同时鼓励本校教师到世界一流大学进修与提升，缩小与世界一流大学的差距。另一方面，优化师资队伍的学缘结构。首先，抑制和避免"近亲繁殖"，严格限制本校毕业生留校任教比例，即使要聘任本校毕业的优秀人才，也应提高聘任门槛。其次，扩大学缘地域广度，保证师资来源的多元化，尤其应提高境外学缘比例，兼顾境外学缘的国家多元性。最后，提高学缘层次性。我国高校缺乏高质学缘教师在学术上的领跑、汇聚和辐射作用，这种状况不改变，我国高校只能永远处于跟跑的尴尬境地（黄建雄，卢晓梅，2011）。提高学缘层次性可从提高选聘教师的准入门槛和支持本校教师到相关学科国际顶级学者门下学习两方面入手，二者形成合力，共同促进学缘层次的提高。

（四）提高教育教学水平

影响教育教学水平的因素有很多，既有制度因素，也有教师本身的因素，因此提高教育教学水平是一项系统工程，需要综合考量多种因素。研究型大学教育教学水平的提高应聚焦两个方面。一方面，梳理与反思当下教学制度中存在的问题，在立足自身实际的基础上，借鉴世界一流大学教学质量保障与提升的经验，改进与完善教师教学管理制度、评价制度、质量反馈制度、激励制度等，引导教师树立正确的教育教学观，改变教师"重科研轻教学"的观念，使教师能够合理处理教学与科研的关系。另一方面，教师应注重自身教学水平的提升，加大对教学的时间和精力投入，树立正确的教学理念，创新教学方法，更新知识体系，提高教学技能，形成自己的教学风格，建立自身的教学哲学。同时教师应树立良好的师风师德，立德树人，做学生面前的鲜活独立的思想者和行动者。

（五）提升师资队伍的国际化水平

国际化是世界高等教育发展的时代潮流，越来越多的国家意识到必须在全球的视角下审视教育改革发展。纵观世界范围内的一流大学，国际化都是其发展战略的重要组成部分（任友群，2016）。"双一流"建设的总体方案中将"推进国际交流合作"作为改革任务之一，若想建构和增强国际学术话语权，提高师资队伍的国际化水平是重要一环。提升师资队伍的国际化水平需要从人员构成国际化、知识结构国际化、学缘结构国际化三方面进行。在人员构成国际化方面，研究型大学应积极引进具有海外背景的学科顶尖人才，优化师资中境内外教师的比例，推动学科建设，扩大学术影响力。在知识结构国际化方面，研究型大学应积极拓展国际学术交流渠道，使教师更便捷地了解国际最新学术动态，建构、更新和完善自身知识体系，与国际顶尖学者交流。在学缘结构国际化方面，研究型大学应唯才是用，选聘来自世界各地的具有世界一流大学背景的人才，营造良好的学术生态。

（六）充分发挥教师发展中心的作用

教师发展中心是近年来我国大学学习西方大学先进经验的新兴产物，目前仍处于发展初期。《统筹推进世界一流大学和一流学科建设实施办法（暂行）》的通知中对一线教师的教学方法和技术、教学经验及教学效果提出了明确要求，这在客观上也对教师发展中心的工作提出了要求。教师发展中心应不断拓宽发展广度，增加发展深度，提高发展质量，促进教师的个人发展、专业发展、组织发展与教学发展。在个人发展方面，教师发展中心应深入教师群体，了解教师发展需求，引导教师进行职业生涯规划。在专业发展方面，教师发展中心可通过学术沙龙、午餐研讨会等形式促进教师间的学习。在组织发展方面，教师发展中心可通过举办形式多样的活动增加教师对学校的归属感和认同感。在教学发展方面，教师发展中心应着眼于对教师教学艺术的培养，提高教学质量。总之，教师发展中心应不断探索和创新，充分发挥促进教师全面发展的作用。

参考文献

陈泽，胡弼成. 2013. 生师比：人才培养质量的重要指示器［J］. 大学教育科学，（03）：118-124

黄建雄，卢晓梅. 2011. 高校教师队伍学缘结构的三重特征及其优化［J］. 江苏高教，（05）：41-43

刘莉莉. 2010. 高校师资队伍结构优化及其对策研究——基于世界一流大学的经验分析［J］. 东南大学学报（哲学社会科学版），（06）：126-129

任友群. 2016. "双一流"战略下高等教育国际化的未来发展［J］. 中国高等教育，（05）：15-17

于海燕，张海娟. 2012. 世界一流大学师资国际化过程分析［J］. 高教探索，（03）：71-77

喻恺，田原，张蕾. 2011. 后发新兴世界一流大学师资队伍的特点及其启示［J］. 高等教育研究，（04）：19-24

Salmi J. 2009. The Challenge of Establishing World-Class Universities［R］. Washington DC：World Bank：20

作者简介 吴薇，厦门大学教育研究院副教授，教育学博士（厦门大学教育研究院与莱顿大学教师教育研究院联合培养博士），从事比较高等教育研究、大学教师发展研究。

刘璐璐，厦门大学教育研究院硕士研究生。

The Status Quo and Countermeasures of the Construction of Faculty Workforce in Research-oriented Universities Under the Background of "Double First-Class" Construction

—An Analysis of the Basic State Data of the Faculty Workforce of 16 "985" Universities

Wu Wei   Liu Lulu

Abstract: The high level of faculty workforce is one of the important engines of building a world-class university. It is of great significance to clarify the status quo of the faculty workforce of research-oriented universities for the supply-side reform of the faculty of research universities, which can promote the construction of the faculty workforce from the extension development to connotation development. Through the analysis of the quantity and structure of the faculty of 16 "985" universities, it is found that the student-teacher ratio is too high, the structure of the faculty is not reasonable, the level of education and teaching needs to be improved, the level of internationalization needs to be improved, the training coverage is not wide enough in research-oriented universities. In the context of "Double World-class" construction, the construction of the faculty workforce of research-oriented universities should focus on six points: to strengthen the top-level design of teachers, to ensure a reasonable division of teachers, to optimize the structure of teachers, to improve the level of education and teaching, to enhance the international level of teachers and make full use of teacher development center.

Keywords: research-oriented universities, faculty workforce, "Double First-Class" construction, quantity, structure

《中国高等教育评论》投稿须知

1. 文稿字数以 8000—12 000 字为宜，个别优质稿件不受字数限制。

2. 稿件体例：来稿的页面内容依次包括标题、作者姓名、摘要（中文摘要 200 字左右）、关键词（3—5 个，关键词之间以一字空分隔）、文章内容、作者信息（包括姓名、职务、职称、研究方向、工作单位和详细通信地址、邮编、电话）、参考文献。论文标题、摘要、关键词请译成英文。

3. 所投稿件如有基金资助，请注明基金项目名称和编号。

4. 文章标题一般分为三级，第一级标题用"一，""二，""三，"标示；第二级标题用"（一）""（二）""（三）"标示；第三级标题用"1.""2.""3."标示，标题符号前空两格。请按层级逐级下延。

5. 注释一律在本页使用脚注，每页重新排序，用①②③……标示；引文务必注明出处，采用"著者-出版年制"，即一律用括号在文中相应位置标明责任人及出版年，并将所引用页码以上标的形式标注在括号外，完整的参考文献条目放在文末，按照先中文后英文的顺序排列，以著者姓名拼音/字母为序。

6. 作者应保证论文符合学术规范，无抄袭、剽窃、侵权、数据伪造等不端行为，不涉及国家机密。编委会有权对稿件进行修删，如不同意请在稿件中声明。

7. 本评论出版前，文章已经在其他公开出版物或者互联网上发表的，请务必及时告知本评论编委会，否则一切后果由作者本人承担。

《中国高等教育评论》敬迎各位同仁赐稿。

联系方式

史秋衡：0592-2189226　　E-mail: qhshi@xmu.edu.cn

王玉梅：0592-2187552　　E-mail: yumeiwang@xmu.edu.cn

传　真：0592-2189065

《中国高等教育评论》编委会

2017 年 12 月